JN326959

大人の山岳部

高みへ

登山とクライミングの
知識と実践

はじめに

人類は誕生と同時に「山」と関わってきた。まず生きる糧を得るために、そして信仰の対象や修行の場として、ときには国防と戦略のために山に登る時代もあった。これらの登山に対して、近代登山とは純粋な登山である。山に登ることが何かのための手段ではなく、それ自体を目的としている。純粋に山に登ることを世界で最初に行ったのは、イタリアのフランチェスコ・ペトラルカ（1304—1374年）と言われているが、それ以降、自然科学と工業技術の発達に歩調を合わせるかのように、登山の近代化が進んだ。

わが国の近代登山は1874年、ウィリアム・ガウランド、アーネスト・サトウらが、アイスアックスや登山靴を装備して行った六甲登山が始まりとされている。1925年にはRCC（ロッククライミングクラブ）の手によって国内初の登山技術書『岩登り術』が出版されたが、その後、技術や情報を体系化して登山全体を学べる書籍はあまり出なかったように思う。

本文中でも触れているが、登山とは異なる活動の集合体である。何かを知ろうとするときに、キーワードで検索することが習慣化した現代だからこそ、個々の活動を切り離すことなく、集合体として紹介する必要性を感じたことが、本書を書くにいたったきっかけのひとつだ。

もうひとつは、登山に関する事実を、これから登山を始める人に残したかったからだ。何事にも定義があり、技術や製品には起源と開発コンセプトがある。そして、そういった事実は時代を越えるものだ。登山というゲームの定義に触れ、技術や製品の起源も分かる範囲で記述したのは、それらが普遍の事実であるからだ。個々の名称を英語で統一したのも、それらの起源や定義を尊重したかったからだ。

本書はいわゆるマニュアルではない。登山者の行動パターンを決めるためのものではなく、登山者としての完成度を高めるための取り組み方を示したものだ。そのため、あくまでも基礎的なことにしか触れていない。くれぐれも経験豊富な指導者の下で登山経験を積み重ね、さらには実際の登山経験からしか得られない貴重な知恵を学び取ってほしい。

大人の山岳部 高みへ

登山とクライミングの知識と実践

CONTENTS

はじめに ………………………………………… 2

目次 ……………………………………………… 4

準備編

第1章 近代登山ってなんだ⁉ ………………… 8

第2章 レイヤリングってなんだ⁉ …………… 14

第3章 基本装備の違いってなんだ⁉ ブーツ／バックパック／ヘッドランプ … 20

第4章 山に泊まる装備ってなんだ⁉ ………… 26

第5章 ナビゲーションってなんだ⁉ ………… 32

第6章 登山計画ってなんだ⁉ ………………… 40

【Q&A】 ………………………………………… 46

技術編

第7章 歩き方を身につける …………………… 48

第8章 キャンピング技術と食料計画 ………… 56

第9章 ロープワーク …………………………… 66

第10章 クライミングギアⅠ ハーネス／ヘルメット／シューズ …… 76

第11章 クライミングギアⅡ ロープ／カラビナ／クイックドロー … 84

雪山編

第12章　確保理論とビレイディバイス ……… 92
第13章　アンカーとプロテクション ……… 102
第14章　クライミングシステムとラペル ……… 112
第15章　クライミング技術 ……… 128

【Q&A】 ……… 138

第16章　雪山の装備と歩行技術　アイスアックス／クランポン／スノーシュー ……… 140
第17章　雪崩（アバランチ）に備える ……… 150
第18章　雪山での生活技術 ……… 156
第19章　雪山で身を守る ……… 164

【Q&A】 ……… 172

救助編

第20章　セルフレスキュー（自力救助） ……… 174

あとがき ……… 182
プロフィル ……… 189

準備編

近代登山ってなんだ!?

登山に理由はいらない。登りたいから登る、ただそれだけだ。
だが、登るには求められる技術や知識がある。
それらを身につけていくことは回り道に思えるかもしれないが、
願いをかなえる最も安全で確実な方法なのだ。
高みへ向かい、一歩一歩進んでいこう。ようこそ、「大人の山岳部」へ。

山に登ること。それが目的

歴史

日本における近代登山は1874（明治7）年に、ウィリアム・ガウランド、アーネスト・サトウ、ロバート・ウィリアム・アトキンソンらが、ピッケルやナーゲル（鋲靴）などヨーロッパの登山装備を用いて六甲山を登ったことが始まりとされている。近代登山の定義は「登山そのものを目的として山に登ること」と考えていいだろう。もちろん、ガウランドたちの登山以前にも山は登られていたが、信仰や狩猟、林業あるいは測量や調査など、登山そのものではない他の目的のためのものだった。

しかし、近代登山以前に行われた中にも、登山記録として高く評価される歴史的な記録を見つけることができる。例えば、佐伯有頼によって登られたと言われている立山（701年）や、泰澄和尚に開山された白山（717年）などは飛鳥時代末期から奈良時代初期の記録として言い伝えられているが、伝説が事実だとすれば、当時としては極めて挑戦的な試みだったと思う。また、江戸後期の1828年、播隆上人による槍ヶ岳開山（登頂）も偉大な成

日本の山岳は古来、信仰の対象とされ、その文化は今も残っている。
（上）御嶽山（左）金峰山。写真：丸山剛。

準備編　第1章　近代登山ってなんだ!?

1924（大正13）年8月、槍ヶ岳登山に向かう（左から）フランシス夫人、ウェストン、案内人の上條嘉門次と根本清蔵＝上高地・河童橋で（撮影：大木操。公益社団法人日本山岳会所蔵）。

果と言えるだろう。このように記録に残っているものもあれば、ひそかに行われた大峯奥駈など修験道や密教の修行なども、各地の山岳地帯で数多く行われたことだろう。

信仰が開いた山

これらから推測できるように、日本の山岳や自然は古来、信仰の対象とされ、現在もその文化は残っている。自然は人との関わりの中でその存在意義を高め、文化を形成してきた。そういった背景はこれからも失うことなく残していきたいものだ。

信仰以外の目的で行われた貴重な記録も紹介しておこう。1584（天正12）年、戦国武将の佐々成政による「さらさら越え」は、国を守るために行われたものだった。国を包囲された成政は、敵対する隣国を経由せずに徳川家康に援軍を求めるため、12月に立山温泉からザラ峠を越え、黒部川を横断し、針ノ木峠を経て、信濃へ向かったと言われている。当時の衣類と履物で厳冬の黒部を越えることはまさに生命を賭けた行為だったろう。

近代になって、測量を目的に行われた剱岳登頂は歴史的な転換期にあたる。1907（明治40）年、当時前人未到と言われていた剱岳を、宇治長次郎の案内のもと、陸地測量部の測量技師たちが登った。しかし、未踏と思われた頂上には錆びた鉄製の剣と銅製の錫杖が遺されており、年代鑑定の結果、これらは奈良時代末期から平安時代初期のものとされた。

1800年代後半から1900年代はちょうど近代登山の黎明期にあたり、この剱岳登頂は「登山を主目的とはしない」という点では近代登山の定義から外れるが、その成果によって、この山域の近代登山が加速的に普及したという点で、とても画期的な出来事だったと言えるだろう。

「日本アルプス」の誕生

前述のウィリアム・ガウランドは、島々宿から徳本峠を越えて上高地に向かった際に、この峠から眺望できる明神岳の威容をヨーロッパアルプスになぞらえ「Japanese Alps（日本アルプス）」と名付け、1881（明治14）年『日本旅行案内』の中で紹介した。その数年後、88（同21）年から95（同28）年の間、日本に滞在した英国人のウォルター・ウェストンは日本アルプスで多くの登山活動を

行い、自身の著書『日本アルプスの登山と探検』で、ヨーロッパにもこの存在を紹介した。これによって「日本アルプス」が世界に広く知られるようになったことや、滞在中の功績を讃えて、毎年夏の初めに「ウェストン祭」が上高地をはじめ日本各地で開かれている。

近代登山黎明期の明治時代には、地元の猟師たちが案内人として活躍した。剱岳、立山の宇治長次郎、佐伯平蔵、穂高周辺の上條嘉門次、小林喜作らは優れた山案内人として名を残している。明治時代末期の登山はまだまだ探検的な要素が色濃く残っていたが、大正時代になると多くの人が登山をするようになり、それに合わせるかのように山小屋営業が各地で始まった。また、登山基地となった大町や白馬、芦峅寺や大山では山案内人組合が結成され、案内料や案内の規定などが各組合によって決められ、登山者への便宜が図られるようになった。

古くは信仰の対象、修行の場所だった日本の山岳地帯が、やがて狩猟、採鉱など生活を支える場所になり、探検の対象として限られた探検家たちだけが入ることを許された時代を経て、ようやく大衆の時代を迎えることになったのが大正時代だ。

そして、この大衆化の流れを安易に受け入れることなく、先鋭的で冒険的な登山を志す登山家たちが現れ始めたのは、大正末期から昭和初期だった。

日本初の登山技術書が登場

近代登山黎明期に活躍したガウランドやウェストンらは神戸の居留地在住だったという背景もあって、阪神間の登山家たちは当時の探検的要素を持った登山活動を間近に見ていた。彼らは急速に進む大衆化に危機感を募らせ、1924（大正13）年、先鋭的な同人組織を結成する。RCC（Rock Climbing Club）と命名されたこの同人は「モダンアルピニズム」を提唱し、理論に基づいた登山技術で多くの登山を実践することになる。「本倶楽部は登山の真髄たるロック・クライミング、並びにスノー・クラフトに関するテクニックの研究、およびトレーニングを目的とす」。この規約の一条に、登山界に新しいムーブメントを起こそうという強い意思が読み取れる。

彼らは先鋭的な登山を実践すると

『岩登り術（初版）』の著者、藤木九三。

1925（大正14）年にRCCが発行した日本初の登山技術書『岩登り術』。
（公益社団法人日本山岳会所蔵）

準備編　第1章　近代登山ってなんだ!?

図中ラベル：マウンテニアリング／トレッキング／ハイキング

歩行技術＋クライミング技術
＝マウンテニアリング

ともに、技術の体系化など国内における近代登山の基礎を作った。会員向けに1925（同14）年、自費出版された『岩登り術』は日本で最初の登山技術書だ。また、1924年にRCC会員によって大阪に開業された「好日山荘」は、日本で最初の登山道具専門店として登山道具の普及に貢献した。

このように日本の近代登山は1874年からおよそ半世紀の間に大きく発展した。そして、日本人の手によって技術が体系化され、登山道具の供給が始まったという点から見れば、このRCCの結成こそが、日本の近代登山の大正モダニズムの中で産声をあげた、日本の近代登山の始まりと言えるかもしれない。

カテゴリー

近代登山の定義は「登山そのものを目的として山に登ること」と言ったが、欧米ではこの登山活動をいくつかのカテゴリーに分類している。ひとつひとつの言葉は聞き覚えがあると思うが、どのように定義されているかは意外と知られていない。

海外の文献などによると、ハイキングは「アップダウンの少ない比較的平たんな地形を数時間または日帰りで歩

くこと、そして氷河地帯や荒野に至らない里山での活動」とされている。バックパッキングは、主に北米での登山活動で「都市部から離れた荒野（ウィルダネス：wilderness）で、アップダウンもあるが、比較的緩やかな地形を、数日から数週間歩くこと」。トレッキングは「山岳地帯で行われ、岩場や雪渓、氷河が出てくるが、技術的難易度はそれほど高くはなく、主に歩行技術の範疇である」とされている。

マウンテニアリングは「山岳地帯で行われ、岩場、雪渓、氷河が出てくるため、場面によってはロープによる安全確保が求められる。このため歩行技術に加え、クライミング技術とそれに伴うロープワークは当然のこと、体力、登山に求められるさまざまな分野の知識、熟練した技術を身につけておかなくてはならない」というように定義されている。

この定義は登山用具メーカーが製品を作るコンセプトにも採用しているので、覚えておいた方がいいだろう。具体例を挙げると、ハイキングブーツはソール（靴底）のかかととつま先が反り上がっている。これは主に平たんな地形を歩くのに、普段と同じよう

11

「どうしても登りたい」が原動力

条件

ハイキングやバックパッキング、トレッキング、マウンテニアリングといった登山活動は、里山から山岳地帯の自然の中で行われる。自然の中で活動するために、私たちはいくつかの条件を満たさなくてはいけない。その条件とは、体力、精神力、技術と知識、経験と熟練ではないだろうか。目標とする山によって、これらの条件の内容や程度は異なるが、項目が減ることはなく、すべてが求められるだろう。

日本は国土の約7割が山だと言われている。日本アルプスなどの高山帯をはじめ、海岸線に隣接する都市部から急激に迫り上る都市近郊の山も少なくない。標高がそれほど高くない都市近郊の山でも複雑で狭い谷やちょっとした岩場を持ち、平たんな地形を歩くハイキングというよりは、トレッキングまたはマウンテニアリングのカテゴリーに近い技術が必要になってくる場合もある。中部山岳以外の各地に○○アルプスという名称があることは、地形の変化に富んだ低山が多いことの裏付けとも言える。ならば、日本で登山活動をするなら、トレッキングからマウンテニアリングの定義に沿って取り組む必要がある、と考えるのが適切ではないだろうか。

次に精神力。実は登山を支えているのは「どうしても登りたい」という激しい欲求だ。近代登山の定義が「登山そのものを主目的とする」ことをもう一度思い出してほしい。闘争心にも近い、他の何事にも替えられない切なる思いこそが登山の原動力なのだ。「どうしても登山をすることは、準備や計画の不完全、体力不足の挑戦を生み、登山者をより危険な方向へと向かわせる根本的な要因となる。このことは近代登山の定義から外れる以上に大きな問題だろうか。

コースタイムは最低条件

ひとつひとつの条件について考えてみよう。まず体力は、目標とする登山ルートをコースタイムの範囲内で歩き通せることが最低条件だ。もちろん混雑していたり、迂回路など地形的な変化があったり、天候が急変した場合は、体力面の負荷がさらに増すので、理想を言えば、想定コースに対して十二分な余力が欲しい。コースタイムを超えてしまうのは、その体力が不足している証明でもある。さらに言えば、ガイドブックなどのコースタイムをうのみにすることなく、標高差や傾斜、地形の複雑さなどからタイムを算出できるようになればなおいい。

そして、常日頃から自分の体力を把握して、現実に基づいた登山計画を立てる責任を持とう。登山に求められる強靭な体力は訓練なしに身につくことはなく、その体力を維持するには努力も必要だ。

歩き方をしやすいようにと、このような形状になっている。対照的に、マウンテニアリングブーツは剛性が高く、ほぼ平らなソールを採用している。これは背負っている荷物が重いことや、岩場や氷雪に平らに接地することを考慮しているからだ。

化があったり、天候が急変した場合は、体力面の負荷がさらに増すので、理想を言えば、想定コースに対して十二分な余力が欲しい。コースタイムを超えてしまうのは、その体力が不足している証明でもある。さらに言えば、ガイドブックなどのコースタイムをうのみにすることなく、標高差や傾斜、地形の複雑さなどからタイムを算出できるようになればなおいい。

そして、常日頃から自分の体力を把握して、現実に基づいた登山計画を立てる責任を持とう。登山に求められる強靭な体力は訓練なしに身につくことはなく、その体力を維持するには努力も必要だ。

登山活動中の行動判断には、これらの基本情報の上に積み重ねられた経験が必要だ。そして、登山技術は細かな奇をてらったものや裏技のようなものではなく、武道の型のようなシンプルな基本技術なのだ。シンプルであるからこそ、その技術は熟練度の違いが如実に表れる。登山における最大の武器は、高い熟練度を伴ったシンプルな技術であることも覚えておきたい。

より高みを目指す取り組み

体力、精神力、知識と技術、経験と熟練という登山者が備えるべき条件を少しずつ高めていくこと、言い換えれば、登山者として完成度を高めていくことに、登山本来の喜びや楽しみがある。易から難へ、そして、より高みを目指す取り組みこそが、近代登山の定義に基づいた登山活動と呼べるのではないだろうか。その参考となる情報を、これから順を追って紹介していこう。

準備編　第1章　近代登山ってなんだ!?

レイヤリングってなんだ!?

山に登る。そのときにまず考えるのが、何を着ていくかだ。どんな格好でも登れればいい、と考えるのは危険だ。山頂と麓との標高差、劇的な気象の変化、歩き、登り、時には休むという運動量の波。これら非日常の環境に対応するには、目的にかなったウエアで身を固めることが必要なのだ。

登山におけるウエアの役割は、登山者を快適に保つことだ。この「快適に保つ」とは「雨の侵入を防ぎ、水蒸気を逃がすこと。風を防ぐこと。汗と水蒸気を吸い上げ、生地表面で素早く乾燥させること」と言える。

なぜ乾いた状態を保つことが大切なのか。それは、濡れた状態では乾いた状態よりも熱を喪失しやすく、熱を喪失し続けると身体機能を失い、低体温症と呼ばれる生命の危険な状態に陥るからだ。

少し詳しく話そう。まず、熱の伝わりやすさを示す値は「熱伝導率」

体をドライに保つ。それが使命

ミッドレイヤー 2 中間着
調温(断熱) 吸湿 蒸散

ベースレイヤー 1 肌に触れる衣類
吸湿 吸水 蒸散

14

と言うが、これは断面積1平方メートル、厚さ1メートルの物質の両端に1℃の温度差があるとき、端から端まで一定時間で伝わる熱量を示したもので、値が大きいほど熱の伝わり方が速い。温度20℃における空気の熱伝導率は0・022（W／m・K）前後、水の熱伝導率は0・59（W／m・K）前後。その差は約30倍にもなり、濡れた状態は乾いた状態に比べて驚くほど熱が伝わりやすい。言い換えれば、冷めやすいことが分かる。

例えば、標高の高い山岳地帯で雨や雪、風が吹いているような状況、つまり、外気温が低く、風を遮ることができずに濡れた状態で体をさらし続けると、人間は身体表面から急速に冷やされ、熱が奪われる。濡れの原因は、外部からの雨や雪の侵入、体から発する汗、体を覆う水蒸気が結露したものの三つだ。

人間の体は常に水蒸気に覆われているが、これは不感蒸泄（ふかんじょうせつ）機能のためだ。不感蒸泄は人間が感じることなく皮膚などから蒸散する水分のことを言い、常温安静時に体重60キロの人なら1日で約900ミリリットルと言われており、汗は含まれない。水蒸気を逃がす透湿性のないポリエ

計画的かつ機能的な重ね着システム

保温

4 サーマルレイヤー
休憩時の保温着

防水 防風 透湿

3 シェルレイヤー
行動時の外衣

■ 冬山のグローブも重ね着

1. グローブライナー
2. ミッドシェルグローブ
3. シェルグローブ

	吸湿率	熱伝導率
綿	8.5%	0.243 (W/m·K)
ウール	15.0%	0.165 (W/m·K)
ポリエステル	0.4%	0.157 (W/m·K)
ナイロン	4.5%	―

「繊維の百科事典」(丸善、2002年)から。吸湿率は公定水分率。

■ 夏山のレイヤリング

2 ミッドレイヤ

ソフトシェル / ややハードなシェル

3 シェルレイヤー

チレン袋を手にかぶせると、すぐに内側が湿ってくるが、これは体から蒸散した水蒸気が結露したものだ。これをウエアに当てはめると、透湿性がなければウエアの内側で結露して体が濡れる結果になる。また、運動によって発した汗も、濡れの原因となる。このような結露や濡れを防ぐためにレイヤリングが必要なのだ。

レイヤリングとは役割を与えたレイヤー（層）でウエアを構成し、環境の変化や行動負荷の変化に対応して、体を乾いた状態で維持できるように効果的に組み合わせることを指す。レイヤリングは主にベースレイヤー、ミッドレイヤー、シェルレイヤー、サーマルレイヤーで構成される。それぞれのレイヤーの役割と機能について説明しよう。

ベースレイヤーは体に最も近いウエアだ。先に述べたように、人間の体は常に水蒸気に覆われていて、透湿性のないウエアを着ると、あっと言う間に結露してしまう。結露は水分として体を覆い、熱を奪う要因になる。そのためベースレイヤーには、まず水蒸気を吸い上げる吸湿機能、次に、汗と結露で生じた水分を吸い上げる吸水機能が必要だ。そして、これらの水分を生地表面に素早く蒸散させる機能が求められる。

中間着とも訳される**ミッドレイヤー**は、まず温度を調節する機能が重要だ。そして、ベースレイヤーで蒸散された水蒸気を吸い上げる吸湿機能、雨の侵入やベースレイヤーを通して浸透してきた汗などでウエアが濡れた際の吸水機能、さらに生地表面での蒸散機能も欠かせない。

行動時に一番外側を覆う**シェルレイヤー**は、山岳地帯の激しい天候変化から体を守らなくてはならない。そのため、雨、雪、風などを防ぐ防水防風機能は不可欠で、不感蒸泄による水蒸気と、ベースレイヤーとミッドレイヤーから蒸散した水蒸気を外へ出す透湿性が求められる。

サーマルレイヤーは、休憩や露営など行動していない状態での保温の役割を担う。

つまり、レイヤリングとは計画的かつ機能的な「重ね着システム」で、その目的は、内側からの水蒸気の放出と温度調節、外側からの水と風を防ぐことなのだ。レイヤリングのメカニズムを理解して、登山活動のフィールドと季節、行動負荷の変化

16

準備編　第2章　レイヤリングってなんだ!?

■ 代表的な繊維の特徴

顕微鏡写真／日本化学繊維協会

繊維	顕微鏡写真	長所	短所	使われているウエア類
綿	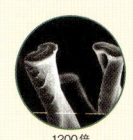 1200倍	乾いた状態では快適。吸水性が高い。紫外線を防ぐ。	吸水性が高いため乾きが遅い。濡れた状態では断熱性が損なわれる。	帽子、バンダナ、Tシャツなど。
ウール	 580倍	吸湿性が高い。熱伝導率が低く、断熱性に優れる。形崩れを起こしにくい。	重く、かさばる。濡れると乾きが遅い。	ベースレイヤー、ミッドレイヤー、帽子、グローブ、ソックスなど。
ポリエステル	 800倍	繊維自体は水分を含まないので乾きが速い。軽い。	汚れ、臭いなどが落ちにくい。吸湿性がほとんどない。（短所を改良したものも普及している）	ベースレイヤー、Tシャツ、フリースなどの断熱層、グローブ、ソックスなど。
ナイロン	  1200倍	強度が強く、弾力性がある。	濡れると乾きが遅い。紫外線や熱に弱い。	シェルレイヤー、ミッドレイヤーのシャツやパンツなど。

ベースレイヤー・ミッドレイヤーの素材

に合わせた自分なりのレイヤリングシステムを組み立てることは、登山技術のひとつと言える。

綿

人間が古くから衣類として使ってきた綿は、乾いた状態では非常に着心地がいいが、濡れた状態では断熱性能が低下し、体温を奪ってしまう。また、吸水性が非常に高いので多くの水分を含み、乾きが遅い。これらの特徴は冬季はもちろん夏季でも低温になる標高の高い山岳地帯では、低体温症の要因を作り出す。しかし、夏季の低い山では、冷却効果をもたらす綿の高い通気性はありがたい。また、紫外線を防ぐ効果や繊維の耐久性、耐熱性が高く、洗濯に強いことも長所だ。日よけの帽子やバンダナなどが綿で作られているのは、この特徴を反映している。

ウール

もうひとつ代表的な天然繊維としてウール（羊毛）がある。ウールは繊維自体に空気を含むため、熱伝導率が低い。繊維の表面が水をはじくので直接的な吸水機能は低いが、繊維内部は親水性で、水蒸気を含む調湿機能を持つ。また、弾性が高く、形崩れしにくい特徴を持つ。調湿機能はウールの繊維表面にあるスケールによる。スケールは人間の毛髪のキューティクルと同じうろこ状で、開いたり閉じたりして調湿と保温を担っている。ただし、このスケールが化学薬品で除かれたものはコーティング加工で埋められたりしたものは調湿機能や保温機能が落ちる。ウールは熱伝導率が低いので断熱層として有効だ。また、弾性が高く、つぶれにくいという特徴は、非常にかかるソックスの素材として特に適している。短所はかさばること、化学繊維に比べると強度が低く、乾きが遅いことなどが挙げられる。

ここで、繊維の吸水性と吸湿性が違う機能であることを確認しておきたい。綿とウールを比べてみよう。

17

「石炭と水と空気から作られ、鋼鉄よりも強く、蜘蛛の糸より細い」と形容されたが、現在は石油から作られている。長所は高強度と弾力性を持ち、形崩れを起こしにくいことだ。逆に短所は▽化学繊維の中では吸湿性が高く、ポリエステルなどと比べると乾きが遅い▽濡れると強度が乾いた状態より落ちる▽熱に弱い▽紫外線劣化を起こしやすいことなどだ。

個々の繊維の特徴を紹介してきたが、それぞれの長所や短所を「あの繊維は良い、この繊維は悪い」という良し悪しでとらえてはいけない。使う場面、季節や行動形態に適しているかどうかを考えるべきだ。また、人間の体は温度が高い部分やそうでない部分があり、発汗量も一定ではない。まずは事実を知り、評価することが大切だ。そして、繊維や素材の長所を引き出す使い方ができるようになることが、登山者に与えられた課題でもある。

一方で製品メーカーでは、繊維や素材の特性の分析と、さらに機能的なウエアの開発が進んでいることも知っておこう。天然繊維と化学繊維の長所を併せ持つハイブリッドな繊維の開発や、ひとつの製品を発汗

ポリエステル

ポリエステルは軽くて強度があるなどの合成繊維の特徴に加え、綿のような風合いを持つので衣料用繊維として広く普及している。その他の綿やウールなど天然繊維との混紡に使われることも多い。かつては吸湿性がない、汚れが落ちにくい、静電気を起こしやすいなどの難点があったが、現在は吸湿性を持ち、汚れにくく静電気を起こしにくい性能を持つポリエステルも普及している。改善・開発の進んだ現代のポリエステルは、最も実用性の高い衣料用繊維のひとつだ。

ナイロン

ナイロンは最も古い歴史を持つ化学繊維のひとつ。発表された当時は

ウールは綿より吸湿率は高いが、吸水率は低い。綿のタオルがあっても、ウールのタオルがないことからも理解できるだろう。

温度などの生理学的な特徴に合わせ、複数の繊維や素材を組み合わせて作ることなどが具体例として挙げられる。

従来はレインウエアや冬季のハードシェルに使われるイメージが強かったが、最近は行動中に常に着用できるゴアテックス®アクティブのような透湿性を飛躍的に向上させたタイプもある。

シェルレイヤーの素材
ゴアテックス®

行動時に一番上に着るシェルレイヤーは防水、透湿、防風機能など多くの役割を担っている。このウエアに使われる代表的な素材としてゴアテックス®アウターウェアがある。その基本構造であるゴアテックス®メンブレンという膜はPTFE(ポリテトラフルオロエチレン)を延伸加工したフィルム状のもので、水の分子より小さく、水蒸気の分子より大きい微細な孔が無数に開いている。これが高い防水性と透湿性を両立させている。

ゴアテックス®アウターウェアは、用途に合わせてゴアテックス®メンブレンに表生地と裏生地を貼り合わせたもの。裏生地のない2層タイプ、裏生地のある3層タイプは2レイヤー、裏生地と呼ばれている。

サーマルレイヤーの断熱素材
ダウン

サーマルレイヤーは休憩中やビバーク時に体温を下げないためのウエアだ。登山はストップ・アンド・ゴーを繰り返す活動だ。行動中は発汗するが、休憩中は急速に冷え込むことも少なくない。盛夏の低山を除けば、休憩中の熱喪失は、場合によっては深刻な状況につながりかねない。特に、外気温が低い場合や風が強い場合は、休憩に入ってすぐにサーマルレイヤーを着て体温の低下を抑えなくてはならない。

この層には、空気を多く含み、軽くコンパクトで携行しやすい素材が求められる。代表的なものがダウン(羽毛)だ。ダウンは軽く、コンパクトに収納でき、着るときには復元し

準備編　第2章　レイヤリングってなんだ!?

適切に管理し寿命を知る

て多くの空気で登山者を保温してくれる。ダウンの品質を示す「フィルパワー」と呼ばれる数値がある。これは1オンス(28・4グラム)のダウンがどのくらいの立方体(単位はチン)になるかを示したものだ。例えば700フィルパワーのダウンは1オンスで700立方チンに膨らむことを意味し、この数値が高いほど良質だ。

ダウン製品の保温性はフィルパワーと中綿量で決まる。フィルパワーが高く、中綿量が多いほど、保温性も高いと言える。近年は化学繊維を使った断熱保温ウエアも増えている。ダウンに比べて濡れに強く、低価格なことが特徴だ。

ウエアの機能をいかんなく発揮させるには、適切なメンテナンスと保管が欠かせない。どのウエアにも洗濯表示が縫い付けられている。必ずその表示に従って洗濯しよう。汚れがひどい部分は衣類用のブラシやスポンジで丁寧に洗う。生地と生地をこすり合わせるように洗うと、特に

ラミネート素材やコーティング素材だと傷むことがあるので注意が必要だ。

また、どんな素材を使っていても、湿気や圧迫された状態はカビの発生や傷みにつながる危険性がある。長期間保管する場合は、たびたび風通しのよいところで陰干しして、十分に乾かそう。

そして、製品には寿命がある。気に入ったウエアを長く使いたい気持ちは誰もが持っているが、劣化したウエアで登山をすることは、本来の機能が期待できないばかりか、生命の安全さえも脅かしかねない。製品寿命を把握したウエアの管理技術も、登山者に求められることを忘れないでほしい。

トレッキングブーツ（ハードタイプ）　**トレッキングブーツ（ソフトタイプ）**　**ハイキングブーツ**

ソールを比べる

カテゴリーで作り分け。山を知り、機能を選ぶ

基本装備の違いってなんだ!?

登山道具の中で基本と言えるのがブーツ、バックパック、ヘッドランプだろう。どれも多くの製品が店頭に並び、初心者はどれを選べばいいのか判断に迷うほどだ。判断に迷うのは、それぞれの違いが分からないからだ。登山者自身が道具の特徴を知った上で製品を選び、使いこなせるようになることが重要だ。

第1章で説明したように、登山はハイキング、トレッキング、マウンテニアリングなど、いくつかのカテゴリーに分類される。登山道具の製品作りは、カテゴリーに沿って行われていることを思い出してほしい。製品のカテゴリーと特徴が分かっていれば「○○岳に行くのですが、これがあれば登れますか?」というような質問をすることはなくなるだろう。道具が山に登らせてくれることはないのだから。

ブーツ

登山用ブーツは、ハイキングブーツ、トレッキングブーツ、マウンテンブーツに分類できる。さらにトレッキングブーツはソフトタイプとハードタイプに、マウンテンブーツはライトタイプとウインタータイプの二つに細分化されている。それぞれの違いは、ソールの厚みとカーブ、ソールとアッパーの特徴から、トレッドパターン、アッパーの素材

と剛性や保温性などに現れている。特にソールの形状の違いは、平らなところに置いて真横から見比べるとよくわかる。

ハイキングブーツ

ハイキングブーツは重量が軽く、ソールのつま先とかかとが反り上がっていて、平たんな地形が歩きやすくなるよう工夫されている。アッパーも柔らかく、材質は合成皮革と化学繊維で作られているものが多い。ソールとアッパーの特徴から、これで歩くことが想定される地形は

丸く角のないソールの先端部

マウンテンブーツ (ウインターのビルトインゲイタータイプ)	マウンテンブーツ (ウインタータイプ)	マウンテンブーツ (ライトタイプ)

■ ブーツの各部名称

ガセット(袋ベロ)　タン(合わせベロ)

アッパー(ソール以外の靴の本体部分。レザー、化学繊維、樹脂などで構成される)

トー

コバ(グルーブ)

ランド(アッパー下部のソールとのつなぎ目部分。ラバーで補強されていることが多い)

ミッドソール

アウトソール(靴底)

コバ(グルーブ)

ヒール

クライミングゾーン

トレッドパターン(溝の模様)

ブロック

トレッキングブーツ

平たんで、岩などによる摩耗をそれほど考慮していないことがわかる。これはハイキングが、そういった地形を歩くゲームだと定義付けられていることと符合する。

プ方式のクランポン(アイゼン)に対応するコバが付いている。ソールの形状は中立的で偏りが少なく、クライミング技術が要求されない歩行技術が主体の登山に適した形になっている。国内の登山に当てはめると、夏の縦走登山用ブーツとして推薦したい。

トレッキングブーツ(ソフトタイプ) は、ハイキングブーツを頑丈にした作りで、ねじれに対するソールの剛性が高くなり、アッパーの素材もレザー(皮革)部分が増えて、摩耗にも強くなっている。春から秋の岩場や雪渓のないコースに適している。

ハードタイプ のトレッキングブーツは、前述の二つに比べて明らかにアッパーの剛性が高い。これは、岩や残雪とのアッパーの摩耗に配慮していることの証明でもある。また、雪渓を歩くことを想定して、ソール剛性も高くなり、かかと部分にはヒールクリ

マウンテンブーツ(ライトタイプ)

クライミングゾーン　ターンイン

マウンテンブーツ(ライトタイプ) はトレッキングブーツに比べると、つま先に力を集中させ、岩場でのフットホールド(足掛かり)をとらえやすくするために、ソールがや

クランポンを付けるためのかかとのコバ。

ビルトインゲイターの
マウンテンブーツ。
右がシングル、左がダ
ブルブーツタイプ。

や内側にカーブしているものが多い。この特徴を「ターンイン」と呼ぶ。ソール面を見ると、ブロックは浅めで、つま先部分に「クライミングゾーン」と呼ばれる平らな部分がある。ブロックは浅めしているのは、雪をグリップし、排出することまで考えた結果だ。ソールもすべてのカテゴリーの中で最も厚いが、靴底からの冷えに断熱性を持たせる意味でも効果がある。

また、ブーツ内の暖気を逃がさないように足首部分に合成ゴムのネオプレン（ポリクロロピレン）を使い、密閉性をさらに高めたモデルも増えてきている。アッパーの断熱材とともにソールの断熱性と足首部分の密閉性は、ブーツの保温性能につながる重要な特徴だ。

そして、クリップオン方式のクランポン＝144ページ参照＝に対応するコバが靴の前後にあり、クランポンとの一体感を高めてある。これがクランポンを使って登る冬の岩場やアイスクライミングで、より正確なフットワークを可能にしてくれるのだ。

ウインタータイプのマウンテンブーツには、ゲイター（スパッツ）と一体化した**ビルトインゲイタータイプ**もある。ゲイターを組み込んだことで密閉性が向上し、保温力が高められている。このタイプの中でもダブ

マウンテンブーツ
（ウインタータイプ）

クランポンを付
けるためのつま先の
コバ

ルブーツになっているものは特に保温性が高く、標高が高く寒気の強いハードな冬山では有効だ。実際のところ、日本の冬山の気象は世界有数の厳しさを持つ。最近はビルトインゲイタータイプのブーツも種類が増え、山でもよく見かけるようになった。

このように各カテゴリーで若干の違いはあるものの、ブーツには耐久性、足をホールドする機能、地面や岩、雪をとらえる機能、保温性などが備わっている。加えて防水性、透湿性も大切な機能だ。防水透湿素材をライニングしたブーツも一般的になっている。

ブーツを選ぶときはまず、ブーツの製品カテゴリーを知り、自分の目指す登山に求められる機能を十分に備えたモデルを選ぶ。そのためには自分の目指す山域の環境、つまり気温や積雪状況、必要となる技術をしっかりと見積もることが必要だ。このような山を評価する作業は登山の安全にもつながる。

1～1.5センの余裕を

次はサイズ選びだ。一昔前は「登山靴は1サイズ大きめ」とか「靴下は2枚」とまことしやかに言われた

ウインタータイプのマウンテンブーツは、横から見るとソール面が平らになっている。剛性が非常に高く、しならない。そして、ブロックが深いことが明らかな特徴だ。ソールが深く剛性が高いのは、クランポンとの整合性を意識しているからだ。ブロックは深く、溝がはっきり

22

準備編　第3章　基本装備の違いってなんだ!?

■ ブーツを履くコツ

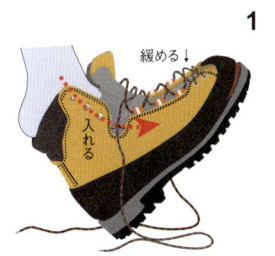

1 靴ひもをすべて緩めて足を入れる

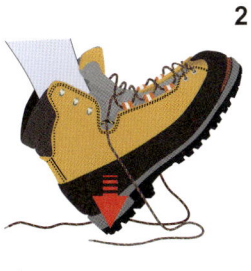

2 ブーツのかかと部分にかかとを収める。コツコツとかかとを地面に当てると分かりやすい

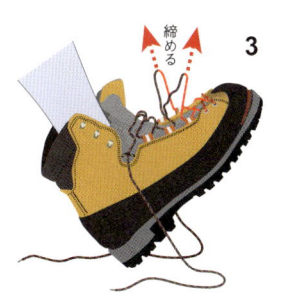

3 靴ひもをつま先から編み上げるように締めていく。甲をブーツにつかんでもらうような感覚で

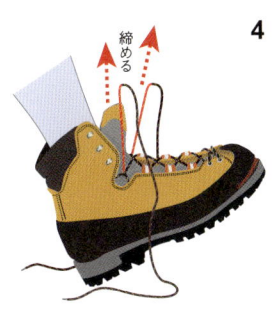

4 フックにかける前に、甲部を締める

5 一番上のフックまで靴ひもを掛け、足首を握るように締める

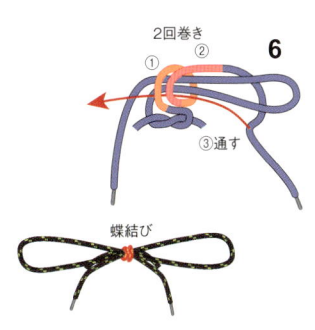

6 蝶結びの輪を2回巻き付けて結び、緩みを防ぐ

が、いずれも正しいとは言えない。靴は足そのものでなくてはならない。足との一体感が正確な歩行を約束する。靴下はトレッキングまたはマウンテニアリング用のものであれば1枚で十分だ。場合によっては、ベースレイヤーとして薄い靴下を併用することもある。

ブーツのサイズ合わせは実際に使う靴下を履いて行う。一般的に足長方向におよそ1〜1.5㌢の余裕があればいい。インソール（中敷き）を取り出し、その上に足を乗せて、どのくらいの余裕があるか、実際に見て確かめてみよう。大きすぎるブーツは靴擦れや疲労の原因になる。

ここで、ブーツを履くときの注意点をいくつか挙げておこう。まず、靴ひもはすべて緩めて、アッパーを広げて足を入れよう。次に、足のかかとをブーツのかかと部分に合わせ軽く地面に当て、しっかりと収めるようにする。

そして、靴ひもをつま先から編み上げるように、アッパーを足になじませていく。特に足の甲はアッパーで締めていく。甲をアッパーにつかんでもらっているような感覚で締めてちょうどいい。そ

のまますべてのフックに靴ひもを通し、最後に靴ひもを軽く引っぱりながら足首を上下に動かすと、アッパーがさらになじむ。

靴ひもは蝶結びで締めるが、根元部分を二重にすると緩みにくい。このように靴ひもはしっかりと結ぶ。よく言われる「登りはゆるく、下りはきつく」というのも正しくない。繰り返しになるが、靴は足そのものだ。いつもしっかりと靴ひもを結び、一体感を大切にしよう。

一体感をより高めるためにインソールを入れ替えることもある。単独で売られているインソールには、土踏まず部分やヒールカップが樹脂で作られていて剛性が高く、足の変形を最小限に抑えてくれるものもある。寒い時期は、断熱材を使ったモデルを使うのもいいだろう。ブーツにもともと付いていたインソールと比較して、足と靴との一体感を確認しながら試してみるといい。足裏から土踏まずやかかとを支えるように、ブーツを自分向けにカスタマイズすることは、かかとの擦れや足のアーチの変形を最小限に抑え、長時間歩行による疲れや膝の痛みなどを軽減することにつながる。

バックパック

バックパックにももちろんカテゴリーがある。多くの人がバックパックを選ぶときに容量だけを気にしているが、バックパネルの仕組みや本体のパーツ、アクセサリーなどはカテゴリーごとに違っている。

形状を比べてみると……。(右から) ハイキングパック、バックパッキングパック、アルパインパック。

ハイキングパック

ハイキングパックは日帰り行動を基準にしているので、容量はおおむね20リッﾄﾙから35リッﾄﾙだ。バックパネルにメッシュ素材を使ったり、パッドの形状を工夫したりして、背中の通気性をよくしてあるモデルが多い。本体素材も薄く軽い生地を使い、軽量化が図られている。小物の収納を考えたポケットが、ヒップベルトやパック本体の側面などに設けられている。

メッシュ素材を使った背面

バックパッキングパック

厚めのパッドが特徴

バックパッキング用パックは、重くかさばる荷物を長時間運ぶことを目的に作られている。このタイプは第1章で紹介した登山カテゴリーのバックパッキング、トレッキングに使うとちょうどいい。国内では長期の縦走登山用と考えるといいだろう。テントや食料、燃料を数日分または数週間分持つことを想定し、容量は50〜100リッﾄﾙくらいになる。大きな荷物を快適に運ぶために、バックパネルやショルダーストラップ、ヒップベルトには厚めのパッドを使っている。このタイプの多くのモデルは背面の長さも調整可能で、体にフィットさせられる。

アルパインパック

アルパインパックは軽量速攻の登山を意識しているので、飾りのない

■ バックパックの各部名称

- ホールループ
- ショルダーストラップ
- アイスツールアタッチメント
- トップポケット (雨ぶた)
- ロードスタビライザーストラップ
- グラブループ
- コンプレッションストラップ
- チェストストラップ
- バックパネル
- ヒップベルト

24

準備編　第3章　基本装備の違いってなんだ!?

質実剛健なデザインが特徴だ。本体の形状も体の幅より外側へ広がらず、バランスを取りやすいように工夫されている。ポケット類は全くないか、あっても最小限に抑えられている。ヒップベルトも薄く、取り外し可能で、細いタイプに交換できるなど、クライミング時のハーネス⇒76ページ参照⇒との干渉を防ぐことが考えられている。

バックパネルやショルダーストラップなど厚みが求められる箇所には、EVAなどのクッションと、それをストレッチ素材の布で覆ったものを使っていることが多い。メッシュ素材は雪が入って、凍ったりするので使われない。アイスアックスを取り付けるアイスツールアタッチメントは2カ所ある。パックの中にはクライミングギアと行動食、ヘッドランプなど、必要かつ最小限のものを収める。そのため容量は30〜50リットルにとどまる。このタイプは、無積雪期のバリエーションルートや冬季クライミングなどの友として最適な機能を持っている。

ヘッドランプ

ヘッドランプはご存じの通り、光源がLEDを使ったタイプが主流になっているLEDを使ったタイプは従来の豆電球に比べて発熱が少なく、光変換効率が高い上に消費電流が少ないので、電池の寿命もかつてのヘッドランプとは比べ物にならないくらい長くなった。光源がLEDに移り、かつてのように消費電力（ワット：W）で明るさを比較することが難しくなってきたため、光源が放つ光の総量を表す光束（ルーメン：lm）が単位として用いられるようになった。ルーメンの数値が大きいほど光の量が多いので、明るく照らしてくれる。

そして、どのくらいの距離まで光が届くのかを示した照射距離、電池寿命（照射時間）と防水規格のレベルも確認しておきたい。

具体的な話をしよう。**都市近郊のバリエーションルートで行動する登山域でのハイキングや日帰りのクライミングの場合**、ヘッドランプは必ず持って行くが、積極的には使わないことが前提なので、30〜35ルーメンくらいのモデルでいいだろう。

無積雪期トレッキングで山小屋利用の場合ならば、消灯後の山小屋内では低照度モードを使い、早朝出発から明るくなるまで高照度モードを使うので、モードの切り替え機能が付いた50〜70ルーメンくらいのモデルが適している。

そして、**一年を通じて早朝に出発、バリエーションルートで行動する登山者は、100ルーメン以上**で、電池寿命の長いモデルがいい。冬季や無積雪期でもバリエーションルートの場合、ヘッドランプを使ってルートファインディングを行う。明るい光はルートの方向や地形の特徴を確認するために不可欠だ。また、山岳ガイドや救助に携わる人、指導的立場の登山者も、このタイプを携行することをお薦めする。

電池寿命が長くなってきてはいるが、いつも予備の電池を持って行くことも忘れないようにしよう。また、濡れたときは、乾かしたり電池を抜いたりして、液もれなどによる故障を防ぐように心がけよう。

LEDを使ったヘッドランプ。（右）35ルーメン。最大照射距離は15m。単四電池2本。（中）55ルーメン。33m。長距離、近距離切り替え式。単四電池3本。（左）100ルーメン。70m。長距離、近距離切り替え式。単四電池4本。

山に泊まる装備ってなんだ⁉

■ ポールの構造によるテントの分類

ドームタイプ
→ポール

シングルポールタイプ
→ポール

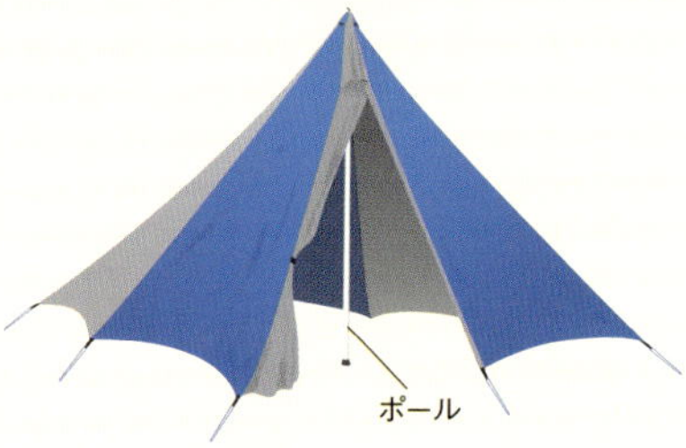

「家型テント」
ガイライン↓　↓ポール　ポール

雪を掘り下げたフロアの上に屋根として乗せたシングルポールタイプのテント。トレッキングポールを接続してテントポールにしている。

悪天候から身を守る休息の空間。シェルター

雪や岩に囲まれて空を眺めながら山に泊まることは、登山の楽しみのひとつだ。

もちろん穏やかな時ばかりでなく、強い風や雨、雪と寒気などから身を守るため、手段を講じることもある。経験で磨かれるキャンピング技術も、最初の一歩は基本となる知識を身につけることだ。

山岳地帯でのキャンピングギア（道具）は、風雨、風雪などから登山者を守るためのシェルター、快適な睡眠のためのスリーピングバッグ（寝袋、シュラフ）やマットレス、温かい食事や飲み物を作るためのストーブとクッカーなどだ。

シェルターとは「避難所」という意味だ。レイヤリングの章でも説明したように、濡れた状態は乾いた状態のおよそ30倍の速さで登山者の体温を奪う。優れたシェルレイヤーを着用していても、長い時間、強い風と激しい雨や雪にさらされ続けると、手首や頭部などウエアの開口部から水分が侵入してくる。そのような気象条件の下では登山者は行動せず、シェルターで悪天候をやり過ごさなくてはならない。

緊急に露営することをビバークと言うが、これはフランス語（bivouac）で「一時的に野営する」という意味だ。近くに山小屋や避難小屋があれば利用できるが、そういった施設が期待できない場合に、

26

準備編　第4章　山に泊まる装備ってなんだ!?

■ ドームテントの2分類

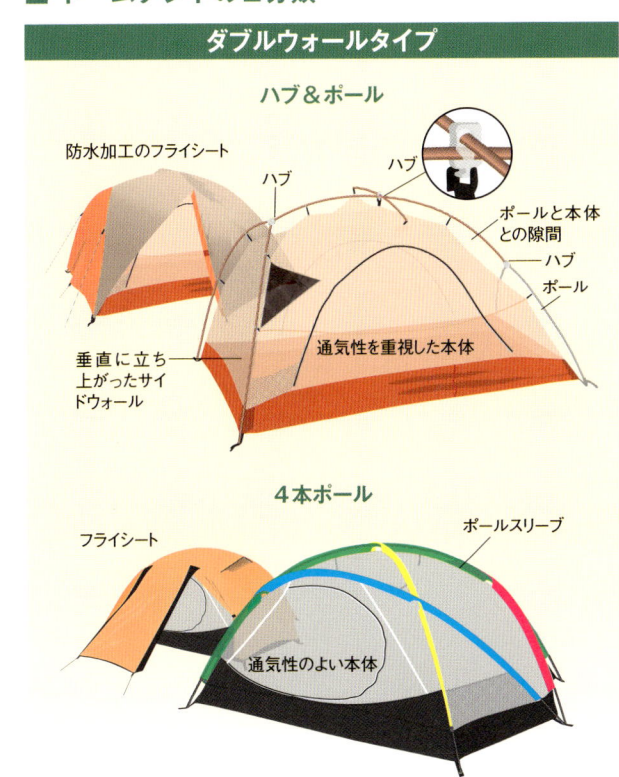

ダブルウォールタイプ

ハブ&ポール
- 防水加工のフライシート
- ハブ
- ポールと本体との隙間
- ハブ
- ポール
- 垂直に立ち上がったサイドウォール
- 通気性を重視した本体

4本ポール
- フライシート
- ポールスリーブ
- 通気性のよい本体

シングルウォールタイプ

2本ポール（アウターフレーム）
- ポールスリーブ（ポールを通す袖）が本体外部にある

2本ポール（インターナルフレーム）
- ポールスリーブがないシンプルな外観
- インターナルフレーム

インターナルフレームのモデルは、テントの中に入って設営するので、狭い場所、強風下でもOK。

テントや雪洞などのシェルターが本当の意味で必要になる。当然のことだが、テント山行の場合は計画時からシェルターの持参が前提となる。

登山者を強い風、雨、雪など厳しい気象状況から守り、暖かく乾いた空間で休息の場所を作り出せることがシェルターの条件だ。言い換えれば、シェルターには高度なレベルの防風、防水、透湿機能が求められる。

このように考えると、シェルターはレイヤリングシステムの最も外側の層とも位置付けられる。シェルターは、雪洞のように自然の環境を利用する場合と、テントなどの装備を使う場合がある。

テントは最も一般的なシェルターだ。テントはポールの構造によって、いくつかの種類に分類できる。本体生地の末端部をペグ（杭）で地面に固定し、中心部をポールで立ち上げる**シングルポールタイプ**、複数のポール、またはハブ（連結部）とポールを組み合わせた一体型フレームで本体を自立させる**ドームタイプ**、直立ポール2本とガイライン（張り綱）を使って本体を立ち上げる「**家型テント**」などがある。

シングルポールタイプは、雪上で

雪を掘り下げてフロアを作り、その上に屋根として使うと効果的なシェルターを素早く作ることができる。オプションで、専用フロアや虫よけネットとフロアが一体になったインナーテントが用意されているモデルもあるので、それらと組み合わせれば夏季にも十分利用できる。専用ポールもあるが、トレッキングポール（ストック）を接続してテントポールとして利用するモデルもあり、装備の軽量化も図れる。

ドームタイプは2本のポールを交差させたタイプ、3本以上のポールを使うタイプ、ハブとポールで構成される一体型フレーム（ハブ&ポール）を使うタイプの三つに分類できる。2本のポールを交差させたドームタイプは軽量で分かりやすい構造なので、これまで最も普及してきた。3本以上のポールを使うタイプやハブ&ポールタイプは、2本ポールを交差させたタイプに比べて、サイドウォール（側壁）が垂直に立ち上がり、居住空間が広く、テントの剛性も高くなる。これらのタイプはここ数年、軽量化と設営しやすさが飛躍的に向上し、普及率が高まっている。ドームテントは使われている本体

ダブルウォールタイプは、本体を通気性のよい生地で作り、フライシートには防水コーティングを施して使えると言えるだろう。

生地によっても分類できる。ひとつは防水透湿素材を利用した本体生地のみの**シングルウォールタイプ**、もうひとつは通気性のよい本体と防水素材のフライシートで構成される**ダブルウォールタイプ**だ。

シングルウォールタイプは防水透湿素材をラミネートしたタイプと防水透湿コーティングを施したタイプがある。ポールを交差させる方式のシングルウォールタイプは、軽量かつコンパクト、設営に要する床面積も小さくて済むのに、限られた場所で設営するのに有効だ。中でも、テントの内側にポールを張るインターナルフレームのモデルは、テントの中に入ってからポールを立ち上げるので、狭い場所、強風下でも素早く設営できる。このような超軽量のシングルウォールタイプは、軽量かつ速攻を信条とするアルパインスタイルの登山に向けて開発された。極限まで軽量化と簡素化を図ったために縫製部を覆うシームテープがないものもあるが、これはユーザー自身がシームシール（目止め）を行わなくてはならない。シングルウォールタイプは、スピードを伴う冬季登山に適したモデルと言えよう。

ブルウォールタイプが、より安心して使えると言えるだろう。

直立ポール2本とガイラインを使って立ち上げる「**家型テント**」と呼ばれるタイプは、ツェルトにそのりのシェルターがきっと見つかるはずだ。名残がある。ツェルトはドイツ語（Zelt）で、英語の同じ意味だが、日本では軽量でコンパクトな非常用テントをツェルトと呼び、他のテントと区別している。ツェルトは床を開放すればタープ（天幕）状になることも特徴のひとつだ。

では、実際に選ぶ時のポイントは何か。まずは「どこで」「どのような登山に使うか」を明確にすることだ。次に、シェルターを評価する項目を並べてみた。

最近、種類が増えているハブ＆ポールタイプや3本以上のポールを使うタイプは、サイドウォールが立ち上がっていて、フライシートと本体との隙間がしっかり取れているので、体が壁に触れて濡れることを最小限に抑えられる。また、3本以上のポールを使うタイプは、ポールの本数を増やすことでテントの剛性が高まり、耐風性も高いと言える。近年、ゲリラ豪雨が発生する頻度が高まっているので、初夏から秋にかけての登山には、テント剛性が高く、フライと本体の隙間が十分にあるダブルウォールタイプが適している。そして、本体とフライシートの機能を明確に分けたダブルウォールの利点を十分に生かすためにも、フライシートと本体の隙間が十分に確保されているものがいい。フライシートと本体の隙間が不十分だと、降雨時に両者がくっついてしまい、本体が濡れ、通気性も低下するからだ。

ちらかと言えば、ダブルウォールタイプが適している。気温が氷点下になることが予想される場合は、どちらかと言えば、ダブルウォールタイプが適している。

1. 使う季節
2. 使う人数
3. 登山日数
4. 重さと収納性
5. 堅牢性（けんろう）
6. 防水性
7. 居住性
8. 設営に必要な床面積と時間

マット類

アルミを蒸着させたブランケットや薄手のマットは、湿気の侵入を抑え、断熱効果もあるが、大切な装備のひとつだ。ブーツを例に考えてみよう。ブーツのインソール（中敷き）に雪山仕様の断熱材で、裏面にはアルミフィルムが蒸着されている。これは地面に接するテントのフロアをこのようなブランケットで覆い、そこに個人用マットレスを敷いて、その上にスリーピングバッグを広げることは、ブーツの断熱保温構造と同じなのだ。

個人用マットレスは、主に**自動膨張タイプ**と、弾力性のある合成樹脂で成形した**クローズドセル**（独立気泡）タイプがある。

になることと堅牢性を両立させることは難しい。どの項目に重点を置くかは登山のスタイルによる。製品の種類が増えた現在、自分にぴったりのシェルターがきっと見つかるはずだ。

見ての通り、それぞれが相反する項目もある。例えば、軽くコンパ

空気で膨らます自動膨張タイプのマット。

収納の際、自動膨張タイプ(右)はコンパクトだが、クローズドセルタイプ(左)には壊れない強みがある。

合成樹脂で成形したクローズドセルタイプのマット。

自動膨張タイプは、空気を抜くと薄くコンパクトになり、収納性に優れている。バルブを開放すると発泡材の復元力である程度、空気が入るが、不足分はバルブから吹き込む。ただし、低温下ではうまく空気が入らないときもある。厚みのバリエーションがいくつかあり、登山で使用するモデルとして厚さ25㍉程度のものは3シーズン用、38㍉程度のものは冬季を含む4シーズン用と言われている。長期山行の場合、修理用具セット(リペアキット)を携行して、パンクなどのトラブルに備えることを忘れないようにしたい。

厳冬期の長期山行では、バルブ付近の凍結やパンクなどのトラブルを懸念して、**クローズドセルタイプ**を使う登山者も多い。形状の変わらないこのタイプはかさばるが、壊れない強みがある。

スリーピングバッグ

スリーピングバッグは中綿素材とその量、構造によって、大まかな使用温度域が設定されている。例えば、低温チューブ環境で使うタイプは、ドラフトチューブやカラーが大きめに作られていて、ダウン(羽毛)などの保温材がたっぷりと封入され、内部の熱が外へ逃げないように工夫されている。

中綿素材はダウンと化学繊維に分類できる。ダウンは軽くて小さくなり、へたりも少ない。良質のダウンは長期にわたって復元力(ロフト)を保つ。ダウンの復元力は実物を見るのが一番分かりやすいので、店頭で触れてみるのもいいだろう。

ダウンは濡れに弱いと言われるが、水鳥の羽根が水をはじく様子を想像してほしい。実際はダウンがべっとりとなるくらいまで濡れるには、多くの水分と時間と圧力が必

■ スリーピングバッグの各部名称

- シェル
- ジッパー
- バッフル(中綿の仕切り)
- カラー
- フード
- ドローコード
- ドラフトチューブ(ジッパー裏面の中綿が封入されたチューブ)

要なのだ。夏季ならまずテント本体の防水機能を高め、フロアからの湿気の侵入を防ぎ、十分な厚みのあるマットレスを使って、防水透湿素材のスリーピングバッグカバーを併用していれば、ダウンが使えないほど濡れることはほとんどないと言っていいだろう。

睡眠中に体から蒸泄された水蒸気は表面のシェルで結露するので、よく見ればシェルは濡れているものの、中身のダウンはほとんど濡れていないことがわかるだろう。冬季なら、起きた直後にテント壁面の結露で生じた霜をクッカーなどですくい取り、水分を高吸収タオルなどで吸い取るなどして、スリーピングバッグを濡らさないように心がけ、さらにシェル表面で結露した水分もふき取って乾かせば、長期山行中もほぼ乾いた状態で使い続けられる。肝心なのはフィールドでの細やかなギア管理なのだ。

ダウンは復元力を「フィルパワー」という単位で示している。この数値が高いほど復元力が強く、多くの空気をため込むことができる。現代のスリーピングバッグには700フィルパワーを超える高品質なダウンが使われていることが多い。保温力

マットレス

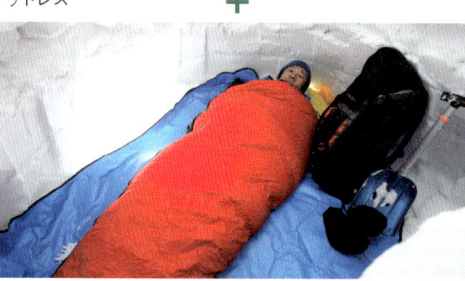

スリーピングバッグ

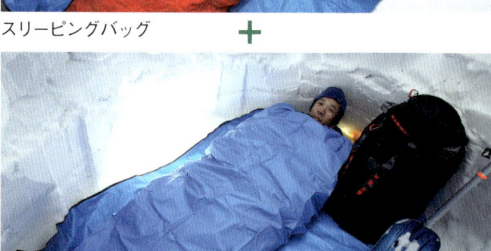

スリーピングバッグカバー。これで冬でも安心。

を推し量るもうひとつの数値は中綿量だ。国内の標高2000メートル以上の登山の場合、夏山を中心とした3シーズンであれば中綿量300〜400グラム程度が目安になり、冬季の場合は600〜800グラム程度が目安となる。

化学繊維は乾きが速く、濡れた状態で比べるとダウンより変形しにくいため、断熱性が高い。ただし、同じ程度の保温力のスリーピングバッグで比較すると、ダウンほどコンパクトにはならない。バックパックの容量や登山スタイルと相談しながら選びたい。

ストーブ

ストーブに使われている燃料には、**カートリッジに充填された液化ガス、ホワイトガソリン、燃料用アルコール**などがある。最も普及しているのが**液化ガスカートリッジ**で、常温や温暖な気候向けと寒冷地向けなどいくつかのバリエーションがある。**ガスカートリッジタイプ**を使う上での注意点をいくつか挙げておこう＝表参照。

ガスカートリッジタイプのストーブには、近年注目されているクッカーとバーナー、ヒートエクスチェンジャー、風防を統合したタイプがある。従来型のストーブでは大気中に多くの熱が逃げてしまい、燃焼効率はおよそ50％にとどまっていた。逃げた熱がストーブの周囲を温めてくれていた面もあるが、ストーブの熱を逃がさないように風防とヒートエクスチェンジャーを利用して効率を高めたのが、この**統合型ストーブ**だ。熱が逃げないので水の沸騰時間が短く、カートリッジの使用量を抑えることができるなどの長所がある。複数のメーカーから発売され、それぞれに工夫が凝らされている。

1 ストーブとカートリッジは同じブランドを使う
2 ストーブとカートリッジを接続する際は、垂直な状態で行う
3 ストーブとカートリッジを締め込みすぎない
4 カートリッジは2〜3年で使い切る
5 商品に添えられた「その他の注意事項」を守る

準備編　第4章　山に泊まる装備ってなんだ!?

アルコールストーブ。

ガソリンストーブ。

クッカーやバーナーなどと一体になった統合型ストーブ。

ガスカートリッジのストーブ。

また、燃焼部分にジェネレーターを備えたタイプも開発された。気化熱でカートリッジの温度が下がり、燃焼効率が落ちる欠点を補っている。

ガソリンストーブは低温、低圧でも燃焼性能が低下しないので、季節や標高など環境を選ばずに使えるのが最大の特徴だ。ホワイトガソリン専用タイプと、無鉛ガソリン、灯油など数種類の液体燃料に対応したタイプがある。火力も強く、雪山でも雪を溶かして水を作る場合などは心強い。取り扱う際には、燃料がこぼれたり引火したりしないよう十分な注意が必要だ。燃焼時の反射熱でストーブの下部が非常に高温になるため、雪上で使う場合などは断熱材を兼ねた安定板を敷かなくてはならない。

アルコールストーブは、ハイキングの休憩時に温かい飲み物や簡単な食事を作るのに向いている。使い方が簡単で、燃焼音もなく静かなこと、構造がシンプルで故障しない点が最大の長所だ。コンパクトな風防とセットでも販売されている。二つめのストーブとして持っているのも悪くはない。

いずれのタイプでもストーブを使う際には火災、やけど、一酸化炭素中毒に十分に注意し、事故のないようにしよう。

クッカー

クッカーの素材はハードアノダイズド処理（アルマイト処理とも言う）されたアルミニウム製が増えてきた。軽量で熱伝導率が一定なので扱いやすいことと、この処理によって腐食に強くなったことが、その理由だ。かつては大きなクッカーセットを見ることもあったが、最近は登山グループが少人数化し、ソロクッカーや2～3人用のセットが中心モデルになっている。

容量の目安はソロクッカーなら1000ccがちょうどいい。ひとつでも十分に足りるが、料理を一品増やしたり、お茶などを沸かしたりすることを考えると600ccを加えてもいいだろう。2～3人なら、2000ccくらいのサイズと1700ccくらいのサイズがセットになっていれば、通年で使える。

食器も従来のようなアルミニウム製だけでなく、シリコン樹脂製のような、シリコン樹脂が一般的になってきた。シリコン樹脂製は折り畳めるので、収納がコンパクトだ。スプーンやフォーク、ナイフのことを「カトラリー」と言うが、これもチタンなどの金属製から樹脂製などへ種類が広がってきた。樹脂製は色も豊富なので、仲間のものと区別するのに好都合だ。

カラフルで折り畳めるシリコン樹脂製の食器。

ハードアノダイズド処理されたアルミニウム製の鍋とフライパンのセット。

ナビゲーションってなんだ!?

「現在位置を把握しているか?」「残りの行程はどのくらいか?」「引き返すルートを覚えているか?」

登山者はこの三つを自問自答し続けながら行動している。ナビゲーションと言えば「地図を読むこと」と思う人が多いだろう。だが、地図を読むことはナビゲーションの一部にすぎないのだ。

目的地までたどり着く確実な技術と手段

ナビゲーションとは、現在位置、全体の行動状況、脱出経路の三つを常に把握し、出発地点から目的地まで確実に行動するための技術と手段を指す。

ナビゲーションに必要なものは、地形図、コンパス、高度計などの装備、登山計画、観察力と判断力、判断に基づいて行動する習慣だ。装備にGPS（グローバル・ポジショニング・システム）レシーバーを加えることもある。第2章で紹介したレイヤリングシステムで、ウェアのひとつひとつの層にそれぞれ役割が

地形図の役割と準備

あったように、ナビゲーション装備のひとつひとつにも役割がある。

地形図は登山する山域の大まかな特徴（概念）を把握するために使う。国土地理院発行の地形図は、現況の地形を2万5000分の1で表現している。具体的には250メートルを1センチに、1キロを4センチに縮尺している。

等高線は主曲線（細い線）が10メートル間隔、計曲線（太い線）が50メートル間隔で引かれている。これらの数字をしっ

地形図の特徴

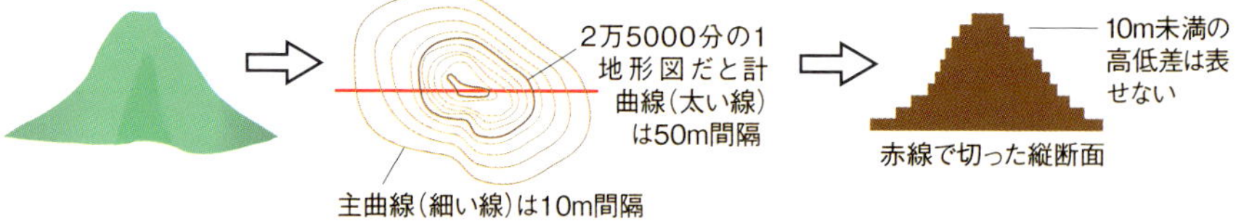

実際の山を地形図にすると → 2万5000分の1地形図だと計曲線（太い線）は50m間隔／主曲線（細い線）は10m間隔

地形図を再現すると… → 10m未満の高低差は表せない／赤線で切った縦断面

国土地理院2万5000分の1地形図「御在所山」から

【ピーク】○
周囲より標高が高く、等高線が閉じた輪になっている。

【土地の傾斜】
等高線の間隔が広いほど緩やかで、密なほど急。

【尾根】
山頂などから派生する高い土地の連なり。地形図では等高線が低い方に向かってU字状やV字状に延びて連なる。

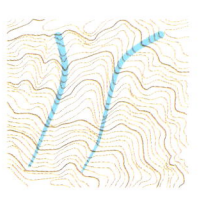

【沢・谷】
尾根などに挟まれた低い土地。地形図では等高線が高い方に向かってU字状やV字状に切れ込んで連なっている。

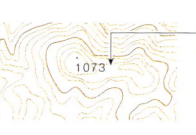

【鞍部（コル）】
稜線の低くなった部分。

ナビゲーションの装備。

32

準備編　第5章　ナビゲーションってなんだ!?

(1) 概念図を描く

地形図からは尾根や沢、ピーク、鞍部などの特徴、小屋や橋などの建造物、標高差や水平距離、傾斜といった地形の概念（イメージ）を読み取ることができる。

尾根は等高線が低い方に突き出し、沢は等高線が高い方に突き出ている。ピークは周囲より標高が高く、等高線が閉じた輪になっている。鞍部はコルとも呼ばれ、馬の背の鞍を乗せる部分のように稜線が低くなった部分で、等高線が砂時計の形になることが多い。

このように地形図から得られる情報は大まかであることを踏まえた上で、役割と準備を確認していこう。

そして、主曲線は10メートル間隔なので、10メートル未満の高低差は表現できない。例えば、5メートルの崖は地形図には表れない。同様に、急峻だが細く短い尾根や狭い沢のような地形も、地形図には表れない場合が多い。

かりと見ていただきたい。1キロの行程は歩くと、平たんでも一般的に10〜20分程度かかる。それをたった4センチで表している。

2万5000分の1地形図
国土地理院「御在所山」から

概念図
※複数の地図を基に作成 

磁北線の引き方

(例) 磁針方位が西偏7度10分 (7°10′) の場合

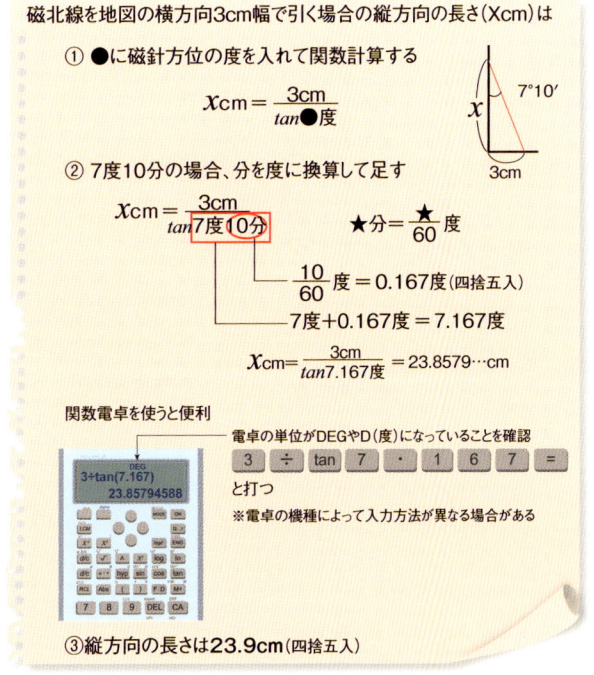

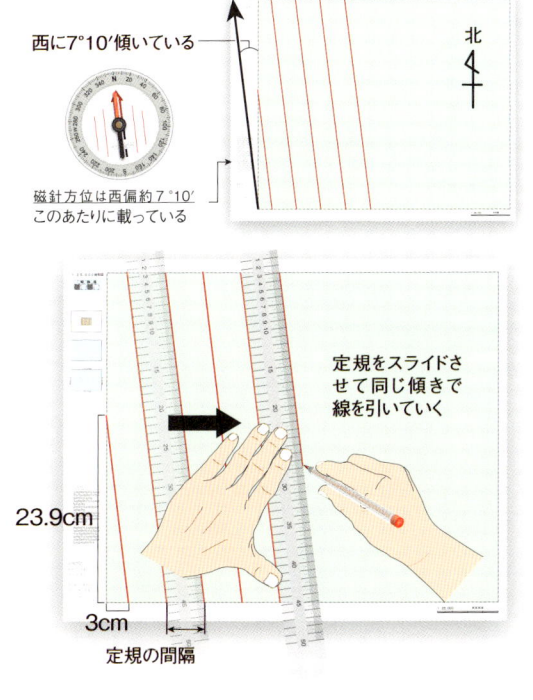

西に7°10′傾いている

磁針方位は西偏約7°10′
このあたりに載っている

定規をスライドさせて同じ傾きで線を引いていく

23.9cm

3cm
定規の間隔

磁北線を地図の横方向3cm幅で引く場合の縦方向の長さ(Xcm)は

① ●に磁針方位の度を入れて関数計算する

$$x\text{cm} = \frac{3\text{cm}}{\tan ●度}$$

② 7度10分の場合、分を度に換算して足す

$$x\text{cm} = \frac{3\text{cm}}{\tan 7度10分}$$

$$★分 = \frac{★}{60}度$$

$$\frac{10}{60}度 = 0.167度（四捨五入）$$

$$7度 + 0.167度 = 7.167度$$

$$x\text{cm} = \frac{3\text{cm}}{\tan 7.167度} = 23.8579\cdots\text{cm}$$

関数電卓を使うと便利

電卓の単位がDEGやD（度）になっていることを確認

3 ÷ tan 7 . 1 6 7 =
と打つ

※電卓の機種によって入力方法が異なる場合がある

③ 縦方向の長さは23.9cm（四捨五入）

ベアリング表の要素

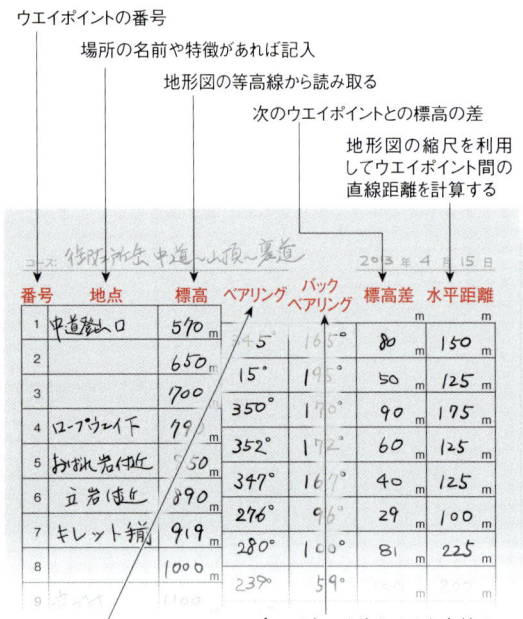

- ウエイポイントの番号
- 場所の名前や特徴があれば記入
- 地形図の等高線から読み取る
- 次のウエイポイントとの標高の差
- 地形図の縮尺を利用してウエイポイント間の直線距離を計算する

コース: 御在所岳 中道〜山頂〜裏道　2013年 4 月 15 日

番号	地点	標高	ベアリング	バックベアリング	標高差	水平距離
1	中道登山口	570m	5°	165°	80m	150m
2		650m	15°	195°	50m	125m
3		700m	350°	170°	90m	175m
4	ロープウェイ下	790m	352°	172°	60m	125m
5	おばれ岩付近	850m	347°	167°	40m	125m
6	立岩付近	890m	276°	96°	29m	100m
7	キレット箱	919m	280°	100°	81m	225m
8		1000m	239°	59°		

今いるウエイポイントから次のウエイポイントへ歩き出す一歩目の方角。

今いるウエイポイントから直前のウエイポイントへ戻る方角。ウエイポイント間を直進できる積雪期に有効。(ベアリングの角度の正反対なので、180度を足すか引く)

ルートを引き、ウエイポイントを選ぶ

目立つように赤でルートを引く

ウエイポイント

ウエイポイントを選ぶポイント
① 分かりやすいところ…ピーク、上り下りの変化点、建造物など
② 迷いやすいところ…分岐など

ように、くびれて見える。土地の傾斜は等高線が密なほど急で、疎な箇所は緩やかだ。小屋や橋などの建造物や森林などの植生の特徴、露岩や崖などは決められた記号がある。

これらの情報を基に、登山ルートを中心としたエリアを大まかに描いてみよう。これが**概念図**と呼ばれるものだ。

(3) ルートを引き、ウエイポイントを選ぶ

磁北線を引いたら、必要なエリアのカラーコピーを取って、登山ルートを書き入れる。原本の地形図に記入して山に持っていくと、傷みや濡れなどで見づらくなるので、原本は家に残しておこう。登山道は 2 万 5000 分の 1 地形図には表示されていなかったり、現状と違っていたりすることも多い。主な山域なら「山と高原地図」(昭文社) のシリーズを参考にするのもいいだろう。

コピーした地形図に登山ルートを記入したら、主要な通過点となる**ウエイポイント**を選定する。ウエイポイントは、山頂などのピーク、コル、上り下りの変化点、山小屋のような建造物など分かりやすい箇所と、分岐など迷いやすい箇所を選ぶ。前者は自分の現在位置を把握するために、後者は迷わないために選ぶ。これらは概念図にも書き加えてもいい。概念図はこの段階で描いてもいい。

(2) 磁北線を引く

次に地形図を実際の地形と同じ方向に使えるように、**磁北線**を引こう。登山中に方位を確認するコンパスは、地図の北 (真北) ではなく磁北 (北磁極) を指す。地形図に磁北線を引き、磁北線上の北とコンパスの針が示す北の向きを合わせると、地形図と実際の地形を照合させられる。このように地形図を正しい向きに置くことを**正置**と言う。

真北と磁北のずれは国土地理院発行の地形図の左隅に「**磁針方位：西偏○○度**」(磁針の指す北は真北より西に○○度偏っている) と示されている。磁北は変動しているので、磁針方位は 10 年ごとに更新される (※)。だから、地形図は新しいものを使うようにしたい。

(4) ベアリング表を作る

ウエイポイントを選んだら、ポイントごとに次の項目を一覧表にま

※最新の磁針方位はインターネットの「国土地理院　磁気偏角一覧図」で検索できる。

準備編　第5章　ナビゲーションってなんだ!?

ベアリング表を作るときのコンパスの使い方

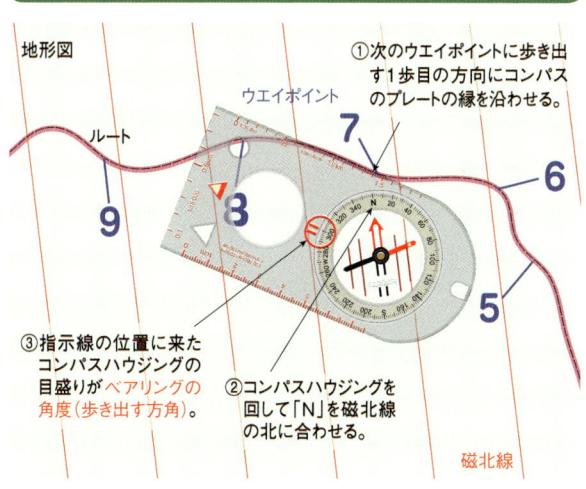

地形図
ルート
ウエイポイント

① 次のウエイポイントに歩き出す1歩目の方向にコンパスのプレートの縁を沿わせる。

② コンパスハウジングを回して「N」を磁北線の北に合わせる。

③ 指示線の位置に来たコンパスハウジングの目盛りがベアリングの角度（歩き出す方角）。

磁北線

■ コンパスの各部名称

進行矢印（トラベルアロウ）
指示線
プレート
オリエンティングアロウ
ルーペ
経線（南北線）
磁針
コンパスハウジング

針先が北（N）

アップダウン表

標高(m)
山頂1212m
国見峠1090m
ロープウエイ下 790m
藤内小屋660m

ウエイポイント

ベアリング表を裏表にしておくと便利

A5判くらいにセットするとひと目で見られる

アップダウン表
概念図

透明のビニールカバーに入れると濡れても安心

概念図にルートとウエイポイントを記入しておく

める。①地点名②標高③ベアリング④バックベアリング⑤標高差⑥水平距離の6項目で、この一覧表をベアリング表という。

ベアリングとは、ある地点から次の地点へ向かうときに歩き出す角度のことを指す。この角度の基準（0度）は磁北なので、事前に引いた磁北線に対して何度の方角に歩き出すかを、コンパスを使って計測する。

バックベアリングはベアリングの正反対の方角で、全く同じ経路を引き返すときの目安となる。ベアリングの角度に180度を足すか引けばよい（ベアリングが15度ならバックベアリングは195度、230度なら50度）。

具体的な使い方は、山頂から下るときや下り道での分岐などは迷いやすいのでウエイポイントに選び、ベアリングを事前に計測。実際に歩き出す際にコンパスで確認すると、方向間違いを未然に防ぐ手段となる＝37ページ参照。

(5) アップダウン表を作る

ウエイポイントの標高を地形図上で事前に読んで一覧表に記入しておくと、登山中に等高線を数える煩わしさから解放され、高度計の数値と簡単に比べることができる。この標高と標高差を基にしてアップダウン表を作成する。これは登山ルートを垂直に切った断面図だ。ウエイポイントに上り下りの変化点を加えたは、アップダウン表に反映させる

めだ。

これで地形図から得られる情報を基にして概念図、ベアリング表、アップダウン表が整う。これらの資料は**登山計画書**の根幹になる。ここまでの作業は、実は地形図の上で行った空想登山の記録とも言える。地形図の限られた情報を記録しながら、想像力を駆使して空想登山をすること、その記録を残すこと、これが登山のナビゲーションの第一歩だ。

観察力と判断力

ここからは実際の登山における観察力と判断力、判断に基づいて行動する習慣について説明しよう。

地形図から得られる情報では概念の把握ぐらいしかできないことは分かっただろう。では、さらに詳細な情報はどこから得るのか。それは、登山者自身の目から得る。しっかりと山を観察して、自分の目で地形図の限界を補うのだ。

ここで車の運転を思い出してほしい。運転するときは、出発地から目的地までのおおよその行程を頭に入れつつ、周囲の車の速度や道路状況、道路表示、分岐などを常時見ている

はずだ。予定していた経路を状況に応じて変更することもあるだろうし、道を間違えた場合は軌道修正して目的地を目指す。運転しながら地図やカーナビに見入ってしまうと、前方不注意で事故を起こしかねないので、目線は遠く、やや前方やすく前を走る車、さらに、ミラーを使って後方も見ているだろう。

実は登山もこれと同じだと考えればいい。空想登山の記録である概念図、アップダウン表、ベアリング表は、大まかな行程を頭に入れるために必要だが、行動中はしっかりと自分が歩いている山を見る。「しっかり見る」とは、登山中はまず自分が進む方向の遠く、中距離、足元を見る、ということだ。この視線の動きで**ルートファインディング**を行っている。ルートファインディングとは、山を観察して登山計画と照合しながら「ルートはこっちだ」と判断することだ。実際に足でルートを歩く前に、目で歩くのだ。「ルートを見つけること」は「目で歩くこと」と言い換えられる。

準備段階で時間をかけて作成した概念図などの登山計画は、あくまで計画にすぎない。何が何でも計画

通りに行動しなくてはいけないわけではない。実際は目の前の山をよく見て、状況に応じた行動を取ることが求められる。また、引き返すことや、周囲を含めた全体像を把握するために振り返って後方を確認することも覚えておきたい。特にリーダーを務める人は、優れた観察力と判断力を備えて、登山の進捗状況と現在位置を把握しなくてはならない。

道間違いからの修正

このように周到に準備をして、しっかり周囲を観察しながら登山をしていても、道を間違うことがある。ここで確認しておきたいのは「迷う」ことと「間違う」ことは違うということだ。頭の中に登山の全体像があり、周囲を観察しながら歩いていると、間違ったことにも気付く。迷うというのは、間違いにも気付かない状態なので、随分程度が異なる。間違いに気付いたときには、**表**に示す「STOP」の手順で修正を試みる。

最初に、コンパスの使い方を説明しておこう。登山に使うコンパスはプレートの付いたタイプだ。現在位置が分かっていて、次のウエイポイントに向かうためのコンパスを使う

箇所はなかったか考える。次に周囲を観察し、現在位置を確認する。現在位置の確認方法はいくつかあるが、視界が効いている場合は、正置した地形図とコンパス、高度計を使う。現在の位置がある程度特定できたら、そこからどのようなルートで本来のルートに戻るか計画を立てる。これが道を間違えた場合の行動指針だ。

- **S** … stop 立ち止まる
- **T** … think 考える
- **O** … observe 観察する
- **P** … plan 計画を立てる

現在位置の確認方法

問題いに気付いたら、まず立ち止まって、概念図やベアリング表を参照しながら自分の記憶をたどり、間違えやすい箇所、間違えたと思われる手順は——。

準備編　第5章　ナビゲーションってなんだ!?

■ コンパスの使い方

❶→❷→❸　現在位置から目的地を指示する

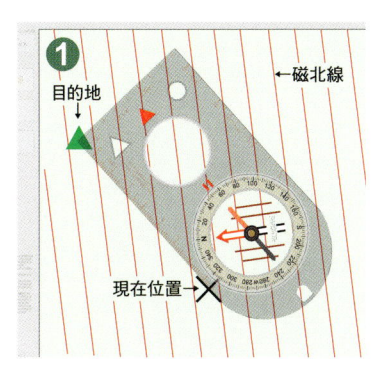

❶
- 地形図上で現在位置と目的地にコンパスを合わせる。
- 進行矢印は進行方向に向ける。

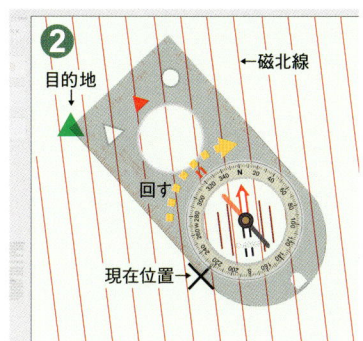

❷
- コンパスハウジングを回し、コンパスハウジングの「N（北）」と磁北線の北を合わせる（コンパスハウジングの経線と磁北線が平行になる）。

❸
- 進行矢印を先端にしてコンパスを体の正面に水平に構える。
- 体を回してコンパスハウジングの「N」と磁針の北を重ねる。

2つの北が重なったときの体の向きが目的地の方向

ベアリングを基に歩き出す方角を確認する　例）次のウエイポイントへのベアリングが250度の場合

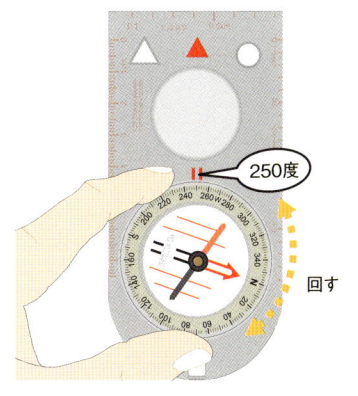

- コンパスハウジングを回して指示線の位置に250度の目盛りを合わせる。
- 進行矢印を先端にしてコンパスを体の正面に水平に構え、体を回す。
- コンパスハウジングの「N」と磁針の北が重なったとき、進行矢印が指しているのが歩き出す方角の250度。

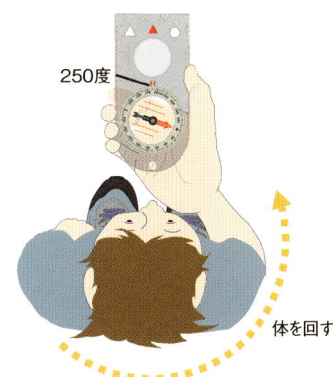

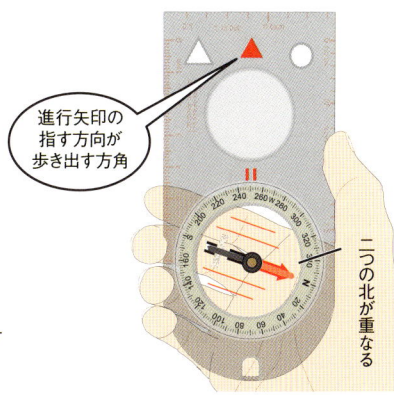

進行矢印の指す方向が歩き出す方角

① 地形図上で、現在位置と目的地にコンパスのプレートの縁を合わせる。プレートの進行矢印は進行方向に向ける。

② コンパスハウジングを回して、コンパスハウジングの「N（北）」と地形図に引いた磁北線の北を合わせる。

③ このコンパスを手にして、進行矢印を体の正面に構えて水平に持ち、体を回してコンパスハウジングの「N」と磁針の北を合わせる。このとき体の向いた方向が、進むべき方向なのだ。この手順を「1―2―3」という。

これは前述のベアリング表を基にして、ウエイポイントから歩き出す角度を確認するときにも使う。

例えば、現在いるウエイポイントからのベアリングが250度だとする。まず、コンパスハウジングを回して指示線の位置に250度の目盛りを合わせる。次に、この状態でコンパスを体の正面に水平に持ち、体を回してコンパスハウジングの「N」と磁針の北を合わせる。二つの北が重なったとき、進行矢印が指している方向が歩き出す250度の方角だ。

■ コンパスの使い方

❸→❷→❶　手掛かりとなる目印から現在位置を確認する

❸
目印

目印

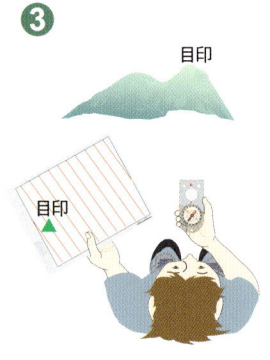

・コンパスを水平に持ち、地形図で特定できる目印に進行矢印を向ける。

❷
目印

目印

回す　合わせる　320度　読む

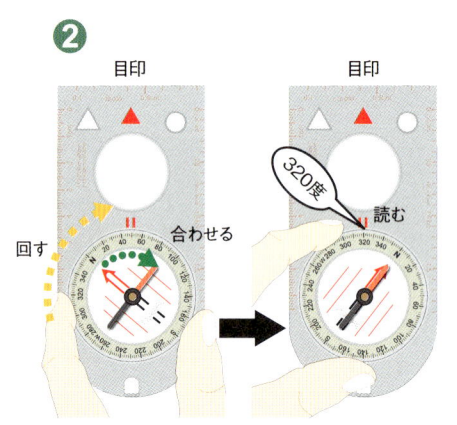

・コンパスの向きを変えないよう注意しながら、コンパスハウジングの「N」と磁針の北を合わせる。

・コンパスハウジングの目盛りを指示線の位置で読む。

❶
磁北線→　目印→　320度

この線上に現在位置がある。地形の特徴と合わせて現在位置を特定する

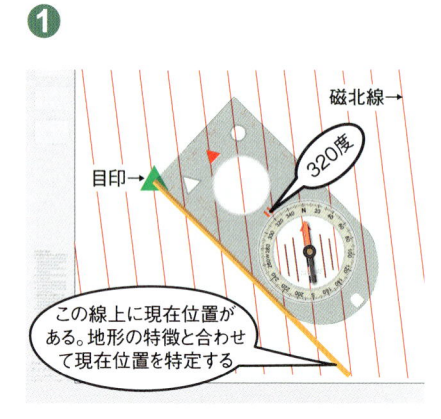

・地形図上でコンパスハウジングの「N」と磁北線の北を合わせる。
・②の角度で目印とプレートの縁を合わせる。現在位置はプレートの縁の線上にある。

　それでは、コンパスを使った現在位置の確認方法に入ろう。視界が効いていて、周囲の山の名前などが分かっている場合は、先の「1─2─3」の逆の手順「3─2─1」で、おおよその現在位置が把握できる。

③地形図で確認できている山のピークなど目印になりやすいものに進行矢印を向ける。このときコンパスは水平に保つ。

②コンパスの向きを変えないように注意しながら、コンパスハウジングの「N」と磁針の北とコンパスハウジングの「N」を合わせる。コンパスハウジングの目盛りを指示線の位置で読む。

①地形図上で、コンパスハウジングの「N」と磁北線の北を合わせてから、②で読んだ角度でプレートの縁を目印に合わせる。地形図上の現在位置は、このプレートの線上の任意の点となる。最後に自分がいる地点の地形の特徴、例えば、やせた尾根にいるとか尾根の屈曲点にいるとかの情報と合わせて現在位置を特定する。

　さらに精度を高めるために、複数の目標で同じことをしたり、高度計で高度を確認したりする。

　現在位置がほぼ分かっていて確認する場合は、**地形図を正しく置き、現況地形と照合しながら、高度計の高度と合わせて特定する方法**もある。尾根や沢、山の見え方などから地形図と照合するのだ。高度計がなくてもできるが、より精度を高めるために高度計を使った方がいい。

　最後に、**GPSレシーバー**を使う方法がある。GPSレシーバーは複数の衛星からの信号を受信して現在位置を表示する機器だ。視界が効かない場合は非常に頼りになる存在だ。

　道を間違った場合には、これらの手段で現在位置を把握し、そこからルートを修正する。

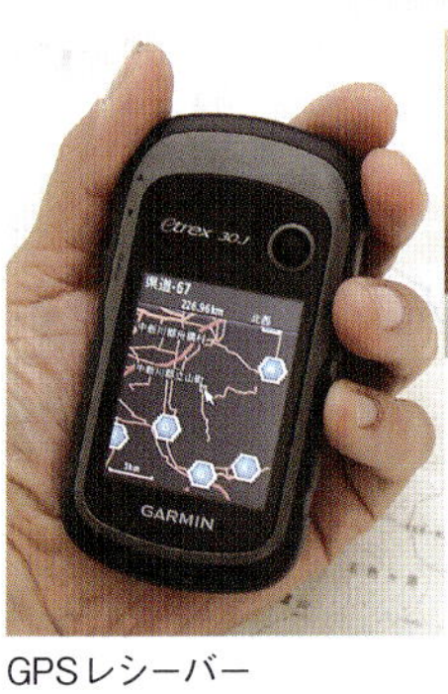

GPSレシーバー

高度計

38

準備編　第5章　ナビゲーションってなんだ!?

ナビゲーションはサバイバル技術

目的地を目指して動き続ける。

　この章の最後に付け加えておきたいことがある。それは、登山の原則として、登山者は行動する体力がある限り、目的地を目指して動き続けなくてはならない、ということだ。

　最近の遭難事故を見ていると、悪天候の中で行動を起こしているというう出発時の判断ミスもあるが、動か者の多くが「悪天候はツェルトでやり過ごす」という発想にとらわれ過ぎている結果とも言える。

　強風下で十分な空間を作り出せない不完全なシェルターが、果たして人間を守り切れるだろうか。一般的に人間は、強風、強い寒気、強烈な日射などの過酷な状況に3時間以上さらされると、生命の維持が困難になると言われている。シェルターとは避難場所であり、雨や雪、風から人間を守り、暖かく乾いた空間を提供できるものでなくてはならない。

　気象状況によっては、ツェルトでは不十分な場合もあるのだ。
　行動を起こす前に、天気予報を見て天気を評価する、登山ルート上の危険箇所を予測する、そして、積雪期であれば雪の安定性を見極めるという習慣を持ちたい。その結果、3時間以上、荒天につかまる可能性があったり、視界不良でルートファインディングが困難になる可能性があったりする場合は、登山中であれば山小屋などの強固で安全なシェルターで待機すること、または登山の中止を選択したい。

　そして、もしも行動中に悪天候に遭遇したら、ナビゲーション技術を駆使して、目的地または山小屋などの強固なシェルターを目指したい。それも、なるべく短い時間でたどり着くように五感を研ぎ澄まし、全力で行動する。こういった状況では、厳しい環境でも行動できる強靭な体力と、強風や寒さにひるまない不屈の精神力を持っているかどうかが生死の分かれ目になる。

　登山におけるナビゲーションとは、単なる地図のゲームではなく、生き延びるための技術であることを覚えておいてほしい。

登りたい目標の山があって登山のプランニングが始まる。

登山計画ってなんだ!?

トレッキングやマウンテニアリングなど、登山はいくつかのカテゴリーに分類できる。だが、カテゴリーにかかわらず、自然の中で活動する者には求められる条件がある。体力、精神力、技術と知識、経験と熟練だ。登山計画を練る中で、目標となる山に必要な条件を評価し、登山するチームの実力と比較することは、遭難を防ぐ大切な要素となる。

頂上に立ち、無事還る。
そのために練る手段や行動

目標から始まるプランニング

プランニングとは、ある目的を達成するために、どのような手順でどのように行動するかを決めることだ。登山には、頂上など目標とする到達点に立ち、安全圏に無事還るという明確な目的がある。もし、この目的を持たずに山に入るとしたら、これは「登山」とは呼べない。「山に入ること」と「登山すること」は同じではない。第1章で説明したよう

に、近代登山の定義が「登山そのものを主目的として山に登ること」だからだ。

目標地点に立ち、安全圏に無事還るという登山の目的を達成するために、あらかじめ手段や行動内容を決めたものが登山計画だ。

まず、目標となる登りたい山があ る。次に、その山に登るルート、下るルートを決める。そして、登山チーム全員で決定事項を確認し、共有することから登山のプランニングが始まる。

40

登山チームに二つのタイプ

プランニングで目標とする山とルートが決まったら、チームを構成するメンバーを決める。この手順は逆になることもある。チームがあって、目標を設定するという流れだ。

チームには大きく分けて二つある。ひとつはメンバー全員がほぼ同じ経験、力量、モチベーションを持っている場合。もうひとつは、メンバーの中の経験値や力量に差がある場合だ。

前者は、より困難な課題に向き合う場合のチームといえる。このようなチームは、メンバーの一人一人がリーダーを務められるとともに、批判する力と協調性を持ったフォロワー（随行者）にもなれるので、追い込まれた状態での判断や、並外れた行動力が求められるときに、チームとしての力を発揮できる。

後者は、経験者が後進を育成する場合のチームだ。具体的には、大学や高校の山岳部などだ。新入部員や経験の少ないメンバーにも装備や役割を分担させながら、自立した登山者に育つためのステップとして登山を経験させる。このチームの場合、後輩や経験の少ない者の意識を、いつかは自立した登山者になるという方向に導くことが不可欠だ。そうでなければ、同じ人物がずっとリーダーを務め、いつまでたっても後進が育たない。

最近は、自分が先頭に立って判断し、行動の責任を負う意欲を持つ自立した登山者が減ってきているように思う。これは、学生はともかく、山岳会など社会人の登山組織で、チームの意味が不明瞭（ふめいりょう）になっていることが要因と考えられる。社会人の場合、学生と違って卒業という時間の区切りがないため、同じ人が長い間、リーダー役を務め、他のメンバーは万年新人の扱いを受ける傾向が見受けられる。これでは自立した登山者の育成を阻んでしまう。

登山スタイルやルートにもよるが、登山チームは2〜4人程度が最適だ。それ以上になると、ひとつのチームとしてのまとまりがとりにくくなる。人数が増えた分、危険箇所の通過に時間がかかり、チームとしての行動に自発的に関わろうとする意識も薄れ、他人任せになる傾向が出てくる。

登山チームの2類型

後進育成型 — リーダー

どんなチームにもリーダーは必要

実力拮抗型 — リーダー

チーム1人1人はそれぞれの役割を果たす独立した登山者であること

もうひとつ気になるのは、ここ数年、一人で山に入る登山者が増えていることだ。単独行で名を馳せた加藤文太郎や、トランゴネームレスタワーに新ルートを単独開拓した南裏健康など優れたソロクライマーや単独登山者は、鋭い観察力と強靭な体力、そして強い闘争心の持ち主だ。たゆまぬトレーニングに裏打ちされた屈強な肉体と、鋭い観察力に基づいた判断と行動など、登山者としての能力は常人の2倍にも3倍にも及ぶ。

つまり単独行とは、一人で2〜3人のチームと同じ行動力を持った高いレベルの熟練者にのみ許される選択肢なのだ。一人で登山しようとする者は、その点を理解して取り組まなくてはならない。安易な一人登山は遭難予備軍でしかない。

どんなチームにもリーダーが必要

メンバーの力量が拮抗したチームであっても、そうでなくても、リーダーを決める。リーダーは、チームを目的に導くために規律を設ける。「登山には勝ち負けがない」と言う人がいるが、点数がつかないため勝敗は見えにくいが、生死がかかっている以上、勝負事であることに変わりない。他のスポーツでは点数があり、ルールがあって、ジャッジ（判定）を下す審判がいる。チームの目的は対戦相手に勝つことだ。

それに対して、登山の目的は登頂であり、生還だ。勝ったか負けたかではなく、自分たちで定めたルールに沿って目的が達成されたかどうか。その結果について自らジャッジする。

目的のためのルールは自分たちで決め、ジャッジも自分たちが担う。ルールやジャッジが存在しないのではなく、自分たちがその役割も担っていると考える方が登山の本質をとらえている。自分たちでルールを決め、自分たちで結果を評価するスポーツは登山をおいて他にはない。

登山のチームは、登頂し、生還するために全力を尽くすという目的をこれを徹底できる人物が務めなくてはならない。メンバー構成と役割が慢性化した組織や、即席の集団の中での相対的な序列だけでリーダー役を決めることは、登山の目的とリーダーの責務をうやむやにしてしまう。また、そのような体質は、登山の本質を見落とし、遭難を起こす要因となる。

登山計画書の構成要素

目標の山とルートが決まり、チームとリーダーが決まったら、まず、チームのメンバーで登山計画書を作成しよう。登山計画書に決まった様式はないが、おおむねメンバー表、行動計画、装備表、食料計画、緊急時対策と連絡網で構成されている。

行動計画については、第5章で紹介した概念図、アップダウン表、ベアリング表を作成する。次に行動計画に基づいて、必要となる技術と、それに伴う装備をリストにまとめる。技術と装備は連動しているので、この作業は並行して進める。

例えば、ルート中に長く急な雪渓が出てくる場合なら、
技術＝雪上歩行→装備＝クランポン（アイゼン）、アイスアックス（ピッケル）、ヘルメット、グローブとなる。これらの技術と連動する装備の洗い出しが終わったら、それ以外の共同装備、個人装備のブーツやバックパック、ウェアをリストにまとめる。テント利用の場合はキャンピングギアを準備して、食料計画と燃料計画を立てる。

緊急時の対応については、現場での行動規範となるフローチャートと連絡網を用意する。連絡先は携帯電話に入れているだけだと電池切れや低温によるタッチパネルの不良などで見られない危険性があるので、必ず紙に記したものを持ち歩く。

計画書の表紙部分は、登山計画の概要が一目でわかるように、登山期間、山域、行程表や宿泊地、メンバー表、緊急時連絡先などを書き込む。

完成した登山計画書は、事前に家族や友人、所属する山岳会や学校、登る山域の地元警察署などに提出する。

チームビルディングは準備段階から

登山計画は行動の指針だが、チームを評価する資料でもある。計画段階であまり現実離れした目標は持たないだろうが、常にチームの力と登山計画を評価する習慣を身につけておきたい。登山計画を基にして、チー

準備編　第6章　登山計画ってなんだ!?

登山計画書の構成例

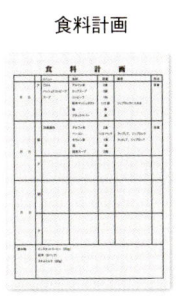

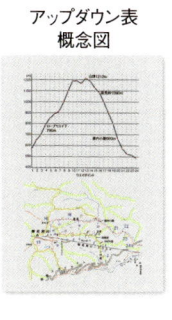

救助活動フローチャート / **食料計画** / **装備表** / **ベアリング表** / **アップダウン表・概念図** / **表紙（概要のページ）**

※日帰り山行などでは省く場合もある。

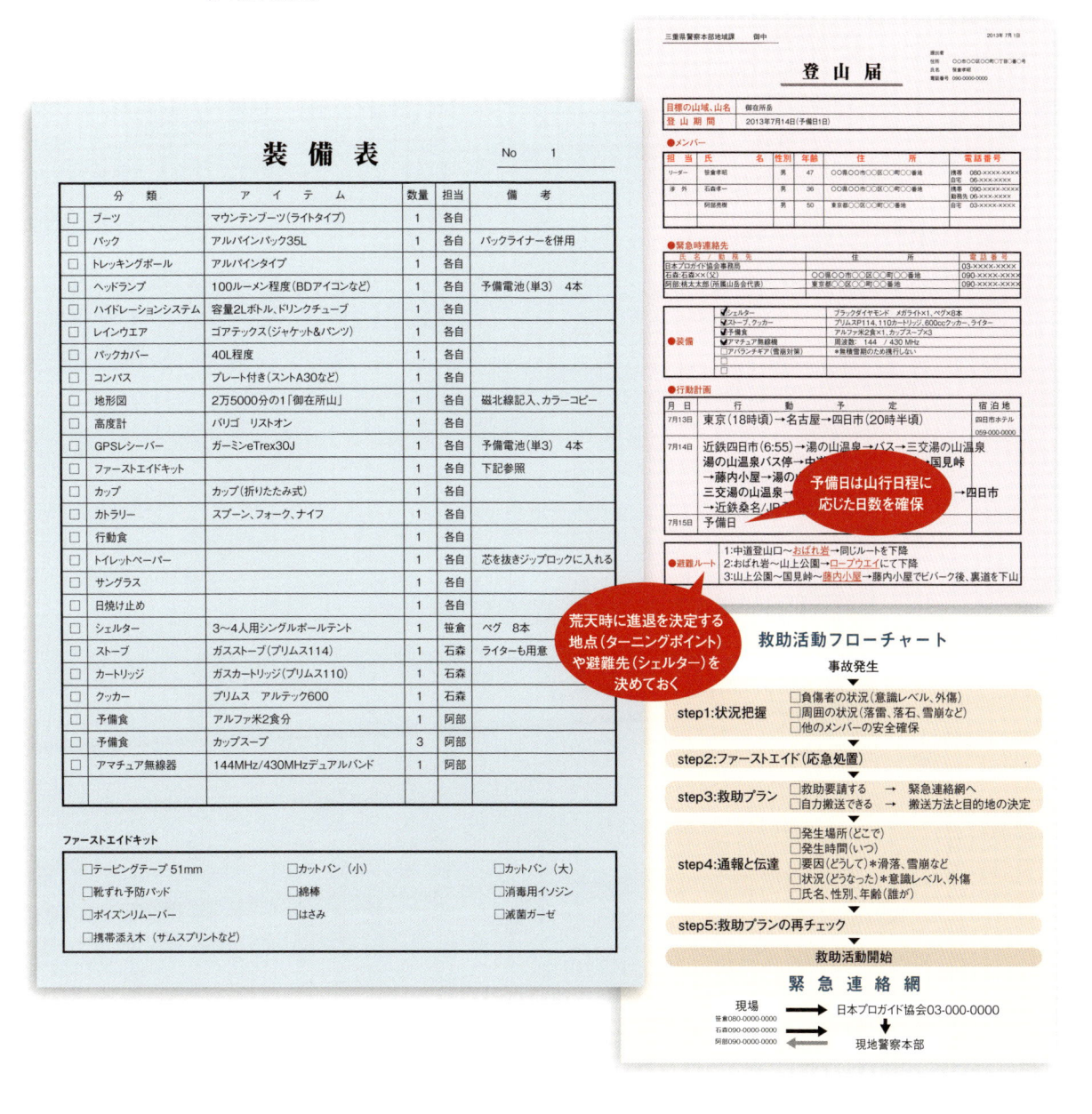

装備表　No.1

	分類	アイテム	数量	担当	備考
☐	ブーツ	マウンテンブーツ（ライトタイプ）	1	各自	
☐	パック	アルパインパック35L	1	各自	バックライナーを併用
☐	トレッキングポール	アルパインタイプ	1	各自	
☐	ヘッドランプ	100ルーメン程度（BDアイコンなど）	1	各自	予備電池（単3）4本
☐	ハイドレーションシステム	容量2Lボトル、ドリンクチューブ	1	各自	
☐	レインウエア	ゴアテックス（ジャケット&パンツ）	1	各自	
☐	パックカバー	40L程度	1	各自	
☐	コンパス	プレート付き（スントA30など）	1	各自	
☐	地形図	2万5000分の1「御在所山」	1	各自	磁北線記入、カラーコピー
☐	高度計	バリゴ　リストオン	1	各自	
☐	GPSレシーバー	ガーミンeTrex30J	1	各自	予備電池（単3）4本
☐	ファーストエイドキット		1	各自	下記参照
☐	カップ	カップ（折りたたみ式）	1	各自	
☐	カトラリー	スプーン、フォーク、ナイフ	1	各自	
☐	行動食		1	各自	
☐	トイレットペーパー		1	各自	芯を抜きジップロックに入れる
☐	サングラス		1	各自	
☐	日焼け止め		1	各自	
☐	シェルター	3～4人用シングルポールテント	1	笹倉	ペグ　8本
☐	ストーブ	ガスストーブ（プリムス114）	1	石森	ライターも用意
☐	カートリッジ	ガスカートリッジ（プリムス110）	1	石森	
☐	クッカー	プリムス　アルテック600	1	石森	
☐	予備食	アルファ米2食分	1	阿部	
☐	予備食	カップスープ	3	阿部	
☐	アマチュア無線器	144MHz/430MHzデュアルバンド	1	阿部	

ファーストエイドキット

☐ テーピングテープ 51mm	☐ カットバン（小）	☐ カットバン（大）
☐ 靴ずれ予防パッド	☐ 綿棒	☐ 消毒用イソジン
☐ ポイズンリムーバー	☐ はさみ	☐ 滅菌ガーゼ
☐ 携帯添え木（サムスプリントなど）		

登山届

三重県警察本部地域課　御中　　　2013年 7月 1日

住所：○○県○○区○○町○丁目○番○号
氏名：笹倉孝昭
電話番号：000-0000-0000

目標の山域、山名：御在所岳
登山期間：2013年7月14日（予備日1日）

●メンバー

担当	氏名	性別	年齢	住所	電話番号
リーダー	笹倉孝昭	男	47	○○県○○市○○区○○町○○番地	携帯 090-XXXX-XXXX / 自宅 06-XXXX-XXXX
渉外	石森孝一	男	36	○○県○○市○○区○○町○○番地	携帯 090-XXXX-XXXX / 勤務先 06-XXXX-XXXX
会計	阿部恵樹	男	50	東京都○○区○○町○○番地	自宅 03-XXXX-XXXX

●緊急時連絡先

氏名／勤務先	住所	電話番号
日本プロガイド協会事務局	○○県○○市○○区○○町○○番地	03-XXXX-XXXX
石森・石森××	○○県○○市○○区○○町○○番地	090-XXXX-XXXX
阿部・栖太太郎（所属山岳会代表）	東京都○○区○○町○○番地	090-XXXX-XXXX

●装備
- ☑ シェルター：ブラックダイヤモンド　メガライト×1、ペグ×8本
- ☑ ストーブ、クッカー：プリムスP114、110カートリッジ、600ccクッカー、ライター
- ☑ 予備食：アルファ米2食×1、カップスープ×3
- ☑ アマチュア無線機：周波数　144／430 MHz
- ☐ アバランチギア（雪崩対策）：※無積雪期のため携行しない

●行動計画

月日	行動予定	宿泊地
7月13日	東京（18時頃）→名古屋→四日市（20時半頃）	四日市ホテル 059-000-0000
7月14日	近鉄四日市（6:55）→湯の山温泉→バス→三交湯の山温泉→湯の山温泉バス停→中道登山口→おばれ岩→国見峠→藤内小屋→湯の山温泉→三交湯の山温泉→バス→近鉄桑名／JR→四日市	四日市
7月15日	予備日	

　予備日は山行日程に応じた日数を確保

●避難ルート
1：中道登山口→おばれ岩→同じルートを下降
2：おばれ岩→山上公園→ロープウエイにて下降
3：山上公園→国見峠→藤内小屋→藤内小屋でビバーク後、裏道を下山

　荒天時に進退を決定する地点（ターニングポイント）や避難先（シェルター）を決めておく

救助活動フローチャート

事故発生

- **step1：状況把握**
  - ☐ 負傷者の状況（意識レベル、外傷）
  - ☐ 周囲の状況（落雷、落石、雪崩など）
  - ☐ 他のメンバーの安全確保
- **step2：ファーストエイド（応急処置）**
- **step3：救助プラン**
  - ☐ 救助要請する　→　緊急連絡網へ
  - ☐ 自力搬送できる　→　搬送方法と目的地の決定
- **step4：通報と伝達**
  - ☐ 発生場所（どこで）
  - ☐ 発生時間（いつ）
  - ☐ 要因（どうして）＊滑落、雪崩など
  - ☐ 状況（どうなった）＊意識レベル、外傷
  - ☐ 氏名、性別、年齢（誰が）
- **step5：救助プランの再チェック**

救助活動開始

緊急連絡網

現場
- 笹倉 080-0000-0000
- 石森 090-0000-0000
- 阿部 090-0000-0000

→ 日本プロガイド協会 03-000-0000
→ 現地警察本部

ムのメンバーに十分な体力があるのか、技術的に未熟な点はないか、古く劣化した装備やウェアはないか、新しく買いそろえた装備の使い方に慣れているかなど、チームの力を評価して、登山を成功に導く強いチームに組み立てる。

中でも、メンバー全員が登山計画に耐えられる体力があるかどうかは最も基本的な項目だ。近郊の山でのタイムトライアルなど、具体的な数値目標を設けて、それをクリアできるようにトレーニングするなど、体力方面での努力は怠らないようにしたい。

クライミングやロープによる安全確保(ビレイ)などの技術面については、公益社団法人日本山岳ガイド協会の認定山岳ガイドらによる講習会を受ける方法もある。

ウェアにも使用に耐えうる限界がある。リペアテープで修理可能な範囲であれば修理するが、素材が劣化している場合は新しいものに交換しよう。新しく購入したテントやストーブなどの装備があれば、必ず取扱説明書を熟読し、入山前に使ってみよう。

このような作業はチーム全体で行う。チームビルディングは、準備段階を共有することで登山計画の時点から始めることができる。チームビルディングとは、同じ一つの目標を目指し、メンバーが個々の能力を最大限に発揮しつつ、一丸となって進んでいくための効果的な組織作りを指す。

「個々の能力を最大限に発揮する」ことが求められる点に注目してほしい。登山のチームは一人一人が独立した登山者として、体力、精神力、技術、知識などの能力を備えておくことが求められている。チーム内でもたれ合うのではなく、それぞれの役割をこなす独立した関係でなくてはならない。

登山におけるチームを学ぶ教材として、過去の登山記録や史実に基づいた小説やドキュメンタリーなどがある。いくつか例を挙げてみよう。1902(明治35)年の八甲田山雪中行軍遭難事件を題材にした小説や、1914(大正3)年の英国人アーネスト・シャクルトンたちの南極大陸からの生還劇を題材にしたものなどは、チームビルディングとリーダーの役割を学ぶには最適な資料だ。

このような遭難についての文献や記録には、感情的な要素が入って事実がぼやけることが多いが、時間が経過したものなどであれば、客観的な視点から考察することもできるだろう。ウエットな感情論を抜きにして、遭難事例から事実を評価する作業は、登山者として一度は経験しておきたい。登山の危険を過大評価も過小評価もせずに事実を見極める目を養うことは、登山者に求められる最も大切な条件だ。

客観的な情報を収集し評価する

入山前には、登山エリアの情報をできる範囲で収集し、処理、評価する。「情報収集」とよく言われるが、収集するだけでは不完全だ。リーダーは収集した情報を評価した上で行動判断を下す。

ここで言う「情報」は客観情報であり、主観の入り交じった情報とは違う。主観の入った情報は、インターネット上で公開されている山行記録や、すれ違った登山者など見知らぬ間柄の伝聞によるものだ。これらの情報は正確なのか定かでないので、登山計画に反映させるにはリスクが高い。

情報の中でも特に天候に関する情報は重要だ。地上天気図や高層天気図といった気象庁が発表する実況や予想の天気図は必ず確認したい※1。また、気象庁の数値予報データGPV(Grid Point Value=格子点値)を画像処理したサイトもあり、雨量と雲量、気温と湿度、気圧と風速の予報値を詳細に把握できる(ただし、数値予報には誤差もあるので万全ではない)※2。

地上天気図は、海抜0ｍの海面気圧を基準として、同じ気圧を結んだ等圧線で気圧配置を示している。上空の大気の状態を示す高層天気図は、特定の気圧を基準とした気圧面(高度)ごとに多くの種類がある。代表的な気圧面は850ヘクトパス

▶『八甲田山 死の彷徨』(新田次郎 著、新潮文庫)ほか
▶『エンデュアランス号漂流記』(アーネスト・シャクルトン著、中公文庫BIBLIO)、『そして、奇跡は起こった! シャクルトン隊、全員生還』(ジェニファー・アームストロング著、評論社)ほか

※1 気象庁 http://www.jma.go.jp/jma/index.html　HBC専門天気図 http://www.hbc.co.jp/pro-weather/
※2 http://weather.gpv.info/

計画→行動→評価→改善の循環が成長を促す

綿密に計画を立て、登山をし、それを自ら評価し、次の登山につなげる流れは、企業の生産管理現場などで活用されているPDCAサイクルの典型的な実例と言える。PDCAサイクルとは、事業活動を円滑に向上させるためのひとつの手法で、P：plan（計画）→D：do（行動）→C：check（評価）→A：act（改善）という取り組み内容の頭文字を取っている。

登山も登っただけで終わらせず、ひとつの経験を次へとつないでいきたい。ひとつひとつの経験が途切れることなくつながることで、登山者として成長していくことは間違いない事実だ。ぜひ、登り終わった後に、自分たちの登山を評価して、次に生かす時間を設けてほしい。

ただし、登山エリアに精通したスタッフのいる山小屋や地元の自治体などで、危険箇所や登山ルートの閉鎖、ルートの大きな変化などについて情報を発信していることもあるから、そういった情報は把握しておきたい。

登山ルートの情報は、原則として自分で実況判断する。自然環境は刻々と変化しているから、行ってみたら橋が流されていたり、道が土砂崩れで通れなかったり、事前に地形図などで調べた情報とは異なっていることが常にある。

また、歩きながら上空の雲の動きや風向きの変化などを観察することも重要な情報収集だ。これらの情報を基にして、大きな空気の動きと局地的な風を予測し、行動を判断する。

登山をする上で最も役立つのが、500ヘクトパスカル気圧面の天気図と気温予想図だ。

500ヘクトパスカル（同5500メートル）、700ヘクトパスカル（同3000メートル）などで、同じ気圧がどの高度にあるかを示す等高度線が実線で、同じ気温がどこにあるかを示す等温線が破線で記されている。

（高度約1500メートル）、700ヘクトパスカル（同3000メートル）、500ヘクトパスカル（同5500メートル）

PDCAサイクル

- この稜線歩きたいね！
- ハアーハアー ゼーゼー
- 次の山行に生かさなきゃ
- 天気の見通し甘かった…
- 途中でバテちゃった

Plan 計画
Do 行動
Check 評価
Act 改善

準 備 編

Q 私はダウンジャケットを内側に着ていますが、一番外側に着た方がいいのでしょうか？

A ダウン（羽毛）という素材の特性を考えた場合、最も外側に着た方が、その復元力（ロフト）を生かすことができます。ダウンに限らずどんな素材を使ったとしても、インシュレーション（断熱材）とは空気の層を作り出すための道具なので、素材がつぶれてしまうような使い方をすると十分な断熱効果を得ることはできません。また、行動中のレイヤリングは、変化する「外的環境」と「運動強度」に合わせながら迅速に行うので、ダウンを内側に着てしまうと素早いレイヤリングの変更が難しくなってしまいます。このような理由から、内側よりも最外層に着た方がいいと言えます。

では、インナーダウンジャケットやインナーダウンパンツが不要なのかというと、そうではありません。国内では積雪期のテント内や就寝時に、また、高所や極地など低温が続く環境では、ダウンの復元力を損なわないシェルレイヤーと組み合わせて行動中に使うこともあります。

Q パッキングを上手にするコツはありますか？

A 上手なパッキングのための三つのポイントを紹介しましょう。

❶**携行する装備やウエアなどがちょうど入り切る程度のバックパックを選ぶ**。バックパックが小さすぎるのは論外ですが、大きすぎるとパック内で荷物が安定せずに、バランスが悪くなります。

❷**アイテムごとにスタッフバッグにコンパクトにまとめる**。このときもウエアなどはちょっと詰め込むくらいの、ややきつめのスタッフバッグを使うといいでしょう。レジ袋やポリエチレン袋などは破れやすく、かさばる要因となる上に、山小屋などではカサカサという音が耳障りにもなるので、薦められません。スタッフバッグ内での小分けには、ジッパータイプのフリーザーバッグがお薦めです。

❸**その日の行動中に使うと予想されるものを上部に、そうでないものを下部にして、隙間のできないように詰め込む**。パック本体に隙間なく荷物が詰め込まれていて、表面がピンと張った状態であれば、背面のキャリングシステム（バックパネルとショルダーストラップ）と本体が一体化してバランスがよくなります。

防水対策も紹介しておきましょう。パックカバーはどちらかというと、パックの汚れ防止とパックの生地が濡れることを抑えるのが役割です。中身の防水を考えるならば、バックパックの容量よりもやや大きめのパックライナー（内側に入れる大きなスタッフバッグ）を使います。

技術編

歩き方を身につける

フラットフッティング

足裏全体をほぼ同時に持ち上げ、足裏全体がほぼ同時に路面をとらえる。 **GOOD**

日常歩行

かかとから着地して、つま先で蹴り出す歩き方では、悪い足場では体が安定せず、スリップの原因にもなる。 **BAD**

街を歩くことに比べると、変化に富んだ山の地形を歩くには多くのエネルギーが必要だと、誰もが感じるだろう。都市の整地された舗装路を歩くことと山岳地帯を歩くことの違いを明確にして、登山の歩行技術をどのように高めていけばいいかを紹介しよう。

舗装路とは異なる目線、脚上げ、足の接地

古来、人は歩くことの必要性を本能的に感じていたのかもしれない。イスラム教のメッカへの巡礼、キリスト教徒のエルサレム巡礼、日本では富士講やお伊勢参り、お遍路など、聖地巡礼は洋の東西を問わず行われてきた。信仰の対象、宗教の違いはあるが、長い距離を歩くという行為は同じなので、人に必要なのは宗教よりも、むしろ歩くことなのではないかとさえ思えてくる。

登山技術の中でも歩行技術は基本だが、とても重要だ。なぜなら、重大事故につながる転倒や滑落も、一歩のミスが引き金になっているからだ。

私たちが生活する現代都市は、快適に歩けるように路面を舗装し、傾斜を緩やかに、段差を小さくしてきた。こういった工夫によって、日常の歩行の負荷は減ったが、舗装されていない不整地や均一化されていない段差を歩くには、それに適応する練習が求められるようになってしまったことは否めない。

この数年、登山者は急速に増えたが、登山道を歩く姿が不安定だったり、雪渓や急な斜面でうまくバランスをとることができないまま歩いていたりする人をよく見かける。歩いている本人もなぜバランスがうまくとれないのか、なぜいたずらに疲れ

48

■ 街歩きと登山歩行との違い

	目　線	足裏の荷重	意図的な脚上げ	つま先の向き	腰骨の意識
都市部の舗装路	固定 （5〜6m前方）	かかとからつま先にかけて移動	不要	進行方向	あまり必要でない
山岳地帯の不整地	① 遠く ② 中距離 　（5〜10m先） ③ 足元	足裏全体で路面を押さえつけ、腰骨を押し上げる要領	大きな段差やザレ場、ガレ場、雪渓などで必要	進行方向とやや斜め横 ※雪渓では3オクロックとフロントポイントが加わる	いつも支える意識が必要

日常歩行との違いを知る

　舗装された道と山道とでは、歩く という行動は同じだが、歩く対象が 全く違う。実はこの違いは想像以上 に大きい。違いを確認するために、 都市の舗装された道を歩くときと山 道を歩くとき、それぞれについて少 し詳しく分析してみよう。

　まず、都市の舗装路を歩いている とき、目線はおよそ5〜6メートル先でほ ぼ固定され、脚は骨盤と大腿骨の付 け根から振り出すように動かす。か かとから着地して、足裏の外側を緩 やかに回転させるようにつま先方向 へと荷重が移動し、つま先で蹴り出 すように体重を前方に押し出す。こ のとき靴底と路面の間は5センチ未満 で、路面すれすれに動いている。ま た、階段などの段差は15〜17センチ程度 で、意識的な脚上げを行うことなく 歩ける範囲に抑えられている。 簡単にまとめると、目線は固定さ

れ、意識的な脚上げは不要、足裏は かかとからつま先方向へ荷重移動に 合わせて路面と接し、順次離れてい き、最後は蹴り出すように体を前方 に進める。そして、斜面では、両足 のつま先を進行方向に向けたまま 歩くことができる。このようにつま 先が進行方向を向いた状態で歩くこ とを「ダイレクト歩行」という。

　これに対して山道では、まず目線 の動きが複雑になる。ナビゲーショ ンの章でも説明したが、目線は遠く、 中距離、足元の3カ所を満遍なく見 る。遠くを見ながら、中距離と足元の 目線では、どこに足を置くのか、ど の向きで置くのかを判断する情報を 脳に送っている。言い換えれば「ま ず目で歩いている」。都市の舗装路 では目線は固定されていて、この「ま ず目で歩く」作業がおろそかになっ ている。

　次に、砂や小石で不安定な足場や、 土ででこぼこした不均一な路面で体 を支えるために、ブーツの足裏全体 を使う。足場が予測しない方向に動 くことは都市部の舗装路ではあり得 ないが、山道ではむしろ当たり前だ。 足場が動いても体を安定させるた

るのか、理解に苦しんでいるのだと 思う。理由は体幹部や脚の筋力不足、 股関節や骨盤の柔軟性不足などいろ いろとあるだろうが、「山道を歩き 慣れていない」ことが原因なのは確 かだ。

実践のポイント

めには、脚を意識的に持ち上げて、路面を足裏全体で押さえつけ、圧力をかけ、足裏で腰骨を支える。脚を上げる瞬間、膝を持ち上げるようにすると足裏全体はほぼ同時に持ち上がり、脚を下ろすときも、膝から動かすようにすると足裏全体がほぼ同時に路面をとらえることができる。このような動作は足裏がフラット（平ら）に使われることから「フラットフッティング」と呼ばれている。

さらに、山道では不均一な段差も現れる。つま先を進行方向に向けたダイレクト歩行では対処できない大きな段差では、大臀筋（お尻の筋肉）から脚を動かし、意図的に脚を持ち上げ、つま先を斜め横にした「ダイアゴナル（対角線）歩行」に切り替える。これが山道での歩行の基本動作だ。

表＝49ページ参照＝にすると、舗装路と不整地では求められる歩行技術が違うことがはっきりと分かる。山道を歩くためにはこの違いを理解して、登山者としての歩き方を身につけなくてはならない。

それでは、登山技術としての歩行技術をどのようにして身につけていくのかを説明しよう。最初に意識するポイントは次の2点だ。

❶ **まず目で歩く**
❷ **腰骨を脚で支える**

目線を遠く、中距離、足元と動かしてみよう。目線を動かすときに「まず目で歩く」ことを意識して、自分の足場を決める要領で行うといい。目から得る情報は、進むべき方向（ルートファインディング）、周囲の状況（浮き石や樹木の枝、崖などの危険箇所）、足場だ。練習のためなら一定区間、立ち止まってやってみてもいい。

次に、腰骨を支える感覚を覚えよう。人間の体は骨盤（腰骨）で支えられている。骨盤はおわんのようになっていて、ここに人体の多くが乗っていると思えばいい。腰骨を支える感覚は、まず静かに立つことから始める。荷物を持たずに、両脚で腰骨を支えてみよう。背筋が伸びる感じがするとか、体が軽く感じるとか、人によって感覚は異なるが、腰骨を支えようと意識したことで感覚が変化することが分かるはずだ。この感覚が分かったら、三つめのポイントに進もう。

❸ **腰骨を運ぶ**

実は「歩く」ということは、「腰骨を運ぶこと」と言い換えられる。人間の胴体の重心位置は、みぞおちのやや上にあり、全身の重心位置はへ その あたりにある。そのため、歩く反動で、この間に回転力（モーメント）が生じる。これを路面まで伝えて打ち消すために、太い脚と大きな足裏が必要で、これらを動かすのに四本足歩行より多くのエネルギーが要るのだ。直立二足歩行という元来、エネルギー効率の悪い歩行形態を持つ人間が、登山のように長い距離を効率よく歩くためには、重心位置の違いによる回転力を小さくする必要

❶ 視線は
遠く
5～10m先
足元

岩場ではヘルメットを着用

❷ 腰骨を脚で支える

胴体の重心
全身の重心

❸ 腰骨を運ぶイメージで歩き、2つの重心を一本化する
※腰骨に手を当てて歩く練習も。

技術編　第7章　歩き方を身につける

> ダイレクト歩行

つま先を進行方向に向けた状態で歩く。

> ダイアゴナル歩行

大きな段差などでは、つま先を斜め横にして歩く。

フラットフッティング
（48〜49ページの連続写真参照）

がある。具体的には、歩行運動によって生じる反動を抑えるために、腰骨を運ぶ意識を持つことで二つの重心位置を一本化する。そうすることで回転力を抑制する。

腰骨を運ぶ要領で歩くことを練習するには、最初は腰骨に手を当てて歩いてみるのがいいかもしれない。腰骨を運ぶことをイメージすると、胴体部が安定し、回転力は無意識のときと比べて小さくなる。そのため作業効率が向上し、消費するエネルギーは少なくなる。結果として「楽に歩ける」「体が軽くなった」という感覚が得られる。

目線の役割と腰骨を意識した歩行が身についたら、不整地や傾斜の変化に対応するための技術を覚えていこう。

いった場所を足場としてうまく生かすために、ブーツの靴底には剛性と固さが求められる。それ自体がねじれないように作られたブーツは、足裏が直接凸凹を感じないように作られたブーツは、マウンテンブーツに分類されている。ブーツの靴底の剛性と固さを利用して、不安定な場所も足場として利用するために、足裏全体で地形を押さえつけ、軸脚で腰骨を支える。上りでは腰骨を押し上げ、下りでは軸脚に重心を置きながら腰骨を下ろす。このフラットフッティングは最も基本的で重要な技術だから、じっくり練習して身につけたい。これをせずに、後ろに残った足で蹴り出すように力を加えると、ザレ場やガレ場、雪渓などではスリップの原因になる危険性が高いので、特に注意が必要だ。

意識的な脚上げ

山の中では大きな段差が出てくることも多い。このようなときには、意識的な脚上げで対応しよう。コツは脚をお尻から動かすことにある。都市型歩行は、つま先をおもりにして、脚を振り子運動で動かすのが特徴だが、登山の歩行技術は膝から動

山道と舗装路との違いは、凸凹があること、砂が堆積したザレ場や、不安定な石がゴロゴロしたガレ場、雪渓などが随所に現れることだ。ならされていないことで足場が予測しない方向に動く可能性がある。こう

51

ダイレクトとダイアゴナル

斜面が緩やかであれば、つま先は進行方向を向いたダイレクト歩行でも楽に歩ける。ダイレクト歩行では両足は交差せずに平行に動く。これに対して、段差が大きかったり、斜度がきつかったりした場合には、つま先を斜めにしたダイアゴナル歩行にする。両足の配置は対角線を描き、歩行中に交差する瞬間がある。ダイアゴナル歩行は、急傾斜や大きな段差以外にザレ場やガレ場でも有効だ

=51ページの写真参照。

かすことが特徴だ。脚を上げるときに、膝を持ち上げるように動きを起こし、大臀筋がぐぐっと伸びるように意識すると、思ったよりも脚が上がるはずだ。

岩場で

トレッキングやマウンテニアリングでは登山道に岩場が出てくる。クライミング技術と確保技術を要する岩場については今後、詳しく説明するので、ここではロープによる確保を必要としない程度の岩場について説明しよう。

岩場が出てきたからといって「三点確保で登る」などというように急に特別なことをするのは不自然だ。歩くという行為そのものは変わらないのだから、対象となる地形が変わっただけと考えればいい。回転力を抑えた歩き方は、そのまま岩場での動作にも通用する。むしろ岩場こそ、正しい歩行技術を丁寧に行うことが求められる。

基本通りに「まず目で登る」。岩場の終了点までを見通して、ルートファインディングを行い、進む方向を確認する。次に通過するラインを目で追いかける。そして、足場（フットホールド）を目視で確認しながら動いていこう。

足場を選ぶ基準は、その足場が自分の体重を支えるだけの大きさと摩擦（フリクション）を持っているかどうかだ。足場を決めたら、ブーツを乗せて、まず腰骨を支え、次に押し上げる。手でしがみつくような動きは目線の自由度を奪い、脚で腰骨を支えるという基本から逸脱して体重の移動で生じた胴体の回転力や指先の持久力が筋力の限界を超える

▶岩場では素手が原則

◀大きな段差ではお尻から脚を動かす

軸脚で腰骨を支えて押し上げる

大きな段差では脚をお尻から動かす。足場を決めたらブーツを乗せ、腰骨を支えて押し上げる。岩場は素手で登る。

手でしがみつくと、目線の自由が失われ、脚で腰骨を支えられない。指や腕の筋力の限界を超えると転落してしまう。

技術編　第7章　歩き方を身につける

■ **アンカーをチェック！**

ロープや鎖などのアンカーは劣化していないか、強度を確認してから使う。

綱引きの要領で

アンカー

ロープ

上りも
下りも

ロープや鎖はアンカーと綱引きをする要領で、上りも下りも向き合って使う。

グローブは専用の皮革製がいい。

まで大きくなると、転落してしまう。エンジンルームと同様に、あえて変形しやすい素材を利用して「クラッシャブルゾーン」の役割を果たすように造られている。ヘルメットが変形して頭部を守る仕組みだ。岩稜での重大事故が増加している現状を重く見て、岩稜でのヘルメット着用を推奨する地域も増えている。

ない。現代のヘルメットは自動車の岩場でグローブをはめている人もいるが、岩場は素手で登るのが原則だ。また、岩場通過の安全対策としてヘルメットを着用したい。岩場での転倒や転落による外傷は大きな衝撃を伴う。大きな衝撃を受けた場合、時間をかけて吸収するしか手立ては

て、腰骨を運ぶことを意識しよう。あくまでも脚で腰骨を支える、そし

はしご・鎖場で

岩場を通過する際に、はしごや鎖場があることも多い。はしごや鎖場の場合は、登山者よりも上部のアンカーに荷重する。例えば、下りであれば、体を正面を上方に向けて、上部のアンカーと綱引きをしながら後ろ向きに下っていくと、安定した体勢を維持できる。

鎖や繊維ロープで最も注意しなくてはならないのがトラバース（横方向の移動）だ。岩場通過と同様に、あくまでも脚で腰骨を支えることを忘れずに、ラインを見極めて、足場の大きさと摩擦が十分であることを確認しながら動く。鎖や繊維ロープは歩行の補助として使うことが原則だ。もし、これらの鎖やロープにぶら下がってしまったら、腕の力だけで元に戻ることはまず無理だと覚えておくことだ。

岩場が素手なのに対して、繊維ロープや鎖はグローブをはめる場合もある。ただし、登山用品店で販売されているヴィアフェラータ用、クライミング用と分類されている皮革製のものがいい。

いことを意識する必要がある。鎖やロープはアンカーと綱引きをする要領で使うと、体が振られることをある程度は防ぐことができる。この場合は、登山者よりも上部のアンカーに荷重する。例えば、下りで鎖や繊維ロープを使う場合であれば、体の正面を上方に向けて、上部のアンカーと綱引きをしながら後ろ向きに下っていくと、安定した体勢を維持できる。

金属の場合は腐食した箇所がないか、木製なら木を固定している器具や針金などが破損していないか、足場の木が腐って抜け落ちた箇所はないか確認しよう。繊維ロープであれば、紫外線などで劣化していないか、結び目がほどけていないかを見る必要もある。いずれにしても人工物をむやみに信用せずに、使う前に確認する習慣を持とう。

強度評価の結果、使用に耐えうる強度があると判断したら、はしごならば岩場と同様に動けばいいが、規則的な動作は単調になりやすく、注意を欠きやす

トレッキングポールの使い方

トレッキングポールは歩行を支える有効な登山道具だ。両脚だけでなく、両手を使って腰骨を押し上げるように使うことで歩行の安定感が向上する。正しく使えば膝や腰などへの負担も軽減できる。製造元によって若干の違いはあるものの、オールシーズン対応のマウンテニアリングモデルや3シーズンを想定したトレッキングモデルなど、いくつかのカテゴリーに分類されている。ここで簡単に選ぶポイントを紹介しておこう。

は手を通すが、段差が連続したり地形の変化が激しかったりする場合は使わない。上りの段差が大きいときはグリップをひとつ下げて握ることもあり、山側の手で岩や樹木などをつかむときは、谷側の手で2本をまとめて持つこともある。

◇

どんなスポーツでも武術でも、独特の足の運び方と体重の動かし方がある。ほぼすべてのスポーツや武術では、基本練習として歩き方を徹底して訓練する。登山はどんなスポーツや武術と比べても、最も長い時間、著しく変化する地形を歩くことを強いられる。そう考えれば、登山における歩行技術は、基本を理解し、訓練して身につけるものだと断言しても、受け入れられるのではないだろうか。

基本的な丈は、腕を90度に曲げた状態でグリップを握る高さに調節する。リストループは平地が続く場合

それぞれの項目はカタログなどで確認できるはずだ。自分が使う環境と登山スタイルに応じて、適したモデルを選ぼう。

● 3シーズン用モデルか、オールシーズン用モデルか
● 強度、軽さ、収納性、衝撃吸収機能──どの機能を優先するか

平地が続くときはリストループに手を通す。

トレッキングポールは腕を90度に曲げた状態で長さを調節する。

上りの段差が大きいときはグリップの下を握ることも。

下りではトレッキングポールで体重の分散を図ることで、膝にかかる負担も軽くなる。

岩や樹木をつかむときは、片手で2本持つこともある。

54

技術編　第7章　歩き方を身につける

■ 岩場での歩行

55

キャンピング技術と食料計画

休息と栄養補給を管理しながら行動する

登山では個々の動作に確実さが求められる。だから、登山者は「認知→判断→動作」の順で、動作の精度を高めている。人の脳は目などで「認知」した情報をもとに「判断」し、「動作」を統制する。

登山中に判断力を低下させないためにも、登山者には休憩と水分や栄養の補給が欠かせないのだ。

キャンピング技術と食料計画は、いわば山での生活技術だ。登山は他のスポーツと違って、数日から数週間、あるいは数カ月にも及ぶ期間、ひとつのプロジェクトに取り組むことがある。数十分から数時間のゲーム終了後には緊張をとける他のスポーツと異なり、登山は期間中、疲れた体を休める場所を探し、シェルターを設営し、食事を摂り続けなければならない。身体運動だけでなく、休息と栄養補給を自ら管理することが課せられているのだ。

今回は無雪期の生活技術を、キャンピングと食料計画のふたつに分けて紹介していこう。

■ テントの各部名称

本体シートのみのシングルウォールタイプと、防水素材のフライシートをかぶせるダブルウォールタイプがある。

ペグは地中に打ち込む / 地中 / ペグ / 自在 / ガイライン（張り綱） / フロア / 自在（タイトナー） / ペグ（杭） / フック / ポール / スリーブ（袖） / ポール / フック式 / スリーブ式

キャンピング技術

登山の計画時にまず、宿泊する場所を決めるが、原則として、キャンプ場（テント場）として指定されている場所を利用する。山岳地帯の多くは国立公園や国定公園など自然公園法で定められた指定区域内にあ

テントの設営

テントの設営には①テントを敷く→ペグ（杭）を打つ→フレーム（骨格）を組む→ペグを打つ→②フレームを組む→テントを立ち上げる→ペグを打つ、という2通りの手順がある。①は、バックパックから取り出したテントが風で飛ばされないよう、最初に固定してしまう狙いもある。②の手順でも、設営前のテントは常に誰かが押さえて飛ばされないよう用心しよう。また、テントをバックパックから取り出す際にも、パック内の荷物が外に散らばらないよう注意したい。今回は①の手順で設営のポイントを説明しよう。

❶ペグを打つ

テントを設置場所に留めるペグはすべてのペグ留め箇所に打つ。ペグは状況によって打ったり打たなかったりするものではなく、必ず全てのペグ留め箇所を打つものだと心得ておこう＝58ページに解説。

フロア部のペグを打つときには、フロアに十分な張力が生じるように、生地を引っ張りながら行おう。対角線を引くような順番で打ち込めば、効率よく張りを高められる。テント本体が立ち上がったときに再度、フロア部の張りを確認して、偏りや緩みがないように調整しよう。

❷ポールを組む

テントのフレームになるポールは、テントのスリーブ（袖）に通すスリーブ式と、テントに付いたフックをポールに掛けるフック式がある。テントを張るにはそれぞれのポールのタイプによってコツがある。スリーブ式は、ポールをスリーブに押し込むようにセットすること。

これらの区域では指定場所以外でのキャンプは禁止されている。緊急時の露営（ビバーク）は例外だが、指定場所以外でむやみにキャンプをすることは極力避けたい。どうしてもビバークしなくてはならない場合は、転落、落石、雷、増水などの場の状況に応じた危険を考え、できる限り安全で安定した場所を選ぶ。キャンプ指定地は、近くの山小屋や野営管理所が管理しているので、利用の申し込み時に水場やトイレ、その他の注意事項などを確認しておこう。

---

❶ペグを打つ

テント地を引っ張りながら、対角線を引く順番で

❷ポールを組むポイント

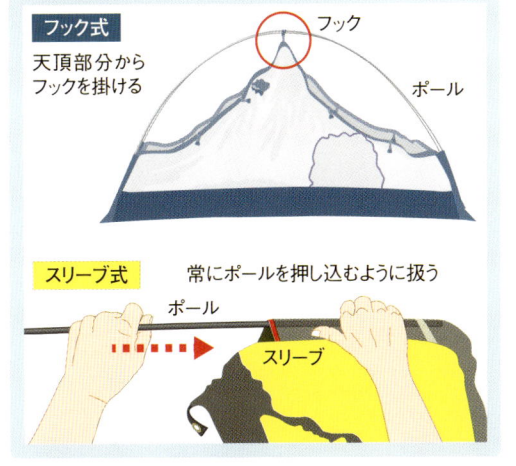

フック式
天頂部分からフックを掛ける
フック
ポール

スリーブ式
常にポールを押し込むように扱う
ポール
スリーブ

❸ガイラインを張る

天頂部から地面に押さえつけるように張りを加える

トートラインヒッチで自在を代用

自在

ペグの打ち方

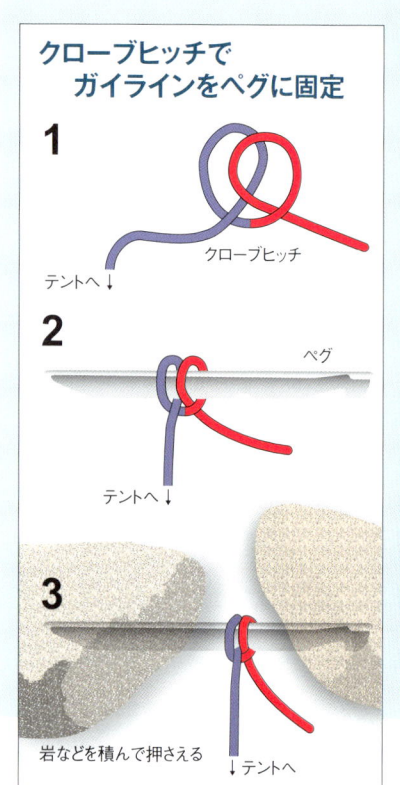

ペグには素材や形状にいくつかの種類がある。ペグを打つ地点が砂地のように軟らかくて不安定な場合ほど、長く、表面積が大きいペグの方が支える力が強くなる。

ペグは地面に対して垂直に打ち込んだときに支持力が最大になるが、支持力はペグを打ち込む地質の強度にも左右されるため、打ち込む角度だけでは判断できない。

岩場などでペグを打ち込むことができない場合は、ガイラインをペグの中央にクローブヒッチで固定し、岩を積んでアンカーにする。これは雪上と同じ方法だ。ペグが足りないときなどは、岩に直接ガイラインを巻き付けたり、枯れ枝を使ったりすることもある。

ペグにもさまざまな形状や素材がある。

いろいろな形のペグの断面。

ペグを打ち込めない岩場などでは、岩にガイラインを巻き付けてアンカーを取ることも。

ここまで打ち込む

クローブヒッチでガイラインをペグに固定

1
クローブヒッチ
テントへ↓

2
ペグ
テントへ↓

3
岩などを積んで押さえる
↓テントへ

■ トートラインヒッチ

1
ここは通常2回巻くが、ひもが細い場合は3回巻いてもいい

2

3

4
結び目が「自在」代わりになって締めたり緩めたりできる

スリーブ内でポールを引くと、ポールの連結部分が外れてしまうことがある。また、連結が不完全な状態でポールを反らせると、連結部分が破損してしまうこともある。こうしたトラブルを未然に防ぐために、ポールは設営時も撤収時も押し込むように扱う。

フック式の場合は、まずフロアの四隅にあるグロメット（鳩目）にポールを差し込み、弓なりになった天頂部分からフックを掛ける。こうするとテント本体（ウォール）に均一に張力を与えられる。

❸ ガイラインを張る

次に、テント本体のガイライン（張り綱）を通すポイントからもアンカー（支点）を取る。港に接岸した船が動かないようにアンカーを取るのと同じで、立ち上がったテントも地面にアンカーを取り、ペグを打つ。このとき天頂部から地面へ押さえつけるようにポール全体に張りを加える。こうすれば、フロア部の張力とポールの張力によってテント全体の剛性が高まり、風に強く、濡れによる生地の緩みも少なくなる。

ガイラインの張りは自在（タイトナー）で調節する。自在がないときはトートラインヒッチなどのロープワークで代用する。設営後も風の影響でガイラインの張りが緩むことがあるので、自在などをさらに締め、

58

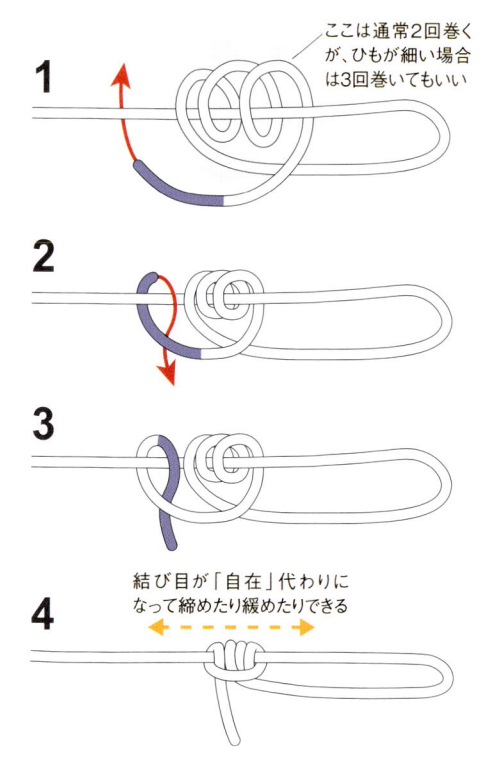

第8章 キャンピング技術と食料計画

■ テントの設営手順

❼ テント本体を掛ける。	❹ ポールを差し込む。	❶ テントを敷く。
❽ ガイラインを張る。	❺ 天頂部からフックを掛ける。	❷ 対角線を引く順でペグを打つ。
❾ 完成！	❻ 全部のフックを掛ける。	❸ ポールを組む。

テントの剛性が弱まらないようにしよう。

ガイラインは、購入時には自在がペグ側に付いているが、アンカーの取り方次第で自在が隠れて、調整できなくなる場合がある。入山の準備段階で、自在をテント側に付け替えておこう。

◇

設営後はテント内にフロアシートを敷き、マットや個人装備などを入れる。フロアを覆うアルミ蒸着シートや薄手のマットは、湿気を遮断し、断熱効果もあるので活用したい。フロアの下に敷くフットプリント（グランドシート）は、テント本体の汚れを防ぎ、生地を保護する効果があるので、荷物に余裕のある場合は携行してもいいだろう。

マットは全身用を標準として考えればいいが、荷物の軽量化でショートサイズを使う場合などは、バックパックやウエアをマットの代わりにする。テント内の荷物はパックライナーやスタッフバッグなどにまとめて整理し、限られた空間を有効に使おう。

テントの前室での炊事。

炊事とトイレ

ストーブはテント外か前室で

ストーブメーカーもテントメーカーも、ストーブをテントの外や前室（ベスティビュール）で使うことを勧めている。これは火災と一酸化炭素中毒を防ぐためだ。

炊事の際は、クッカーを手で押さえ、転倒などによるやけどにくれぐれも注意しよう。小さなベニヤ板があると、ストーブから下ろしたクッカーを安定して置け、フロア生地を熱で傷めることも防げる。やむを得ずテント内でストーブを使うときは、テントの出入りや人の移動を避け、不在にするときは必ずストーブの消火を確認しよう。消火直後のストーブは高温なので、しばらく冷ましておく。

料理で使ったクッカーの汚れは水洗いせずに、ふき取る。食器のふき取りにも使うトイレットペーパーは、芯を抜いてつぶし、濡れないようにジップ付きフリーザーバッグなどに入れて携行する。短期間で少人数の場合はキッチンペーパーを使ってもいいので、各自で効率よく使え、ゴミの量が少なくなるよう工夫したい。

トイレはキャンプ指定地に設置されたものを使う。し尿の処理などにかかる管理費の一部を利用者が負担するため、使用料として支払う100円硬貨を多めに用意しておこう。また、トイレがない場所で用便を足す場合に備えて、携帯トイレも持参するのが好ましい。

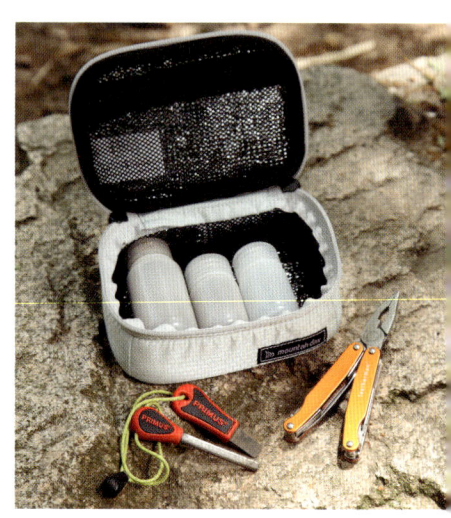

調理用品はまとめて収納。手前左は火打ち石式ライター、右は万能ナイフ。プラスチックの密閉容器には粉末コーヒーやお茶などを入れる。

60

撤収時の注意

ポールは中心から折り畳む

テントの撤収はテント内で整理できることをまず行い、設営時と同様に、荷物が風で飛ばされたり、斜面を転がったりしないように、バックパックか大きめのスタッフバッグなどにひとまず詰めておく。撤収作業は通常、設営手順の逆に進める。テントそのものも風で飛ばされないように、誰かが最後までフロアのペグを残すか、最後までフロアのペグを残すように押さえていよう。

ポールは、芯に通っている伸縮性のショックコードが偏って伸びないように、中心部分から折り畳む。本体を畳むときはフロアの接地面を内側に折り込むように畳むと、泥などの汚れがウェアに付きにくく、空気も抜けやすい。

本体とフライシートを袋の幅よりもやや細く、長さは袋よりやや長めに巻くと、しまいやすい。

使用後の手入れ

帰宅後、汚れのひどい箇所は衣類用ブラシなどを使って泥などを落とす。ペグやポールの先端部の泥も忘れずに。フライシートもテント本体も、風通しがよくて設営できる場所があれば、設営した状態で乾かすのがいいが、それができなければ、表と裏を何度か入れ替えて完全に乾かす。本体やポールが破損し、修理が必要な場合は、購入した販売店を通して修理に出そう。

補修が済み、十分に乾いたテントは、撤収時とは逆に、フロアの接地面が外側になるように折り畳む。こうしておけば、次に使うときにフロアを地面に接する状態で広げられる。

[図：調理中の人物とテント、ポールを持つ人物]
「テントのポールは中心から折り畳む」
「調理中は一酸化炭素中毒やけどに要注意！」

[図：テントを袋に収納する写真]
最後は押し込む。
テント
テントは袋より細く長く巻くと、しまいやすい。
袋

[図：テントを畳む人物]
「テントをしまうときはフロアの接地面を外側にして畳む」
フロアの接地面

「朝食＋1〜2時間ごとの行動食＋夕食」で糖質補給を

食料計画

十分な水分と栄養の摂取は、登山に適した体を作り上げるために必要なだけでなく、行動中の判断力を鈍らせないためにも欠かせない。人間の体は約60兆の細胞でできていて、細胞は常に再生し、新陳代謝を繰り返している。新陳代謝のサイクルは体の部位によって異なるが、平均すれば、ほぼ半年で全身の細胞が入れ替わる。細胞を作る材料は食事で摂ったものだから、現在の体は半年前の食事で作られているともいえるだろう。

体の状態を整え、体調のいい状態で登山をするには急ごしらえでは間に合わない。日頃の食生活が将来の登山に影響することは覚えておきたいが、ここでは登山中の食事に絞って説明しよう。

登山の食事で大切なのは「糖質を欠かさない」「十分なエネルギー量を摂る」「体内に吸収されやすい水分を必要量摂る」という3点だ。

糖質は最大のエネルギー源

糖質、脂質、タンパク質、ビタミン、ミネラルなどの栄養素はそれぞれ「体を動かすエネルギー源になる」「骨や筋肉などを作る」「体調を整える」という役割を担っている。糖質、脂質、タンパク質は体を動かす燃料となり、タンパク質やミネラルは骨や筋肉などの体を作るために使われる。ミネラルやビタミン、水は体調を整える。

体を動かすエネルギー源である糖質は炭水化物から食物繊維を除いた成分で、米や小麦粉、穀物など主食品に多く含まれている。糖質は運動中ずっと使われ続けるので、持久系のスポーツ選手や登山者にとっては最も大切な栄養素といえる。

一般的に、体を動かすエネルギー源の使われ方は、運動開始後15分は糖質だけで、その後はタンパク質を少し使いながらもほぼ糖質が燃料として使われ、運動が30分以上続くと脂質が使われ始めるといわれている。ただし、脂質は糖質を使って燃焼するので、糖質は運動中ずっと必要とされている。登山中に糖質が不足すると、一歩も動けなくなってしまうことがある。「シャリばて」と呼ばれるのが、この状態だ。

また、糖質は体を動かす燃料としての役割だけでなく、脳を働かせるためにも使われているので、糖質が不足すると判断力が鈍くなる。「認知→判断→動作」のサイクルを繰り返すことでトラブルを防ぐ登山で、判断力不足は致命的だ。しかも、体内に貯蔵できる糖質は、じっとしていてもおよそ8時間程度で、登山のような強度の高い運動をすれば1〜2時間でなくなってしまうといわれている。**だから、朝食、夕食だけでなく、休憩時に摂る行動食で定期的に補給しないと糖質不足になってしまうのだ。登山中は「1日3食」という概念は捨て、「朝食＋行動食（1**

登山1日の献立例（1人分）

	メニュー	材料
朝食 約630kcal	ベーコン餅入りラーメン	インスタントラーメン（1食分） ベーコン（2枚、36g） 切り餅（1個、54g） 塩（少々）
行動食 約2020kcal	カステラ　2切れ ドーナツ　1個 大福餅　1個 クリフバー　3本 フルーツグラノーラ　100g	
夕食 約760kcal	洋風リゾット 	アルファ米（1食分） ソーセージ（3本、50g） ひよこ豆（20g） アスパラガス（2本） 固形スープの素（1個） 塩（少々）
	マッシュポテト（チーズ風味）	乾燥マッシュポテト（30g） スキムミルク2g（大さじ1）+水20cc チューブバター5g（大さじ1） 粉チーズ3g（小さじ1） 塩（少々）
飲み物 約200kcal	ココア	粉末ココア（4g）砂糖（5g） スキムミルク（20g）水（180cc）
	コーヒー  紅茶 緑茶	粉末コーヒー（2g）砂糖（5g） スキムミルク（20g）水（180cc）

GI値も参考に

どのタイミングで何を食べればいいかの判断材料にグリセミックインデックス（GI値）がある。GI値とは食べ物が血糖値を上げる速度を表したもので、GI値が高いものはすぐに血糖値を上げるのが速く、低いものはゆっくり血糖値を上げるので、長時間にわたってエネルギーを供給できる。

夕食や朝食ではGI値が中程度（56～69）から低い（55以下）食品を摂り、行動食は1～2時間ごとにGI値の高い（70以上）食品を摂ると、安定してエネルギーを供給できる。

日常より多くのカロリーを

日常生活での1日の推定エネルギー必要量は40歳前後の男性（体重約69キログラム）で2650キロカロリー、同じ年代の女性（体重53キログラム）で2000キロカロリーと言われている。エネルギー必要量は年齢や体格、性別によっても異なり、登山時の必要量は運動強度が一定でなく、個人差も大きいので、正確に求めることが難しい。登山時の1日のエネルギー消費量を持久系～2時間ごと）＋夕食」と考えよう。

食　品　名	GI値				
（主食）				（お菓子類）	
精白米	84	スパゲティ（乾）	65	ドーナツ	86
玄米	56	インスタントラーメン	73	あんパン	95
そば（乾）	54	食パン	91	大福餅	88
うどん（乾）	85	フランスパン	93	チョコレート	91
そうめん（乾）	68	餅	85	キャラメル	86

「低インシュリンダイエット食品別GI値早わかりハンドブック」
（永田孝行監修、永岡書店）から　　　　　　　　　　　　（各食品100g当たり）

スポーツとして算出した場合、40歳前後の男性で約3500キロカロリー、女性だと約2600キロカロリーになるが、これは目安にすぎない。登山活動中は日常生活よりも多くのエネルギーを使っていることを理解するための目安ととらえてほしい。

食料計画の一例として1日の献立（3500キロカロリー相当。1人分）を紹介しておこう＝63ページ参照。

1日2リットルは水を飲む

成人が日常生活で1日に必要とする水分はおよそ2.5リットルと言われている。強度の高い運動をすれば、もっと多くの水分が失われる。失われた水分を補給しないと、筋肉の痙攣を起こしたり、運動能力が低下したりする。また水分不足は、夏季ならば熱中症、冬季ならば凍傷や低体温症の原因にもなる。標高の高い山では、体内に酸素を供給するために血液中の赤血球数が増え、血液の粘度が高くなる。粘度を下げて、血流をよくするためにも、さらに多くの水分が必要となる。**登山中は飲み物として少なくとも1日2リットルは飲むように心がけたい。**汗には塩分も含まれているため、水分と合わせて塩分も補給しなくてはならない。水は飲むことが大切なのではなく、体内に吸収されることが肝心なのだ。口から喉を通った水分を胃に入り、小腸へ移り、そこで吸収される。**飲んだ水が速やかに小腸に移動し、吸収されやすい糖分濃度は2〜3％程度、塩分濃度は0.2％程度**と言われている。

体内に吸収されやすい濃度と成分の「経口補水液」は、軽度から中等度の脱水症状に有効な飲み物として販売もされているが、自分で作ることもできる。市販のスポーツドリンクは、エネルギーの補給も考え合わせ、胃から小腸への水分の排出速度が低下しない範囲の糖分濃度として4〜8％に設定されている。水に溶かす粉末タイプもあるので重宝だ。登山では食事などにも水を使うで、携行する全ての水を経口補水液などにはできない。1リットルは経口補水液などにして、1リットルは真水にするなどの工夫が必要だ。飲み方も一気にたくさん飲むのではなく、少量を何回かに分けて飲むほうがいい。そういった飲み方には、ボトルにドリンクチューブを接続したハイドレーションシステムが便利だ。バックパックからボトルを取り出すことなく、こまめに水分を摂ることができるからだ。

自家製経口補水液

塩3g　小さじ0.55杯　　砂糖40g　大さじ4.5杯

水1ℓに対して

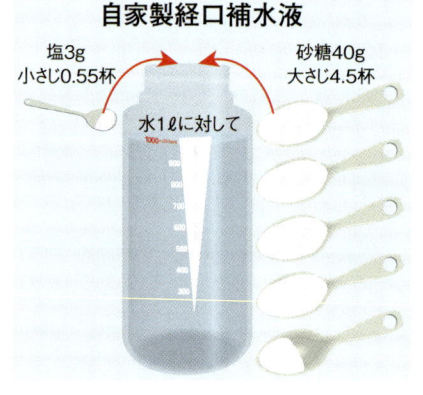

ハイドレーションシステムならバックパックを下ろさずに随時、水分補給できる。

技術編　第8章　キャンピング技術と食料計画

ロープワーク

体で覚え、いつでも使える状態に

ロープはテクニカルな登山、とりわけクライミングの象徴的なギア（道具）だ。鮮やかなロープさばきに憧れる人も多い。ロープの特徴や限界を熟知し、登山のあらゆる場面に対応できるロープワークに精通していることは、ある意味で熟練者の証明と言える。

■ ロープの形状と名称

カラビナ／ラウンドターン／ツーハーフヒッチ／ターン／バイト／ランニングエンド／スタンディングパート／ループ

ロープワークは、結び目の形状だけでなく、結び目が持つ役割や目的も併せて理解する必要がある。また、ロープと併せて使用するギアや、場合によっては樹木や岩などの自然物との組み合わせについても考慮しなくてはならない。本来はクライミングシステム全体を通して学ぶことが望ましいが、ここではロープワークに絞り込んで説明する。

「ロープ」は製品全体を指す。特定の役割を持つ一部分は「ストランド」

ロープワークを学ぶ前に、結び目を構成するロープの形状と名称について覚えておきたい。

一般的には「ロープ」という名称は製品全体を示し、技術を説明する際、ある特定の役割を持ったロープの一部分を示すには「ストランド」という言葉を使う。例えば、負荷のかかったストランドを「ロードストランド」と呼んで、負荷のかかっていないストランドと区別し、ビレイ（確保）や懸垂下降の際に、ブレーキをかける側を「ブレーキストランド」、ビレイディバイス（確保器）に取り込む側を「ガイドストランド」と呼び、ロープ操作が混乱しないように使い分けている。

また、ストランドが1本の場合は「シングルストランド」、2本の場合は「ダブルストランド」と呼ぶ。用例を挙げると「下から引き抜けるようにセットされた懸垂下降のロープは、ダブルストランドで下降器に掛ける」という具合だ。

結び目を作るときも、部分部分で呼び名が使い分けられている。結び目を作っていくために動いている末端部を「ランニングエンド」、結び目が作られる動かない部分を「スタンディングパート」と呼ぶ。

ロープがロープ自体で形作るものとして「ループ」と「バイト」がある。「ループ」は環状で、なじみのある言葉だろう。「バイト」はストランドを二つ折りにしたもので、ループの

役割で変化するストランドの名称

ダブルストランド

シングルストランド

ブレーキストランド

ロードストランド

ハーネス

ように単純に交差していない。構造物などに単純に折り返したものを「ターン」、1度巻き付けてから折り返したものを「ラウンドターン」と呼ぶ。ターンさせたランニングエンドを1回巻き付けたものを「ハーフヒッチ」と呼び、2回繰り返すと「ツーハーフヒッチ」となる。

登山を始めたばかりの人には聞き慣れない言葉もあるだろうが、明確な言葉は動作のブレを抑え、初歩的なミスの抑止力として働くのだ。

◇

ロープの結びは、ノット、ヒッチ、ベンドの三つに分類されている。ノットはロープだけで結び目が成立しているもの、ヒッチはロープ以外のものを利用して結びが作られているもの、ベンドはロープの末端同士をつなぐ場合を指す。例を挙げると、オーバーハンドノットは「ノット」、クローブヒッチは「ヒッチ」、シートベンドは「ベンド」というように分類されている。ただし、ノットは結び目の総称として使われることもあり、厳格な使い分けが徹底されているわけではない。

これらの結び目の中でも登山でよく使うものは、繰り返し練習して体に覚え込ませることが望ましい。ロープワークに限らず、登山技術というものは「知っている」ではなく、「覚えていて、いつでも使える」レベルが求められるが、まずはロープが作る形の名称を覚えよう。

knot ロープだけの結び目、ノット

hitch ロープ以外の物も使うヒッチ

bend 末端同士をつなぐベンド

ダブルループ・フィギュアエイト

❶フィギュアエイト・フォロースルー

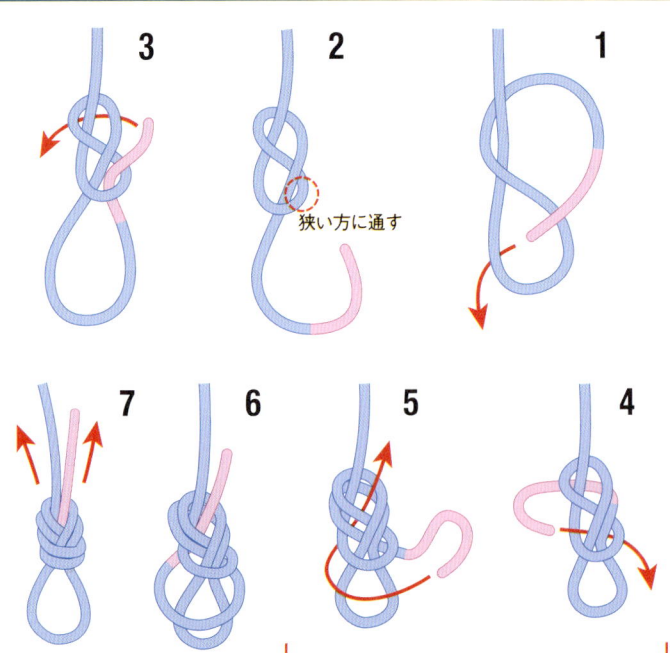

狭い方に通す

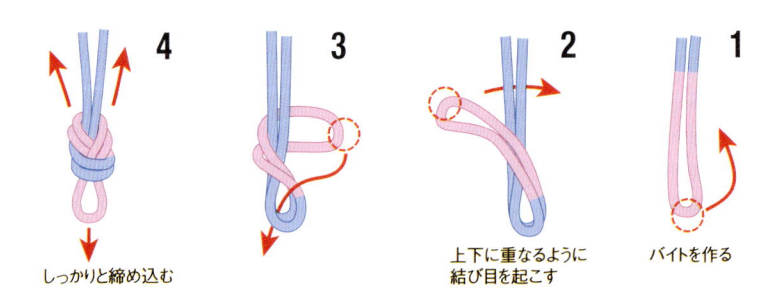

上下に重ねるように通して行く

❷フィギュアエイト・オン・ア・バイト

バイトを作る

上下に重なるように結び目を起こす

しっかりと締め込む

❸ダブルループ・フィギュアエイト

スタートはフィギュアエイト・オン・ア・バイトと同じ。丸印をダブルストランドで抜いてくる

この部分を一番外側から結び目全体にかぶせる

抜ききらずに途中で止める

しっかり締め込む

❶フィギュアエイト・フォロースルー
▼分類：ノット

ロープの末端に作り、主にハーネスとロープを結びつける際に使う。8の字形に見えるので、この名がある。最も基本的な結び目だが、正しく結べる人は意外に少ない。結び目にねじれや重なりが生じないように整え（これをドレスと言う）しっかりと締め込む。

❷フィギュアエイト・オン・ア・バイト
▼分類：ノット

ロープの末端部または途中に作り、セルフビレイ（自己確保）やルート工作の際に張るフィクストロープなど、ロープをアンカー（支点）などに固定するために用いる。バイトを作り、そこからフィギュアエイトを作るので、フィギュアエイト on a bight となる。

❸ダブルループ・フィギュアエイト
▼分類：ノット

ロープの末端部または途中に作り、セルフビレイやフィクストロープなどロープをアンカーなどに固定するために用いる。別名は「ツーループフィギュアエイト」「バニーイヤー（ウサギの耳）」。日本では「ラビット（ウサギ）」や「ラビットノット」で普及している。

68

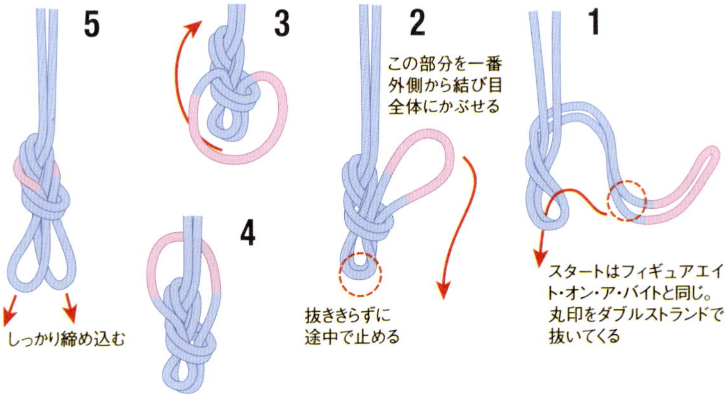

技術編　第9章　ロープワーク

❹インラインフィギュアエイト

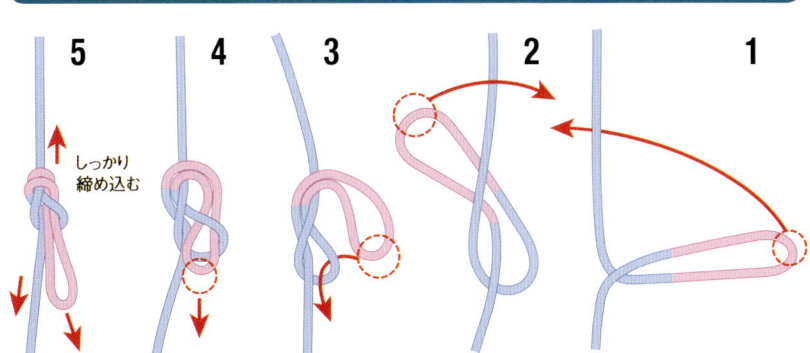

しっかり締め込む

ダブルフィッシャーマンズベンド

❺オーバーハンドノット

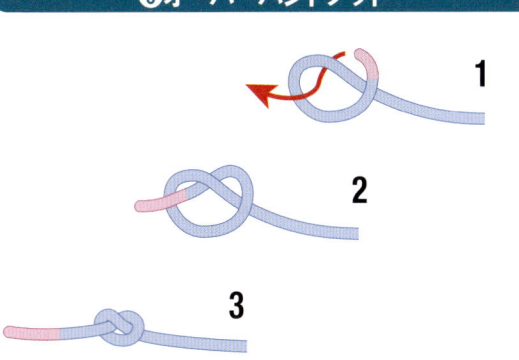

❻ダブルフィッシャーマンズノット

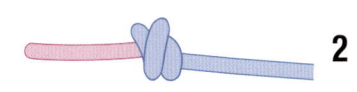

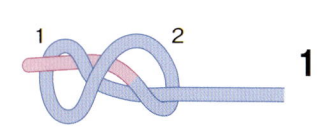

❼ダブルフィッシャーマンズベンド

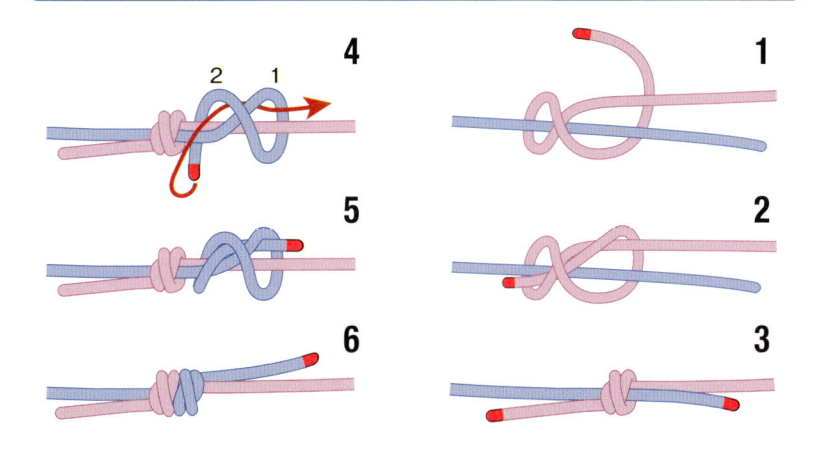

末端はロープ径の15倍にし、左右の長さをそろえる

❹インラインフィギュアエイト
▼分類：ノット

ロープの末端部または途中に作り、手掛かりや足を入れるあぶみとして用いることが多い。

❺オーバーハンドノット
▼分類：ノット

ロープの末端部に作り、留め結びとして用いることが多い。

❻ダブルフィッシャーマンズノット
▼分類：ノット

ロープの末端部に作り、主たる結び目が緩まないように、留め結びとして使う。ハーネスとロープをフィギュアエイト・フォロースルー❶で結びつけた後もこれで留める。

❼ダブルフィッシャーマンズベンド
▼分類：ベンド

向かい合うロープをつなぐために、ダブルフィッシャーマンズノット❻を二つ併せて結んだもの。本来はシングルストランドの結び目がノット、つなぎ合わせた結び目はベンドになるが、いずれの場合もダブルフィッシャーマンズノットと呼ばれることが多い。

69

シートベンド

❽フレミッシュベンド（フィギュアエイト ベンド）

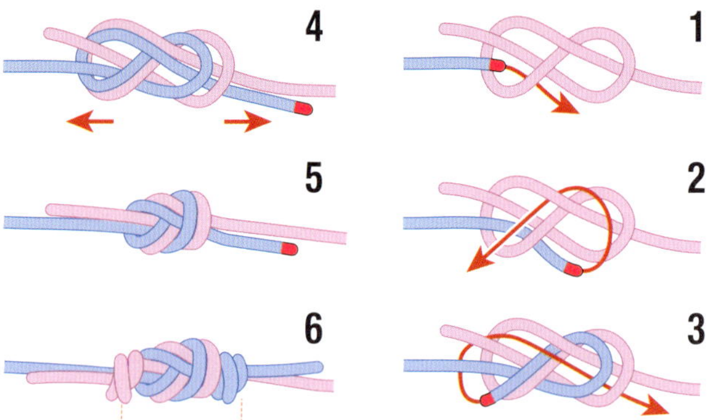

ダブルフィッシャーマンズノットでバックアップ

❾シートベンド

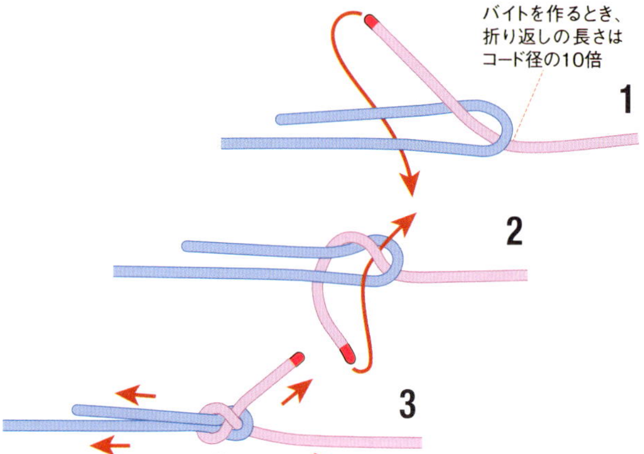

バイトを作るとき、折り返しの長さはコード径の10倍

しっかりと締め込む

❿スリーフォールデッド・オーバーハンドノット

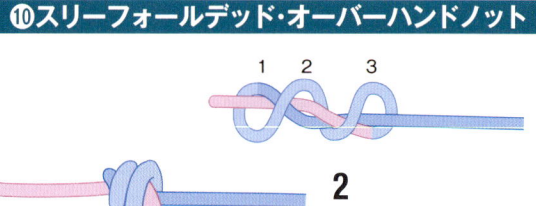

❽フレミッシュベンド（フィギュアエイト ベンド）

▼分類：ベンド

ロープをつなぐ結び目として、ロープ径が異なる場合や、負荷が生じた後にほどきやすいことを考慮する場合に有効な結び目だ。シングルストランドで作ったフィギュアエイトを、向かい合うロープでフォロースルーする（たどりながら結ぶ）要領で作る。救助活動で使う場合は、緩みが生じないようにそれぞれの末端をダブルフィッシャーマンズノット❻でバックアップ（補強）する。

1990年代中頃には「対面8の字結び」と呼ぶことがあったが、船舶の世界では「8の字つなぎ」という名称が古来使われており、日本語表記としては「8の字つなぎ」が正しい。

❾シートベンド

▼分類：ベンド

「一重つなぎ」とも呼ばれる「ベンド」（つなぎ）の代表的なもののひとつ。ループは、それ以上締まらないことと、負荷が生じた後でも緩めやすいことなどの長所がある。半面、ある程度の負荷がかかっていないと緩みやすく、ループ部分に負荷が生じた場合にほどけてしまうなどの欠点もある。

かつてハーネスのなかった時代は、この結び目を直接体に巻き付けて使っていた。だから当時は、登山者が必ず身につけるロープワークだった。私も子供時代、目をつぶってもできる

❿スリーフォールデッド・オーバーハンドノット

▼分類：ノット

ロープの末端部に作り、留め結びとして使う。ダブルフィッシャーマンズノットよりも巻き数が多いので、ロープの動きによる緩みが少なく、懸垂下降の際の「すっぽ抜け」防止に使われることも多い。この場合は原則として、ダブルストランドでノットを作る。

⓫ボウリンノット

ボウリンノットの結び目が作り出

負荷がかかっていないと緩みやすいこと、ロープ径が異なる場合は滑り抜ける可能性があることが注意点だ。登山では、テープスリングを使ったチェスト（胸部）ハーネスや、セルフレスキュー（自力救助）の搬送などで使われることが多い。

70

⑪ ボウリンノット

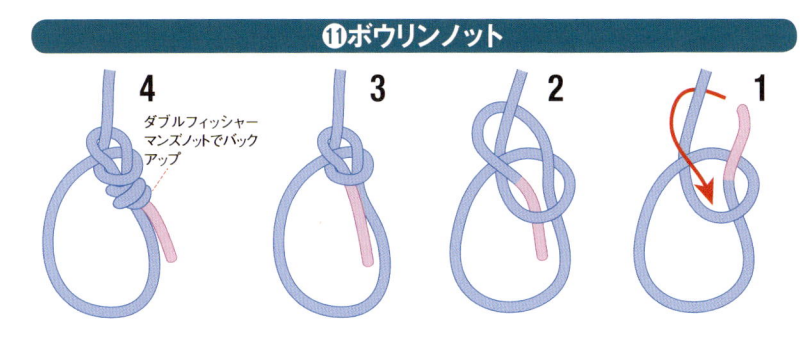

4 ダブルフィッシャーマンズノットでバックアップ **3** **2** **1**

ボウリンノット

⑫ クローブヒッチ

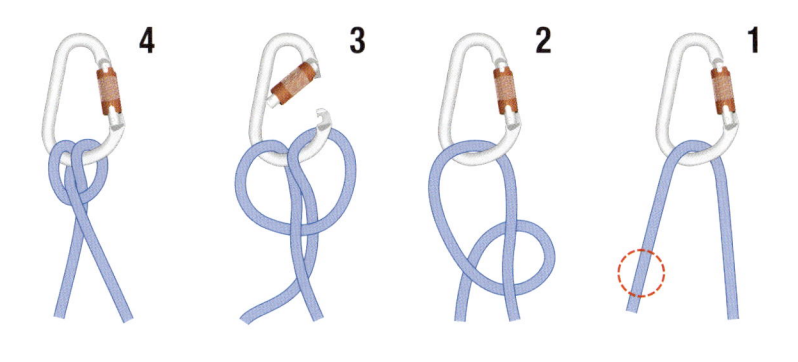

4 **3** **2** **1**

⑬ ムンターヒッチ（イタリアンヒッチ）

4 **3** **2** **1**

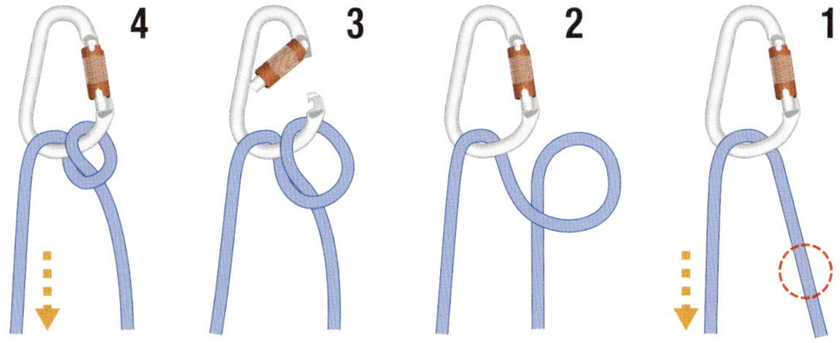

ロードストランドとブレーキストランドが平行になると最も大きな制動が得られる

正しい。かつてインクノットと呼ばれた時代もあったが、これは日本最初の登山技術書『岩登り術』で紹介された際に、別名の欄に「インキ結び」と表記されていたのを誰かが「インクノット」と英訳したか、「インキ結び」の語源が「インクノット」だと推測したか、いずれも間違って伝わった顕著な例だ。このような経緯が知れ渡った現在はインクノットと呼ぶ人はほとんどいない。

⑫ クローブヒッチ
▼分類：ヒッチ

カラビナにロープを固定する代表的なヒッチ。英名はクローブヒッチが正しいが、ローマ字読みしてブーリンと呼ぶようになったと推測される。その後、英語表記のBowlineをボウラインと読むようになったが、正しくはボウリンである。

⑬ ムンターヒッチ（イタリアンヒッチ）
▼分類：ヒッチ

カラビナを使ったビレイのロープワークとして最も一般的な結び目。発案者であるスイス人山岳ガイドのヴェルナー・ムンター氏の名前が名称の由来だ。イタリアンヒッチとも呼ばれるが、これは1975年のUIAA（国際山岳連盟）の会議で、3人のイタリア人登山家（ジョルジュ・ベルトーネ、マリオ・ビザーチャ、ラインホルト・メスナー）がこの結び目を使ったビレイの優位性を紹介し、当時のUIAAスタンダード技術（UIAAメソッド）として認められたことに由来する。この結び目を使う場合、カラビナはHMS型のカラビナを用いる。

ように繰り返し練習したので、今でも体が覚えている。ループ部分に負荷のかかる「リング荷重」でほどける事例が多く見受けられたため、ハーネスとロープの結着はフィギュアエイト・フォロースルー❶が標準となった。

「ブーリン結び」と呼ばれた時代が長かったが、これはドイツ語ではBulinKnotenと表記することから、ローマ字読みしてブーリンと呼ぶようになった

バタフライノット

⑭ミュールノット

1　ムンターヒッチ　ロード（荷重）
2　荷重がかかると、結び目は反転する　ロード（荷重）　つまんでひねる
3　ループに通す
4
5
6　オーバーハンドノットでバックアップ
7

⑮バタフライノット

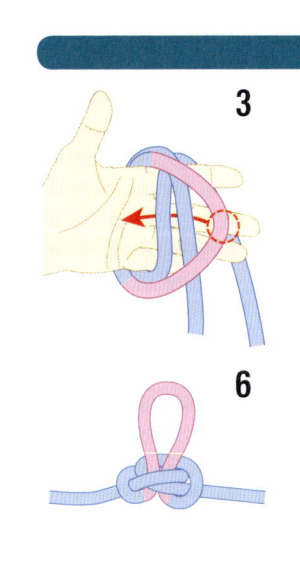

1　1 2 3
2
3
4
5
6

⑭ミュールノット
▼分類：ノット

ロープを仮固定する結び目のひとつで、ムンターヒッチ⓭などと組み合わせることが多い。ムンターヒッチと組み合わせた場合、ムンターミュールと呼ばれることもある。ビレイされているロープをミュールノットで固定していることが多い。

⑮バタフライノット
▼分類：ノット ❺

た場合、必ずオーバーハンドノットでバックアップする。

両方から引いても結び目が崩れることがないので、ロープの途中で使う

⑯プルージックヒッチ（プルージックノット）
▼分類：フリクションヒッチ

主たるロープに別のコードを巻き付けて、その摩擦を利用する結び目をフリクションヒッチと呼ぶ。具体的な使用方法は、固定されたロープを登り返すこと、下降器のバックアップとして使うこと、ロープに生じている負荷を受け持つことなどだ。

フリクションヒッチの中で代表的なものが、プルージックヒッチだ。オーストリアの登山家、カール・プルージック氏が1931年にオーストリアの登山マニュアルに発表したのが初出とされる。練習すれば片手でもできることや、強い摩擦力が得られることから、登山者が覚える必須のロープワークのひとつになっている。結び目を中心に位置付け、コードを内側に巻いていくブリッジプルージックもある。

プルージックヒッチ

技術編　第9章　ロープワーク

⑯プルージックヒッチ

1 バイトを巻き付ける　ロープスリング

2 結び目を通す

3 結び目をそろえるように整える

⑰オートブロックヒッチ

1　**2**

⑱クレムハイスト

1　**2**

⑰オートブロックヒッチ（オートブロック）
▼分類：フリクションヒッチ

フリクションヒッチの中でも構造が最もシンプルなもの。シンプルな分、得られる摩擦は強くなく、プルージックヒッチ⑯やクレムハイスト⑱を使う方が強い摩擦を得られる。この結び目の名称も正しく普及してこなかった。英語圏ではAuto BlockまたはAuto Block Hitchと表記されている。日本で呼び習わされた「マッシャー」は海外の文献ではクレムハイスト⑱を指すことが多く、フランス語が語源でnoeud de Machard（ノード・マシャール）が正しい。

⑱クレムハイスト
▼分類：フリクションヒッチ

オートブロックヒッチ⑰に似ているが、ロードストランドを最上部のループに通して屈曲させているので、より強い摩擦が得られる。海外ではMashard（マシャール）またはFrench Prujik（フレンチプルージック）と呼ばれることもある。

結び目と強度

ロープは結ばない状態（ノーノット）が最も高い強度を発揮できる。結び目を作ることで強度が低下するが、その割合は結び目の種類によって異なる。表は低下する割合を示したものだが、実際にはロープの素材や、濡れているか乾いているかといったロープの状態、また、結び目の作り方が緻密であるか、そうでないかによっても変わってくる。あくまでも参考程度にとどめてほしい。

名　称	強度低下の割合
フィギュアエイト・オン・ア・バイト	23～34%
ボウリンノット	26～45%
クローブヒッチ	25～40%
ダブルフィッシャーマンズベンド	20～35%
フィギュアエイトベンド	25～30%
ガースヒッチ	30～60%
バタフライノット	28～39%

『MOUNTAINEERING 8th EDITION』『CLIMBING SELF-RESCUE』から

▼主にテープで使われる3種

ラウンドターン
ツーバイト
ガースヒッチ

　テープスリングをカラビナや樹木などに巻き付ける方法はいくつかあるが、最も普及しているのがガースヒッチだろう。ガースヒッチは「ひばり結び」とも呼ばれる。結び目部分をロードストランドで締めるので結び目がずれない効果があるが、非常に大きな負荷がかかる場合は、屈曲部に摩擦の影響で熱が生じ、テープスリングが融断する危険性がある。
　テープスリングの強度低下を最も抑えられるのはツーバイトだ。スリングに十分な長さがある場合はラウンドターンを使うのもいい。この結び目は、強度低下を抑えつつ、スリングのずれも起こしにくいというバランスの良さが特徴だ。テープスリングを構造物に使用した場合の強度低下の目安は、ガースヒッチが約30～60％低下、ラウンドターンが約30～40％低下、ツーバイトは強度低下がほとんど起きない。

■テープで使う3種

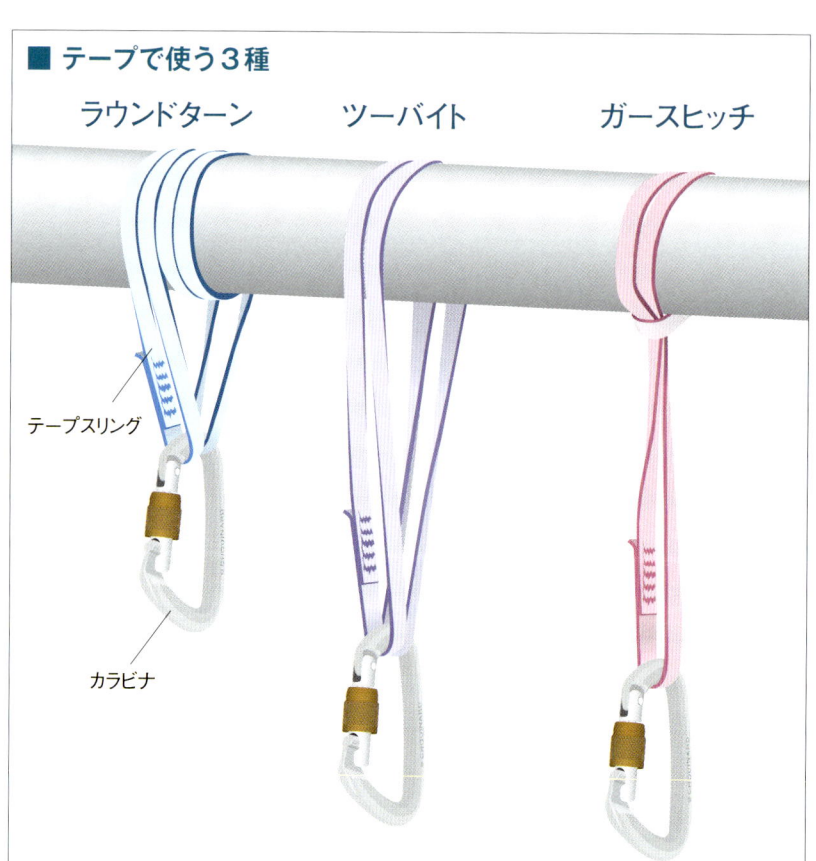

ラウンドターン　　ツーバイト　　ガースヒッチ

テープスリング

カラビナ

クライミング前に結び目確認の習慣を

　登山やクライミングにおけるロープワークで肝心なことは、形を整えることとしっかりと締め込むことだ。そして、繰り返し練習して体で覚え込み、いつでも確実に結び目を作れるようにしておこう。結び目はロープ同士の摩擦で成り立っていること、負荷がかかると結び目には熱が発生し、繊維が傷む可能性があることも忘れてはいけない。
　冒頭にも述べたが、ロープワークは他のギアや技術と組み合わせて使うので、システム全体のバランスや目的を忘れることのないように、総合的な練習を行い、確実に身につけてほしい。また、懸垂下降やクライミングなどの動作を起こす前に、結び目やシステムの再チェックをする習慣は、自分と仲間の命を守る最終ラインになることを肝に銘じておこう。

技術編　第9章　ロープワーク

■ ロープワークのいろいろ

ダブルフィッシャーマンズベンド	ダブルループ・フィギュアエイト	フィギュアエイト・フォロースルー ＋ ダブルフィッシャーマンズノット
ボウリンノット	ダブルストランド・スリーフォールデッド・オーバーハンドノット	シートベンド
バタフライノット	ムンターヒッチ	クローブヒッチ
ワイヤー南京	プルージックヒッチ	

クライミングギアⅠ

人を容易に寄せ付けない難峰や岩壁に挑むには、目的に合った専用の道具(ギア)が必要だ。ハーネスとヘルメット、クライミングシューズは登山用具の中では歴史が浅い。だが、その進化と変化は著しく、今も革新的な製品が生まれ続けている。

用途別に細分化の傾向。目的に合わせて選ぶ

写真:矢島智子

ハーネス

かつてハーネスがなかった時代、クライマーはロープを直接、体に巻き付けていた。その方法はいくつかあり、アメリカではロープを4～5回胴部に巻き付け、コイル状になったロープ全体をボウリノットで留める方法(ボウリン・オン・ア・コイル)が用いられ、ヨーロッパでは胸部にロープを4～5回巻き付ける方法が採られていた。

1960年代に入ると、アメリカではスワミベルトが使われるように なった。スワミとは、長さが4.5～6メートル程度、幅2.5センチ前後の合成繊維で織ったテープ(ウェビング)を指す。スワミを胴部に5～6回巻き付けてからリングベンド(テープ結び)で固定して、手製のハーネスを作っていた。これを最初に使ったのは、イヴォン・シュイナードとTMハーバートと言われている。

この時期、アメリカで使われていたもうひとつの方法は「スイスシート」と呼ばれるもので、ウェビングを使い、レッグループを作ってから胴部に2回程度巻き付ける方式で、形状は現代のハーネスに極めて近い

技術編　第10章　クライミングギアⅠ

ハーネスの2つのタイプ

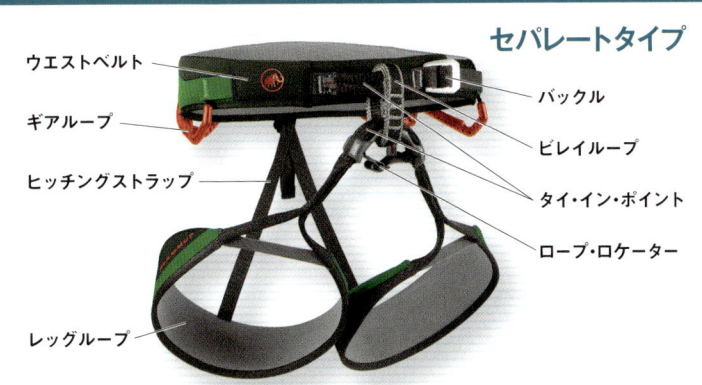

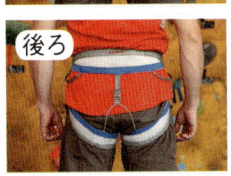

セパレートタイプ

前 / 後ろ

- ウエストベルト
- ギアループ
- ヒッチングストラップ
- バックル
- ビレイループ
- タイ・イン・ポイント
- ロープ・ロケーター
- レッグループ

ダイアパータイプ

前 / 後ろ

- バックル
- ギアループ
- ヒッチングストラップ
- ウエストベルト
- ビレイループ
- タイ・イン・ポイント
- ロープ・ロケーター
- クイックバックル
- レッグループ

開くと一体になっている

ものだった。

68年になると、アメリカのビル・フォレストの手によって、スワミとレッグループをバータックミシンで縫い合わせた現代的な形状のハーネスが開発され、発売された。翌69年には英国のドン・ウィランスによる「ウィランス・シットハーネス」が誕生し、アンナプルナ南壁で使われ、世界的に普及した。

現代のハーネスは大きく2種類に分類できる。ひとつは「ウィランス・シットハーネス」の流れをくむ「ダイアパータイプ」。もうひとつは、ビル・フォレストのアイデアが基礎となっている「レッグループとウエストベルトを組み合わせたセパレートタイプ」だ。

《ダイアパータイプ》

「ダイアパータイプ」はおむつ（ダイアパー）は英語でおむつの意味）のように腰部と大腿部を背側からくるむように装着するので、このように呼ばれている。英語圏（特にアメリカ）ではウェビングで作った簡易ハーネスも「ダイアパーハーネス」と呼ぶことがある。

このタイプの最大の特徴は、レッグループをクイックバックルなどで固定・解除するため、しゃがまなくとも、クランポン（アイゼン）を履いたままでも着脱できることだ。スキーツアーや積雪期の縦走などが目的の場合は、この特徴が有効なため、ダイアパータイプを採用することが多い。素材にはパッドを使わず、乾きの速いウェビングなどを使っているのは、積雪期のレイヤリングの上に使うことが前提となっているからでもある。

《セパレートタイプ》

フリークライミングなどで使うハーネスは、着ているウェアが薄いことや、予想される墜落の状況がより厳しくなることから、体を包む部分にパッドを使って、厚みとコシを持たせている。また、レッグループとウエストベルトを分割させることで、ダイアパータイプに比べると、墜落したクライマーが座った状態で停止しやすいようになっている。こういった理由から、フリークライミングのように墜落が織り込み済みの場合は「セパレートタイプ（ウエストベルト／レッグループ分割タイプ）」が推奨される。

サイズ合わせのポイント

	ダイアパータイプ	セパレートタイプ
ウエストベルト ※腰骨よりも上で締める。	転倒して上体が反転した場合でも、ハーネスが腰骨で止まるようサイズ調整できるものを選ぶ。 ※腰骨周りより小さくできるもの。	墜落して上体が反転した場合でも、ハーネスが腰骨で止まるようサイズ調整できるものを選ぶ。 ※腰骨周りより小さくできるもの。
レッグループ		調節機能があれば、手のひらの厚み程度の余裕を持たせる。 ※調節機能がない場合は、手のひらの厚み程度の余裕のあるものを選ぶ。
バランス	体重を預け、レッグループとウエストベルトに荷重が分散できているものが体形に合っている。 ※ただし、ハーネスの構造上、セパレートタイプに比べて直立した状態で止まるので、厳密には荷重が分散されない。	体重を預け、レッグループとウエストベルトに荷重が分散できているものが体形に合っている。

墜落して頭が下になっても、ハーネスがすっぽ抜けないように、腰骨で止まるサイズにすることが重要だ。

セパレートタイプは、墜落したクライマーが座った状態で停止しやすい作りになっている。

レッグループは手のひらが入るくらいの余裕を持たせる。

UIAAやCEの規格に合格した印が表示されたクライミングギア。上はヘルメットの内側、下はハーネスの内側にあった。

規格適合のマークを確認

いずれのタイプも、ビレイループの強度は15kN※以上、ウエストベルトのバックル強度は10kN荷重でテープのずれが20ミリ以下になるものがUIAA（国際山岳連盟）とヨーロッパの製品規格である「CE」の基準で決められている。他の登山用品についても同じことが言えるが、購入時には製品にUIAAとCEのマークが入っていることを確認しよう。

どちらのタイプを使う場合も、サイズを合わせるときは使用するときの服装で行う。チェックするポイントは表の通りだ。

目的外使用は厳禁

UIAAとCEでは、ビレイループ（間接的にタイ・イン・ポイント）とウエストベルトのバックル部分の強度を決めているが、それ以外の箇所で体重を支えたり、ビレイ（確保）や懸垂下降の際の器具を使ったりしてはいけない。そして、強度が決められているビレイループやタイ・イン・ポイントにも使用制限がある（デイジーチェーンやパーソナル・アンカー・スリング）

※kN＝キロニュートン。力の単位。15kNは1530kgf、10kNは1020kgfの力に相当。

技術編　第10章　クライミングギア I

ベルトの末端はベルトループに通して留める。垂れ下がった状態にしておくと、腕などでひっかけてバックルを外してしまう恐れがあるからだ。

ホールループは荷揚げロープを結ぶためのもの。目的外に使うのは厳禁だ。

ハーネスとロープをつなぐときはタイ・イン・ポイントにロープを通し、フィギュアエイト・フォロースルーで結び、ダブルフィッシャーマンズノットで留める。

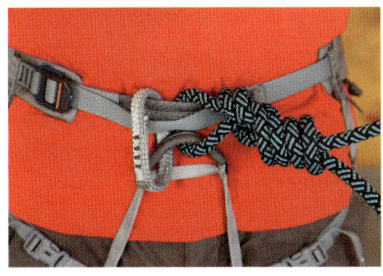

ンカー・システムを含む)を結びつけてはいけない。そもそも、この部分はそういった使用目的には作られていない。

また、上下のタイ・イン・ポイントをカラビナで連結して使うことも、カラビナの強度を低下させる二つの理由から行ってはだめだ。ひとつはスリーアクシス(3方向負荷)、もうひとつは器具とカラビナのねじれだ。ハーネス背面にループが付いてい

るモデルもあるが、このループは「ホールループ」と呼ばれ、荷揚げ(ホール)ロープを結ぶためのもので、体重を支えたり、ビレイや懸垂下降に使うものではないので注意が必要だ。

ハーネスとロープをつなぐ場合、タイ・イン・ポイントにロープを通し、フィギュアエイト・フォロースルーで結ぶ。この場合は、結び目のループ部分はビレイループよりやや小さ

めにして、しっかりと締め込み、ダブルフィッシャーマンズノットでバックアップしておくことが標準的な技術だ＝68、69ページ参照。

そして、クライミングなどの動作を起こす前に、タイ・イン・ポイントを通しているか、結び目に間違いや緩みがないかを必ずチェックしよう。

◇

ハーネスは用途に合わせて細分化が進んでいる。同じセパレートタイ

プでも、ジムやスポーツクライミング用のもの、トラディショナルクライミングやマルチピッチクライミング用のもの、アイスクライミングやアルパインクライミング用のものなど、クライミングのスタイルに合わせた特徴を持つモデルが出てきている。この動きは今後もさらに進むだろう。

現時点での特徴を表にまとめておこう。

用途別ハーネスの特徴

※いずれもセパレートタイプ。

用　途	見た目の特徴	機能的な特徴
●ジムでの使用 ●スポーツクライミング	メッシュ素材の面積が大きく、ヒッチングストラップに細いコードを使用しているなど、非常に軽い。レッグループの調節機能はない。	耐久性よりも軽さ、体との一体感を重視している。
●トラディショナルクライミング ●マルチピッチクライミング	メッシュ部分もあるが、スポーツクライミング用ほど大きくない。レッグループが調整できるタイプがある。	軽さと耐久性のバランスが良く、価格的にも手頃なので、最初に購入するのに適している。
●アイスクライミング ●アルパインクライミング	メッシュ素材は使われていない。アイスツール用の樹脂製カラビナを通すループがウエストベルトに付いている。レッグループが調整できるタイプがある。	耐久性、耐摩耗性、アイスツールとの関連性を追求している。ハイレベルなアマチュアやガイドなど、ハーネスの使用頻度が高い人に適している。

ヘルメットの主流2タイプ

ハイブリッドタイプ

- シェル（ABS樹脂）
- ベンチレーター（通気口）
- アジャスター
- 発泡ポリスチレン（EPS）
- チンストラップ（あごひも）
- 内側

インモールドタイプ

- シェル（ポリカーボネート）
- ベンチレーター（通気口）
- 発泡ポリスチレン（EPS）
- アジャスター
- チンストラップ（あごひも）
- 内側

槍・穂高周辺などは着用奨励山域に

ヘルメット

山岳遭難件数が過去最悪を更新し続けていた長野県で2013年7月、槍・穂高連峰周辺などが「山岳ヘルメット着用奨励山域」に指定された（表参照）。その影響もあって注目を集めたヘルメットだが、登山用具としての歴史は比較的浅いといえる。

アメリカでは1950年代に、シェルパクライミングクラブのジーン・プレイターとデーブ・マーレによって、クライミングにヘルメットが使われ始めたが、クライミング専用の製品ではなく流用品だった。それまでは、ウール帽子の中に新聞紙やミトンを詰め込んで頭を守っていたようだ。

60年代の英国のクライミングヘルメットは、オートバイ用のハーフヘルメットを改良したもので、ガラス繊維強化ポリエステルのシェル（殻）にコルクを張り付けたモデルだった。60年代中頃、英国の伝説的クライマー、ジョー・ブラウンは、自宅のガレージでクライミング用のヘルメットを作り、販売を開始した。それまでのものに比べると軽く、機能的で、当時、クライミングヘルメットの代名詞となって普及した。

70年代になると、強化プラスチックを使った量産可能なタイプ（ハードシェルタイプ）が生まれ、価格面と生産性でハンドメイドの強化ポリエステルタイプを凌駕し、主役の座

ヘルメット着用奨励山域 （2014年7月現在）

山域名	指定する山域
北アルプス南部	槍・穂高連峰のうち北穂高岳から涸沢岳・屏風岩、前穂高岳（北尾根から吊尾根）一帯、西穂高岳から奥穂高岳、北穂高岳から南岳（大キレット）、北鎌尾根・東鎌尾根の区域
北アルプス北部	不帰の嶮周辺、八峰（はちみね）キレット周辺
南アルプス	甲斐駒ヶ岳、鋸岳
中央アルプス	宝剣岳
戸隠連峰	戸隠山、西岳

ヘルメットのタイプごとの特徴

	素材	特徴
ハードシェル	シェル：強化プラスチック 衝撃吸収材：合成繊維を織ったテープ（ウェビング）	かつては普及していたが、近年は減少傾向。ただし、耐久性は高いので山岳救助などに携わる人には適している。
インモールド	シェル：ポリカーボネート 衝撃吸収材：発泡ポリスチレン（EPS）	側面の衝撃にも効果がある。軽い。ただし、落下物よりも墜落時の頭部保護を重視しているモデルもあるので、用途を要確認。
ハイブリッド	シェル：ABS樹脂 衝撃吸収材：発泡ポリスチレン（EPS）	軽さ、耐久性、価格のバランスがとれた汎用タイプ。最初に買い求めるのに適している。

を奪った。半球形の形状にゴムひものヘッドランプ用クリップが前後に付いたこのタイプは、その見かけから、あまり格好のいいものとして扱われなかった。

登山用具の中でも日陰者的な存在だったヘルメットも、90年代中期にフランスのブランド「ペツル」が世に送り出した「メテオ」によって流れが変わる。このモデルはクライミング用としては世界で初めて発泡ポリスチレン（EPS）を全体に使用した。当時としては画期的だったこともあり、斬新なデザインだったこともあり、またたく間に普及した。

現在、普及しているヘルメットは二つに分類できる。ひとつは「インモールドタイプ」、もうひとつは「ハイブリッドタイプ」と呼ばれている。

《インモールドタイプ》

「インモールドタイプ」は発泡ポリスチレンをヘルメット全体に使い、非常に薄いポリカーボネートのシェルで表面を覆っている。ベンチレーション（通気）のための穴がいくつか開いていて、ヘッドランプ用クリップをあらかじめ取り付けたものもある。こういった素材と構造から、

中に落氷が当たって割れ、2度目は墜落した登山者が岩角に頭部をぶつけて、ヘルメットが割れた。いずれも本人の頭部は守られていた。ただし、その後はヘルメットなしでの行動を強いられることになった。

こういった特徴から、インモールドタイプはショートルートのクライミングなど、落石よりも転倒や墜落を考えた場面で使うのに適している。

ルメットが割れる場面に2度遭遇しているからだ。1度はアイスクライミング

ブルゾーンとして働いたといえるか

らだ。私はインモールドタイプのヘ

ることで衝撃を吸収するクラッシャ

もある。つまり、ヘルメットが壊れ

割れ目が入り、壊れてしまうことだ。

きな落下物や墜落による衝撃が大き

かった場合、ヘルメットそのものに

だが、これは別の意味では長所で

聞こえるが、短所もある。それは大

性能を持つ、というと完璧なように

性を併せ持たせた。従来型のハード

ルドタイプより軽いので、汎用性

シェルタイプより耐久性があり、ハー

軽いのは、天頂部に配した発泡ポリ

スチレンの効果だ。インモールドタ

イプよりも耐久性があり、ハードシェルタイプより軽いので、汎用性

が高く、場面を選ばず使える。そして、このタイプは価格的にも手頃な製品が多いので、一番最初に買い求めるのにも適している。

フリークライミングでの着用も

ヘルメットもハーネス同様、細分化が進んでいる。インモールドタイプは新素材の導入や大胆な肉抜きで、軽量化とベンチレーション機能を高めたモデルも出てきている。これは、今まで一般的ではなかったフリークライミングや縦走でのヘルメット着用を進めていくきっかけになるだろう。細分化が進むと、製造者の意図する用途の限定条件を、使う側が一層理解しなくてはならない。

《ハイブリッドタイプ》

ハイブリッドタイプは、発泡ポリスチレンをヘルメット内部の天頂部にのみ使用し、シェルにはABS樹脂などを使って、衝撃吸収性と耐久性を併せ持たせた。従来型のハードシェルタイプに対してシェルが薄く、軽いのは、天頂部に配した発泡ポリスチレンの効果だ。インモールドタイプよりも耐久性があり、ハードシェルタイプより軽いので、汎用性が高く、場面を選ばず使える。そし

とても軽く、形状もさまざまだ。このタイプのもうひとつの特徴が、サイドインパクトと呼ばれる横方向からの衝撃にも効果があることだ。軽量な樹脂などを使って、全方位に対して同様の衝撃吸収性能を持つ、というと完璧なように聞こえるが、短所もある。それは大きな落下物や墜落による衝撃が大きかった場合、ヘルメットそのものに割れ目が入り、壊れてしまうことだ。だが、これは別の意味では長所でもある。つまり、ヘルメットが壊れることで衝撃を吸収するクラッシャブルゾーンとして働いたといえるからだ。

クライミングシューズの締め方の3つのタイプ

シューレース　スリップオン　面ファスナー

クライミングシューズ

現在、クライミングシューズは多くのブランドのさまざまなモデルが流通している。これらの基礎になったのは1960年代、フランスのルネ・デメゾンとピエール・アランが考案したモデルで、柔らかな素材で甲を覆い、ソール（靴底）全体にラバー（ゴム）を張った。この画期的なモデルは彼らに対する尊敬の念を込めて、それぞれRDsPAsと呼ばれた。少し遅れて、アメリカのロイヤル・ロビンスが考案したRRsも優れたモデルとして認められた。60年代の終わり、EBsと呼ばれたE・ブードノウの考案したシューズは、それまでのモデルを大きく上回るソールの柔らかさが評価され、世界的に普及し、

時代を作った。82年、スペインのブランド「ボリエール」が「フィーレ」を発売すると、世界中のクライマーがこのモデルに注目した。ソールの粘着性が時代を先取りする水準で、他のモデルを圧倒。あっという間に世界中にその名を知らしめることになった。80年代以降、クライミング技術と難易度が向上するのに合わせるかのように、クライミングシューズも進化し続けている。

多様な形状に進化

現在流通しているクライミングシューズは、クロージャー（締め方）やラスト（木型）、トーボックス（つま先部の形状）の違いなどで分類できる。

クロージャーはシューレース（靴ひも）、面ファスナー、ひもや留め具のないスリップオンの3種類があり、中にはこれらの二つを組み合わせたモデルもある。

ラストは、横から見て、つま先が上方に向いたもの（アップトー）、フラット（平ら）なもの、下方に下がったもの（ダウントー）があり、上から見ると、内側に曲がったもの（ターンイン）、比較的まっすぐなもの（ス

トレートまたはニュートラル）に分かれる。トーボックスは、薄いものと厚いものがある。

痛くない程度のきつさで

初心者が最初に選ぶのに適しているのは、トーボックスが薄く、フラットかつニュートラルな形状のものだ。このタイプであれば、足指を極端に曲げることなくシューズを履ける。また、初心者が最初に登るであろう緩傾斜のフットホールド（足場）に立った際にも、痛みを感じることが少ない。

ただし、サイズは普段の靴と異なり、足にぴったりしたものが良い。初めは「痛い」と「きつい」の違いがわからず、大きめなサイズを選ぶ人も多いが、「痛くない程度のきつさ」がちょうどいい。

基本的には素足で履くが、これは足裏感覚を求めるためだ。目安は、はだしの足裏とシューズを合わせて同じ長さであれば、まず、それを試してみよう。実際に足を入れてみて、前後のサイズで調整するといい。

2足目以降は自分のクライミング志向に合わせて選んでいくといいだろう。

技術編　第10章　クライミングギアⅠ

クライミングシューズの木型の違いとサイズ合わせをするときの足の形

つま先が下がった ダウントー	つま先が軽く下がった ダウントー	靴底が ほぼフラットなもの
足裏全体を丸める	つま先をやや丸める	平らにぴったりと合わす

ダイナミックロープの種類

シングルロープ / ハーフロープ / ツインロープ

シングル（1 UIAA） / ハーフ（1/2 UIAA） / ツイン（∞ UIAA）

先端に付いている印

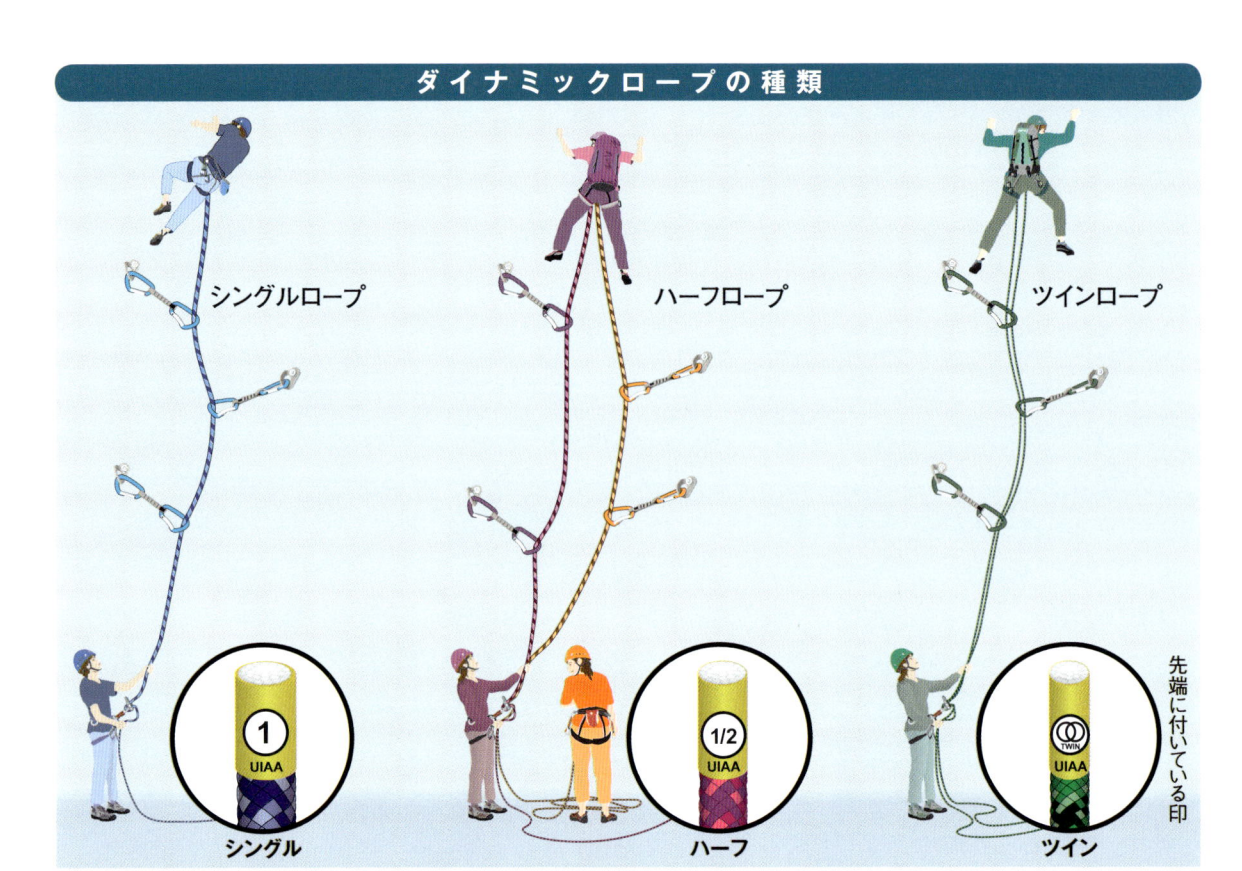

クライミングギアⅡ

世界規模の戦争に突入した1930年代から40年代は、新しい理論や繊維、金属が生み出された時代でもある。当時開発された新素材は、今や広く普及し、私たちの登山も支えている。クライミングを象徴するロープとカラビナは、その時代に生まれた代表的なギア（道具）だ。

使用経歴と期間で寿命を判断

ロープ

現在、クライミングに使われているロープは「ダイナミックロープ」といい、クライマーが墜落した際に、ある程度伸びることで動的（ダイナミック）に衝撃力（インパクトフォース）を吸収する。

墜落したクライマーが受ける衝撃力を科学的な側面から研究した最初の人物は、米国のディック・レナードとアーノルド・ウエクスラーだ。彼らは第2次世界大戦中、第10山岳師団からの依頼で、軽量かつ信頼性の高いロープを研究。当時、クライミングロープの素材として普及していたマニラ麻、ジュートなどの天然素材に比べて、ナイロンの優位性が顕著なことを発見した。ナイロンは1935年に米国のデュポン社で開発されたばかりの世界初の合

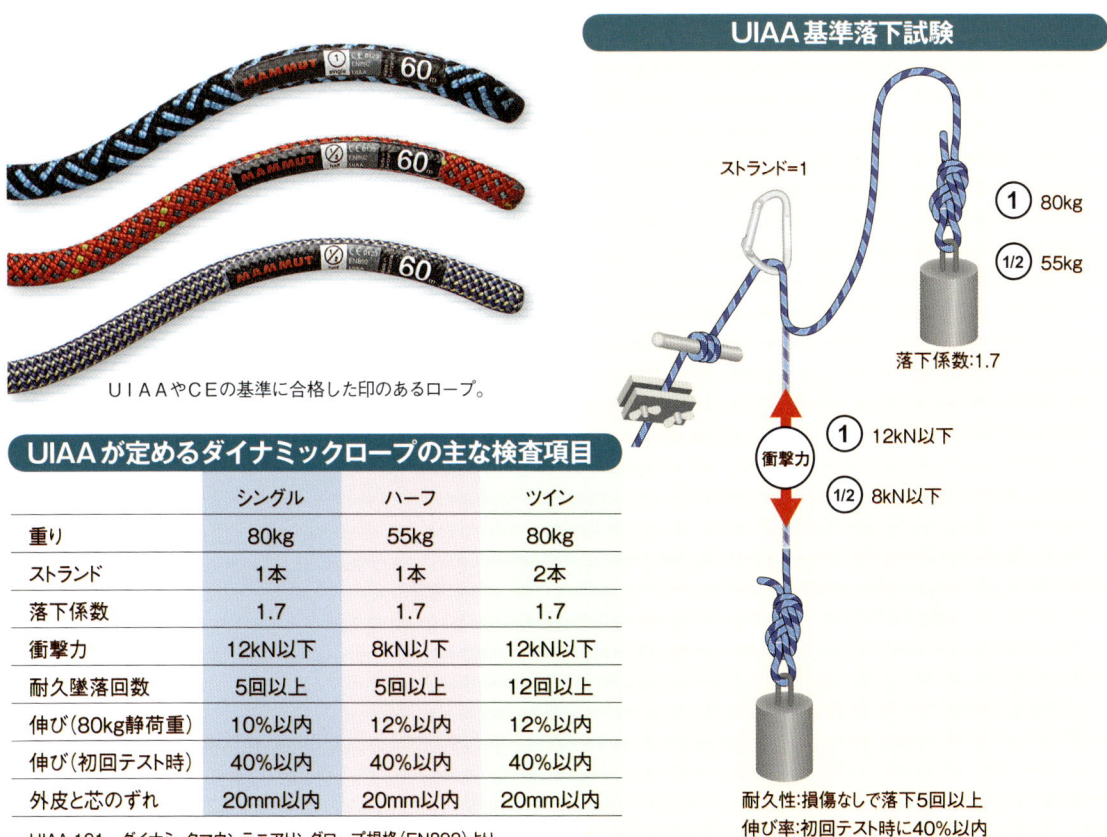

技術編　第11章　クライミングギアⅡ

UIAAやCEの基準に合格した印のあるロープ。

UIAAが定めるダイナミックロープの主な検査項目

	シングル	ハーフ	ツイン
重り	80kg	55kg	80kg
ストランド	1本	1本	2本
落下係数	1.7	1.7	1.7
衝撃力	12kN以下	8kN以下	12kN以下
耐久墜落回数	5回以上	5回以上	12回以上
伸び（80kg静荷重）	10％以内	12％以内	12％以内
伸び（初回テスト時）	40％以内	40％以内	40％以内
外皮と芯のずれ	20mm以内	20mm以内	20mm以内

UIAA-101　ダイナミックマウンテニアリングロープ規格（EN892）より

UIAA基準落下試験

ストランド＝1

① 80kg
1/2 55kg

落下係数：1.7

衝撃力
① 12kN以下
1/2 8kN以下

耐久性：損傷なしで落下5回以上
伸び率：初回テスト時に40％以内

成繊維で、2人はこの新繊維に着目したのだ。耐久テストでマニラ麻製のロープが十数回で切れたのに対し、ナイロン製は150回以上も耐えた。

戦後、米国で軍放出品を扱う店などから登山家の手に渡り、クライミングに使われるようになった。この当時のナイロンロープはそれまでの天然繊維と同様の「撚り構造（ツイステッド）」だったが、いくつかの切断事故などから撚りロープの弱点が指摘され、芯と外皮で構成する「編みロープ」へと進化した。1953年にヨーロッパで誕生したこのロープが原型となって改良が進められ、世界に普及するに至った。

UIAA（国際山岳連盟）では、ダイナミックロープを「シングル」と「ツイン」「ハーフ」の三つのカテゴリーに分類している。それぞれに基準が設けられ、実際のテストを経て、どのカテゴリーに合格したかがロープ本体に記されている。テストはUIAA基準落下試験（スタンダードフォールテスト）といい、シングルとツインは80キログラム、ハーフは55キログラムの重りを落下係数1.7で落とし、衝撃力や耐久墜落回数など数種類の項目を検査する。主な項目は表の通りだ。

ダイナミックロープはカテゴリーごとに使い方が異なる。シングルロープは1本で使い、このロープを使ったクライミングチームにはリーダー1人、フォロワー1人の計2人まで入ることができる。

ハーフロープはハーフ（2分の1）なので、必ず2本使うダブルロープシステムを用いる。リーダーは1人、フォロワーは最大で2人まで入ることができる。そして、中間支点（プロテクション）への通し方は、ひとつのプロテクションに1本のロープを掛けることが基本とされている。ハーフロープ2本をひとつのプロテクションに掛けると衝撃力が大きくなることを覚えておこう。

ツインロープも2本使うダブルロープシステムとなるが、ハーフロープとの違いはリーダー1人、フォロワー1人の2人チームで使う点、2本ともひとつのプロテクションに掛ける点だ。

かつては、ひとつのロープにカテゴリーの印はひとつしか入っていなかったが、近年の製造技術の向上

※kN＝キロニュートン。力の単位。1kNは102kgfの力に相当する。

85

カラビナの各部名称

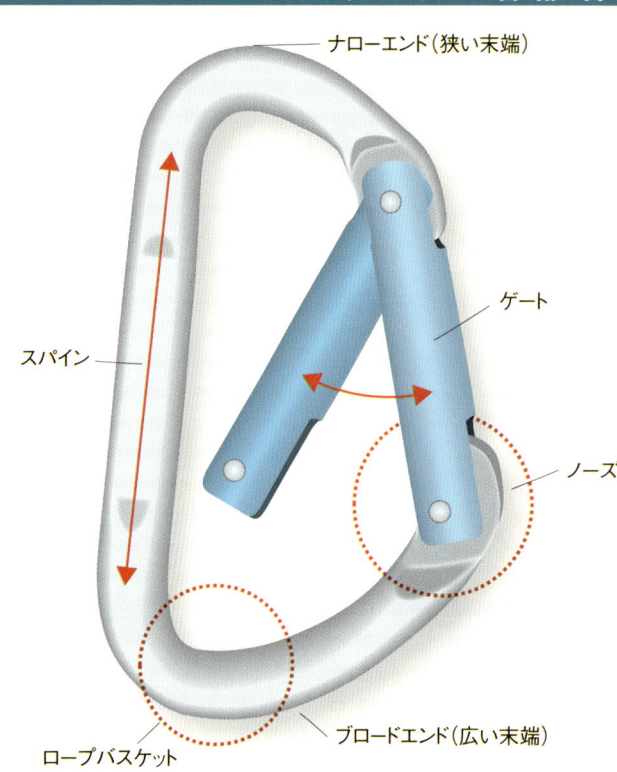

- ナローエンド（狭い末端）
- スパイン
- ゲート
- ノーズ
- ロープバスケット
- ブロードエンド（広い末端）

ムンターヒッチをしたHMSカラビナ。

ピン&ノッチ方式

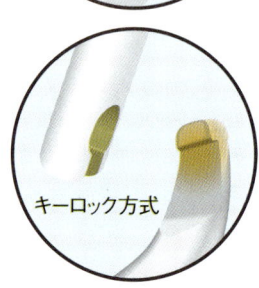

キーロック方式

ロープとギアの要

カラビナ

カラビナはロープを通したり、ギアを掛けたりする要の道具だ。カラビナがクライミングに使われ始めたのは1910年、ドイツのクライマー、オットー・ヘルゾーグが、消防団員がベルトにカラビナを掛けているのを見て、クライミングに使えるのでは、と思ったことに始まる。

ダイナミックロープの素材、ナイロンは熱（融点は220～260度）に弱く、強酸性、強アルカリ性の薬品や紫外線に長時間さらされた場合、強度が低下することを覚えておきたい。

これ以外にも、表面の粗い岩と擦れたり、トップロープ※で多用したり、落下係数の大きな墜落を受けたりした場合は、ロープの機能が劣化する。特に、登り出し地点まで墜落するグラウンドフォールなど、落下係数1を超える墜落を受けたロープは廃棄するよう、メーカーは推奨している。

ロープの繊維を傷める要因を踏まえつつ、使用経歴と使用期間でロープの寿命を判断する。使用期間の目安を提示しているメーカーもあるので、そういった情報も参考にして、機能的に劣化したと判断したら速やかに新品と交換しよう。

ロープを選ぶ場合は、UIAAの検査項目を参考にするといい。例えば、耐久性の高いロープを求める場合は耐久墜落回数の多いモデルを、衝撃吸収性の高いロープを求める場合は衝撃力の小さいモデルを選ぶといった要領だ。

よって、二つまたは三つの印を持つロープも出てきている。例えば、ハーフとツインの二つの印が付いているモデルや「シングル」「ハーフ」「ツイン」全てのテストに合格したモデルもある。複数のテストに合格したタイプは、現場での多様な使い分けができ、汎用性が高い。

※上部の支点で折り返されたロープで確保するクライミング形態。

86

技術編　第11章　クライミングギアⅡ

4つのタイプ

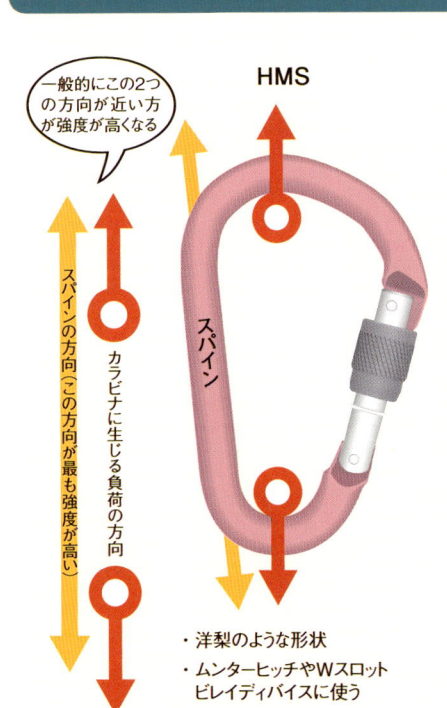

HMS

一般的にこの2つの方向が近い方が強度が高くなる

スパインの方向(この方向が最も強度が高い)

カラビナに生じる負荷の方向

スパイン

・洋梨のような形状
・ムンターヒッチやWスロットビレイディバイスに使う
・スパインとブロードエンド側の角度が大きい

オフセットD

スパイン

・ゲートの根元の幅が開口部より狭い
・ゲートの開口部を大きくするために上部を広げ(ブロードエンド)、軽量化と操作性のために下部を小さくした(ナローエンド)

スタンダードD

スパイン

・アルファベットの「D」状
・力点がスパインに沿い、強度が高まるように改良

オーバル

スパイン

・アルファベットの「O」状
・力点がスパインから離れている

代表的な四つの形状

時代とともに、カラビナの素材も変化してきたが、形状も同様だ。当初は、「**オーバル**」と呼ばれる楕円形だった。もともとが「物を掛ける」ために使われていたので、その形状に問題はなかったが、クライミングに転用されたことで「ロープやギアを掛ける」という用途に「衝撃力を受け止める」用途が加わった。

これによって衝撃力に耐える形状が求められ、アルファベットの「D」状のカラビナが誕生した。オーバルに比べ、力を支えるポイントがスパイン(脊柱)に近く、より大きな力を支えることが可能になった。この形状が洋梨に似ているので「ペアシェイプ(洋梨型)」と呼ばれることもある。

カラビナの形状でもうひとつ忘れてはならないのが、「**HMS**」だ。もともとムンターヒッチで使うために、カラビナのスパインからノーズにかけてのカーブを緩やかにした。形状が洋梨に似ているので「ペアシェイプ(洋梨型)」と呼ばれることもある。

HMSは、ロープワークのムンターヒッチのドイツ語表記の頭文字(Halb Mastwurf Sicherung)が名の由来になっている。もともとムンターヒッチで使うために、カラビナの

と思いついたのが始まりといわれている。

当時、カラビナの材質は鉄で、重さは120グラムほどあった。1939年、フランスのクライマーでエンジニアでもあったピエール・アランが、アルミニウム合金のカラビナを世界で初めて試作した。現在、カラビナの材料として使われている超超ジュラルミン(A7075)は、1936年に住友金属工業(現・新日鐵住金)が開発したものだ。

そして「**スタンダードD**」の開口部を広く、ゲートの根元部分を狭くしたのが「**オフセットD**」だ。オフセットには、段差という意味があり、ゲートの上下が同じ幅の「スタンダードD」に対して、上下の幅に差があるので、そのように呼ばれるようになった。「オフセットD」は開口部の空間(ゲートクリアランス)が「スタンダードD」よりも広く、根元が狭くなったことで、操作性が向上し、クライミングに使うカラビナとしてほぼ完成された形状になった。「オフセットD」は「アシンメトリカルD(非対称D)」と呼ばれることもある。

タイプは「**スタンダードD**」と呼ばれている。

87

3種のゲート

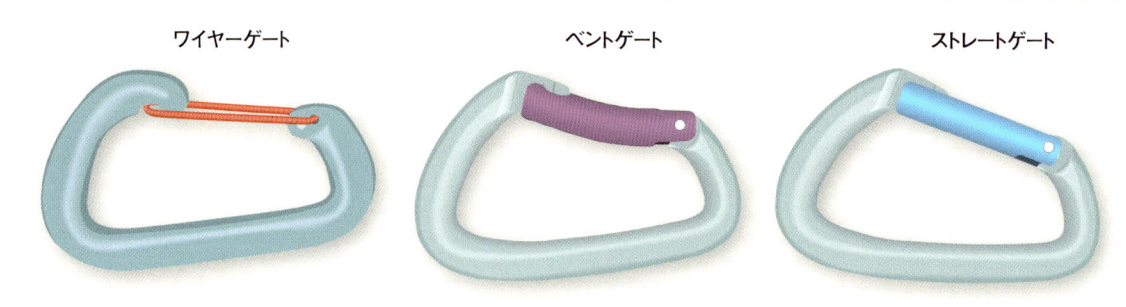

ワイヤーゲート　　　ベントゲート　　　ストレートゲート

3種のゲート

ゲートの形状は主に「ストレートゲート」「ベントゲート」「ワイヤーゲート」に分けられる。初期はストレートゲートから始まったが、クライミングの進化に合わせて、より素早く正確にロープをクリップできるようにベントゲートが誕生した。ベントゲートはゲートが内側に曲がっているので、クリップする動作の力が伝わりやすく、ゲート開口部の空間が広いので、ストレートゲートに比べ、クリップしやすくなった。

1990年代半ばには、ブラックダイヤモンド社が世界初のワイヤーゲートカラビナを発表した。これはクライマーが墜落した際に、最終支点のカラビナが、流れるロープの影響を受けて細かく振動し、ゲートが小刻みに開閉を繰り返す「ウィップラッシュ現象」が確認されたことと、ロープを通したカラビナのゲートが開いた状態で衝撃力を受け止めることになり、最悪の場合、カラビナが破断し、重大事故につながる可能性がある。

この危険性を回避するために、ゲートの質量を小さくし、慣性の影響を軽減してウィップラッシュ現象を抑えようと考えられたのがワイヤーゲートカラビナだ。ゲートをワイヤーに変えたことで、カラビナ全体の軽量化やゲート開口部空間の拡大、平行するワイヤーでロープを受けることによるクリップ性能の向上など、多くのメリットが生まれた。

能の良さは、トラバースなどでロープがゲートに乗ってしまった場合にカラビナから外れる要因になるし、ハンガーのような岩などに固定された金属とゲートが干渉すれば、ハンガーから外れたり、ゲートそのものが横ずれを起こしてノーズの外側に飛び出したりすることもある。特に固定された金属との干渉には注意が必要なので、ワイヤーゲートカラビナは原則として、ロープを通す側に使うのがいいだろう。

だが、デメリットもある。ワイヤーが2軸で平面を形成するクリップ性

ロッキングカラビナ

ツイストロック
ロック
バネで回転

スクリューロック
ロック
ねじを回す要領

88

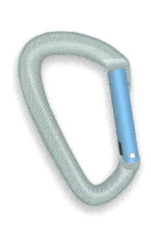

技術編　第11章　クライミングギアⅡ

カラビナの強度表示

記号	↔	↕	◠
状態	最も強度が出る 負荷のかかる方向 ↔26	↕17	◠9kN　強度の数値
	クローズドゲート（メジャーアクシス）で26kNの強度がある	マイナーアクシスで7kNの強度がある	オープンゲート（メジャーアクシス）で9kNの強度がある

ノーズはキーロックが主流

ゲートを受ける部分をノーズといい、かつてはノーズに刻みを付け、ゲートにはめ込んだピンを噛み合わせて留める「ピン＆ノッチ」方式が採用されていた。近年は刻みをやめ、鍵穴のような形状をノーズとゲートに設けた「キーロック」が主流になってきている。これは、スリングや壁に設置したハンガーからカラビナを回収しやすくなっている。

ワイヤーゲートカラビナにもワイヤーを覆うフーデッドノーズを採用したモデルがあり、壁のハンガーやスリングに引っかかる煩わしさがない。

また、支点（アンカー）など体から離れた箇所やムンターヒッチなどのロープワークと連携して使う場面では、スクリューロックが使いやすい。

ロッキングカラビナのツイストロックもスクリューロックも、必ずロックされているかどうかを点検して使う習慣を身につけたい。使う場面によっては、ロッキングカラビナを二つ併用することもあるが、その際は同じモデルを互い違いになるように使う。

スクリューロックとツイストロック

ゲートをロックできるカラビナを「ロッキングカラビナ」と呼び、ロックできない「ノンロッキングカラビナ」と区別している。ロックの仕組みの代表的なものは「スクリューロック」と「ツイストロック」の二つだ。異なる二つの動作を組み合わせて開閉するロッキングカラビナもあるが、これは主に高所作業や救助

用と考えていい。

スクリューロックとツイストロックの使い分けに決まりはないが、墜落停止の確保器（ビレイディバイス）に使うHMSカラビナやハーネスに留めるランヤード用のカラビナなど、身の回りで使うものはツイストロックの方が素早く使えるので好都合だ。

まずは「**ゲートが閉じていて、スパインに沿う方向に負荷がかかるように使う**」と覚えよう。

これに対して、スパインに90度の方向に負荷がかかる場合を「マイナーアクシス」と呼ぶ。ちょうどゲートとスパインを引き離すような方向に力が働く。これは縦棒の両端に矢印が付いた記号↕で強度が表示されている。「**オープンゲート**」強度は、カラビナのゲートが開いた記号◠で示されている。

UIAAでは、スタンダードDとオフセットDのカラビナ（タイプB）の強度を、クローズドゲート20kN以上、マイナーアクシス7kN以上、オープンゲート7kN以上、オーバルのカラビナ（タイプX）はクローズドゲート18kN以上、マイナーアクシス7kN以上、オープンゲート5kN以上、などのように厳密に定めている。

強度の表示

カラビナはゲートが閉じた状態でスパインに沿う方向に負荷がかかった場合、強度が最も高くなる。これを「クローズドゲート」と呼び、横棒の両端に矢印が付いた記号↔がカラビナ本体に刻まれ、強度が示されている。カラビナの強度を下げる要因は、3方向負荷、岩との干渉によるテコの力など、いくつかあるが、

クイックドローの構成

ハンガー側に使用 → ストレートゲートカラビナ

反転防止のゴム（内側）

反転防止のゴム（内側）

ワイヤーゲートカラビナ

ロープを通す側に使用 → ベントゲートカラビナ

クイックドロー

二つのカラビナをエキスプレスリングで連結したギアを「クイックドロー」という。この名称は、ハーネスから外して中間支点に掛けるまでの腕の動きが西部劇の早撃ち（クイックドロー）に似ていることから付けられた。日本では、その形状から「ヌンチャク」と呼ばれている。

クイックドローは岩などに固定されたハンガー側にストレートゲートカラビナを使い、ロープを通す側にはベントゲートカラビナかワイヤーゲートカラビナを使うのが一般的だ。注意点は、ハンガー側はストレートゲートの方がトラブルが少ないこと、ロープを通す側のカラビナには反転防止のゴムが数種類あるが、掛け間違えないこと、ハンガー側のカラビナはゴムで固定しないことなどだ。

使用の限界

カラビナなどの金属器具に決められた使用期限はないが、一般的には製造から10年で補償の対象外となる。その期限に達していなくても、ゲートがつぶれて閉まらなくなったり、ロープを受ける箇所（ロープバスケット）が摩擦で削れたり、腐食がひどいなどはすぐに廃棄しよう。特にロープバスケットが削れたカラビナは、ロープを切断する危険性もある。

そして、前章からの繰り返しになるが、ロープやカラビナを買いそろえる際も、UIAAなどの基準を満たしたものだけを選び、使うようにしよう。

技術編　第11章　クライミングギアⅡ

91

確保理論とビレイデバイス

空間の維持＋衝撃力の抑制＝ビレイヤーの使命

高さがあり、傾斜の強い場所を登る人は常に、墜落によって大きな衝撃を受ける可能性がある。クライミングを志す人はまず、クライマーが墜落で受ける衝撃力の大きさを理解することからリスクマネジメント（危機管理）を始めよう。

クライミングにおける最も重要なリスクマネジメントは、墜落したクライマーを守ることだ。そのためにまず衝撃力（インパクトフォース）の大きさと、それを人間が受けた場合の影響について知っておきたい。

一般的に人体が受け止められる衝撃力の限界値は1万2000N（12 kN）と言われている。N（ニュートン）は力の単位で、1Nは「質量1キログラム（kg）の物体に1メートル毎秒毎秒の加速度（m/s^2）を生じさせる力」と定義されている。なじみのある単位に変換すると、1N＝0.102 kgf（重量キログラム）、12 kNは1224 kgfとなる。UIAA（国際山岳連盟）によるダイナミックロープの落下試験（体重80 kg、落下係数1.7）で、衝撃力はこの数値を基準にしている。

ちなみに、ワーク・アンド・レスキュー（高所作業と救助）の欧州基準では、人体の限界ではなく傷害を受けるかどうかが基準となっているので、衝撃力が6 kNを超えないように作業環境を組むことが求められている。要は、人間は6 kNを超える衝撃を受けると骨折などの傷害を負う危険性が高く、12 kNを超す衝撃力は生命に危機を及ぼすということだ。

クライミングでは、墜落によって生じる衝撃力を可能な限り抑えるため、チームで「登ること」と「確保すること」に役割を分担する。「登る人」をクライマー、「確保する人」をビレイヤーと呼ぶ。クライマーの墜落に対して、ビレイヤーがロープを操作して衝撃力を抑え、クライマーを守るというシステムだ。

ビレイヤーはまずロープを使って、墜落したクライマーのクリアランス（空間）を取る。クリアランスを取るとは、墜落したクライマーを空中で停止させることだ。ロープがたるんでいたり、ビレイヤーがクライマーの墜落に反応できずにロープを流してしまったりすると、墜落したクライマーは空中で停止できずに地面まで落ちてしまう。これを**グラウンドフォール（地面への墜落）**と呼ぶ。グラウンドフォールはロープを付けずに墜落することに等しく、衝撃力が非常に大きい。その結果、人体が受ける障害は重大になる。だから、ビレイヤーはまずクリアランスを取り、クライマーを空中で停止させることを最優先する。

次に、墜落したクライマーが受ける衝撃力を抑えなくてはならない。ビレイとは「クリアランスを維持すること」と「衝撃力を抑制すること」で、クライマーを墜落による衝撃から守ることなのだ。

クライミングの流れに沿って、具体的に衝撃力を考えていこう。クライマーの体重Wを60キロと仮定して、クライマーが登り始めた直後、まだひとつもプロテクション（中間支点）にロープを掛けていない状態での墜落を想定し

よう。登り始めてすぐに墜落したクライマーの体を、ビレイヤーが直接手で支える動作を「スポット」と言うが、スポットが行われなかった場合、クライマーは完全なグラウンドフォールとなる。高さ2㍍まで登ったクライマーがグラウンドフォールした衝撃力を算出してみる。

① 位置エネルギーEを計算する。
E=w・gh=60kg × 9.8m/s² × 2m = 1176 (J)

② これが運動エネルギー(1/2w・v²)と等しいことから、グラウンドフォール直前の速度vを算出する。
1176=1/2 × 60 × v² からv=6.26(m/s)

③ 墜落したクライマーが停止し、速度が0になることから、運動量の変化(力積)を算出する。力積の大きさは衝撃力Fと停止するまでの時間Δtを掛けたものに等しい。
F・Δt=60 × 6.26 − 60 × 0
F・Δt=375.6 (N・s)

④ 停止するまでにかかった時間Δtを仮定し、それぞれの場合の衝撃力を求める。

仮定1 停止するまでに1秒かかった場合

375.6=F × 1
F=375.6 (N) =38.3 (kgf)

仮定2 停止するまでに0.05秒かかった場合

375.6=F × 0.05
F=7512 (N) =766.5 (kgf)

ここまでの説明でわかるように、グラウンドフォールした場合、停止するまでの時間を長くかければ衝撃力を抑えることができる。具体的には、両足着地で膝の屈伸を使って時間を稼ぐのと、背中や腰から落ちて一瞬で停止するのでは衝撃力が異なる。高さ2㍍からの墜落でさえ、停止するのにかかる時間によっては6kNを超え、骨折などの傷害の要因となる可能性がある。

ボルダリングの場合、ロープを使わないので、着地点に「時間稼ぎの道具」を設置する。これがクラッシュパッドだ。クラッシュパッドは異なる素材を重ねた層構造で硬さを持たせ、つぶれるのに時間がかかるようにしてある。クラッシュパッドがとても軟らかい素材でできていたら、すぐにつぶれてしまい、時間稼ぎができない。すると、墜落したクライマーは大きな衝撃力を受けてしまう。クラッシュパッドの硬さにも理由があるのだ。

■スタティックビレイ（固定確保）による衝撃力

$$衝撃力 F = w + w\sqrt{1 + 2\frac{H}{L}\frac{k}{w}}$$

■ダイナミックビレイ（動的確保）による衝撃力

$$衝撃力 F = w - k\frac{S}{L} + w\sqrt{1 + 2\frac{H}{L}\frac{k}{w} + \left(\frac{S}{L}\frac{k}{w}\right)^2}$$

※w（kg）は体重、k（kgf）はロープ係数、$\frac{H}{L}$は落下係数、$\frac{S}{L}$は動的係数

ロープを使った確保の衝撃力 「ウエクスラーの公式」

次に、ロープを使った確保の場合の衝撃力について考えよう。この衝撃力を求める公式は、第2次世界大戦中の米国で、ディック・レナードとアーノルド・ウエクスラーの研究によって導き出された。（研究の中で、ナイロンの繊維特性がクライミングロープに向いていることからナイロン製のクライミングロープが開発されたことは、第11章の「クライミングギアII」で紹介した）。この公式は「ウエクスラーの公式」と呼ばれている。

公式には二つあり、ひとつはスタティックビレイ（固定確保）を、もうひとつはダイナミックビレイ（動的確保）を表している＝上記の公式参照。

スタティックビレイはアンカー（支点）に自己確保を取った状態での墜落や、ワイヤーロープなどの補助道具が整った海外の登山コースでの墜落などが該当し、衝撃を受けるロープやランヤード（テープやロープを使った安全索）が固定（スタティック）されている状態を指す。

ダイナミックビレイは、クライミングにおけるリードやフォロー、トップロープクライミングなど、墜落したクライマーに結ばれているロープを送り出すことができる状態でのビレイを指す。

それぞれの要素を説明しよう。

● 体重 w（kg）
クライマーのウェアやギアを装着した状態での重さ。

● ロープ係数 k（kgf）
ロープを100％伸展させる、つまり元の長さの2倍まで引っ張った状態で生じる張力。伸び率とは異なる。

● 落下係数 $\frac{H}{L}$
フォールファクターとも呼ばれるので「f」と表される。クライマーが落ちた高さ「H（m）」を、衝撃を受けたロープの長さ「L（m）」で割ったもの。

● 動的係数 $\frac{S}{L}$
墜落して停止するまでに送り出されたロープの長さ「S（m）」を、衝撃を受けたロープの長さ「L（m）」で割ったもの。

これらの要素を、クライマーとビレイヤーがクライミング中にコントロールできるものと、そうでないものに分けてみよう。

体重w（kg）とロープ係数k（kgf）は、クライミング中にコントロールできない。むしろ、クライミング中にコントロールできる唯一の要素が落下係数H／Lであり、ダイナミックビレイでも落下係数H／Lと動的係数S／Lによってしか衝撃力をコントロールできないと考えた方がいい。

このように考えると、ビレイヤーとクライマーが何をすればいいのか行動の指針が明確になる。理論は経験を補い、技術の精度を高めるためにある。

スタティックビレイによる衝撃力は体重w（kg）、落下係数、ロープ係数k（kgf）で決まることが分かる。ダイナミックビレイの衝撃力は体重w（kg）、ロープ係数k（kgf）、落下係数、動的係数で決まる。

これらの計算式を具体例に当てはめ

アンカーで自己確保した状態での落下係数

$$落下係数(f) = \frac{H\ \text{クライマーが落ちた高さ}}{L\ \text{衝撃を受けたロープの長さ}}$$

■図1 落下係数0

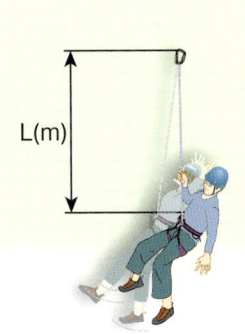

ロープの長さはL。その場で足を滑らせただけなので転落は0。

$$f = \frac{0}{L} = 0$$

■図2 落下係数1

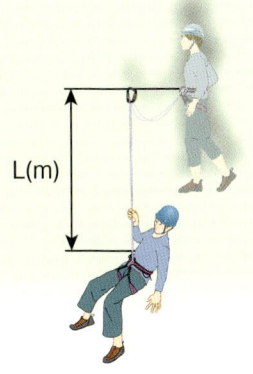

ロープの長さLと同じ高さから転落。

$$f = \frac{L}{L} = 1$$

■図3 落下係数2

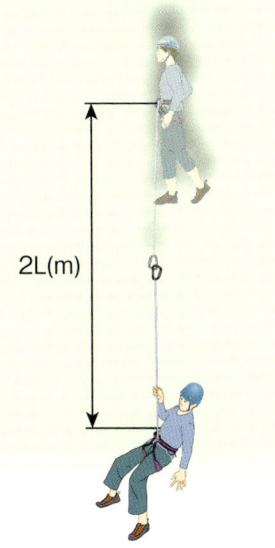

ロープの長さLの2倍分の高さ2Lから転落。

$$f = \frac{2L}{L} = 2$$

落下係数が鍵を握る固定確保

落下係数H／Lについて、スタティックビレイの具体例を挙げて理解を深めよう。まずはビレイポイントでアンカーを取った状態について考える。

図1は落下係数0を示している。落下係数0はロープにたるみがなく、張力も生じていない状態から、クライマーがスリップすることや足元が崩れるなどの要因で張力が生じた場合だ。図2の落下係数1は、アンカーとクライマーの腰の高さが同じ場合、図3の落下係数2は、アンカーに結んでいるロープやランヤードの長さ分、上に登った状態からの墜落だ。

ここで覚えておきたいのは、落下係数0での衝撃力の大きさだ。先のウエクスラーの公式に当てはめると、次のようになる。

$$F = w + w\sqrt{1+0} = w + w = 2w$$

アンカーの真下にクライマーが立ち、ロープやランヤードにたるみがない状態でも、スリップなどの要因でロープに衝撃力が生じた場合、その大きさは体重の2倍だ。クライマーがアンカーに近づいて、ロープやランヤードにたるみが生じたり、

クライマーがアンカーの位置よりも高くなると、落下係数が大きくなり、クライマーが墜落した場合には衝撃力がさらに大きくなる。ビレイポイントでアンカーにつないでいるロープやランヤードをたるませたり、アンカーよりも高い位置に立ってはいけないのは、こういう裏付けがあるからだ。

アンカーにつながった状態での落下係数は最大2だが、ヴィアフェラータや日本の山岳地帯での鎖場ランヤードを掛けて登る場合にはもっと大きくなる。例えば、ランヤードの長さが1㍍で、鎖を留めてある支点から4㍍上部で墜落した場合、落下係数は5だ＝96ページの図4参照。

使っているランヤードが衝撃吸収機能を持っていれば、ある程度、衝撃力を抑えることもできるだろうが、ダイニーマなどの高強度ポリエチレン製スリングをランヤードに使っていたら、恐ろしく大きな衝撃力が墜落した登山者に生じる。体は直近の支点で停止するものの、衝撃力によって傷害を受けてしまう。

これが、クリアランスと衝撃力の両方を考慮しなくてはならない理由の一例だ。

こまめなプロテクション設置は衝撃力も抑える

クライミング中の落下係数も同じように考えればいい。登り始めてまだ一つもプロテクションにロープを掛けていない状態での墜落は落下係数2、登った高さの中間に最後のプロテクションがある場合は落下係数1だ＝図5参照。プロテクションを設置していく目的は、グラウンドフォールを防ぐためにクリアランスを維持することと同時に、落下係数を小さくすることでもある。落下係数を小さくすれば衝撃力を抑えられるからだ。

次のプロテクションを取ることができないでクライミングする状態を「ランナウト」と言うが、クライマーは常にプロテクションを設置してロープを掛けることを意識し、不用意なランナウトは避けること。そして、設置するプロテクションは墜落によって生じる衝撃力に耐えうるものでなくてはならない。これらの行為はクライマーの責任によって行われる。

ロープを送り出す動的確保

ダイナミックビレイという言葉は、ウエクスラーの公式が発表されたときに生まれた。スタティックビレイ

鎖場やヴィアフェラータでの落下係数

■図4

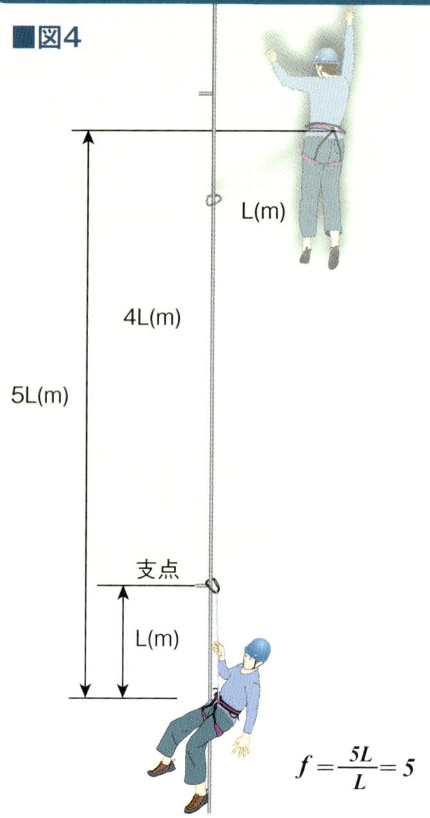

$$f = \frac{5L}{L} = 5$$

クライミングをしている時の落下係数

■図5

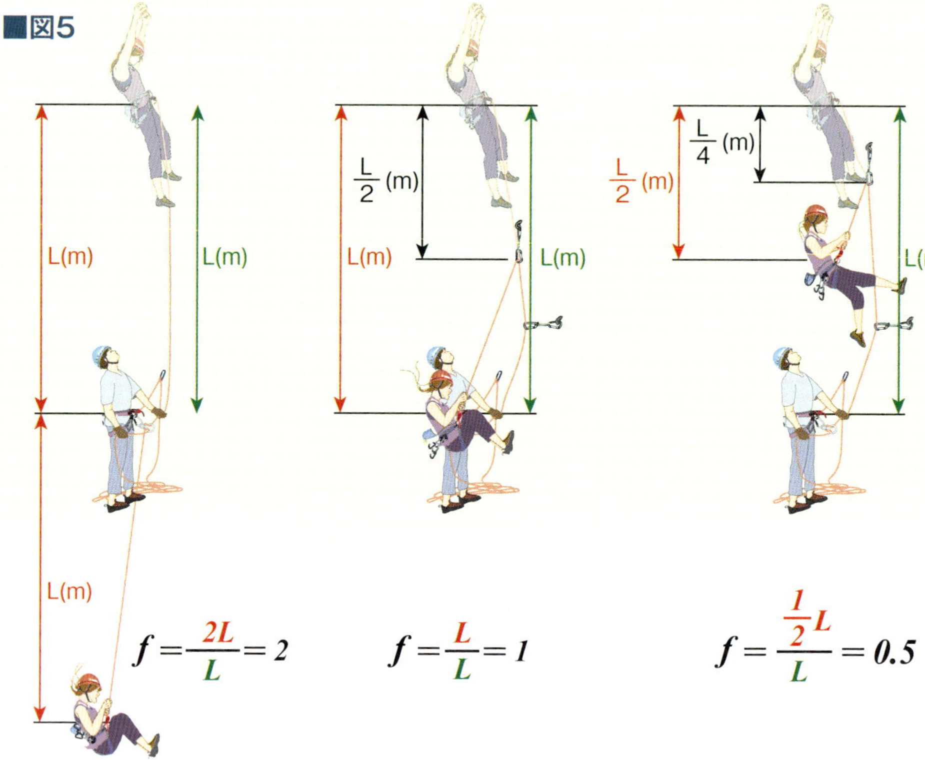

$$f = \frac{2L}{L} = 2 \qquad f = \frac{L}{L} = 1 \qquad f = \frac{\frac{1}{2}L}{L} = 0.5$$

96

ビレイ・ラペルディバイス

かつては確保も懸垂下降(ラペル)も体にロープを巻き付け、その巻き付け角度と摩擦を利用してロープをコントロールしていた。しかし、登攀距離や懸垂下降の距離が長くなり、技術的な難易度が上がるにつれて、その方法では十分な制動(ブレーキ)を得られなくなり、器具を利用するようになった。最初のラペルディバイスに革命的なモデルが登場した。ブ

長らくエイト環は確保・下降器の代表格だったが、1990年代初頭、バケツ状の底にロープを通すスロット(穴)を二つ持つ「チューブタイプ」に開発されたフィギュアエイト(日本ではエイト環と呼ばれる)だ。形状が数字の「8」の字状なので、こう呼ばれる。器具にロープを巻き付けることで生じる摩擦と巻き付け角度を利用する。

イス(懸垂下降器)は第1次大戦中に開発されたフィギュアエイト(日本ではエイト環と呼ばれる)だ。形状が数字の「8」の字状なので、こう呼ばれる。器具にロープを巻き付けることで生じる摩擦と巻き付け角度を利用する。

ラックダイヤモンド社のATC(Air Traffic Contoroller＝航空管制官)だ。従来のプレートタイプを進化させた形状が使いやすく、瞬間にクライマーの支持を獲得。その後、2段階のフリクション(摩擦)モードを持つATC-XPや、支点

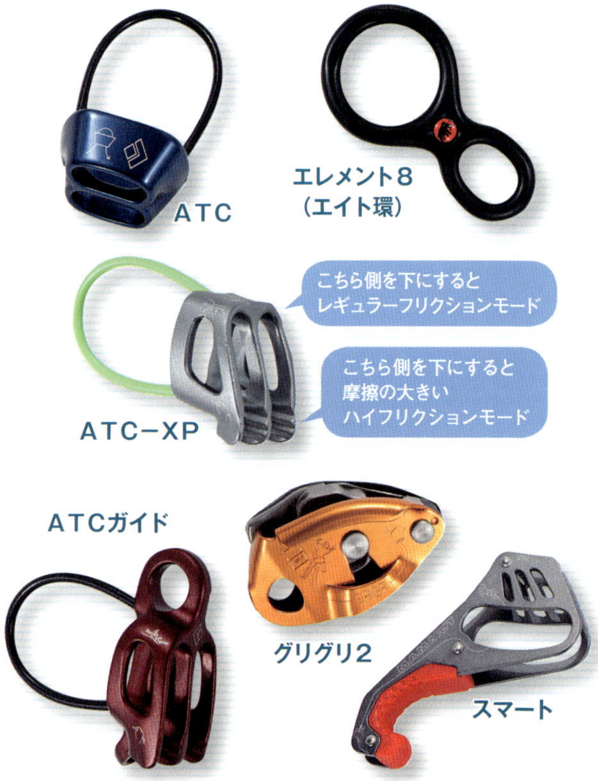

がロープの末端を固定しているのに対して、ダイナミックビレイではロープを送り出して衝撃力を抑える。

送り出されたロープの長さをS(m)、墜落時に既に送り出されていたロープの長さをL(m)とし、Lに対するSの比率を動的係数と呼んでいる。確保に送り出されたロープが長いほど衝撃力は抑えられるが、無論、グラウンドフォールをさせない範囲内であることが大前提になる。

かつてはロープに弾性がないためにロープ係数が高く、体を支柱にした確保(ボディブレイスビレイ)を行っていたので、送り出す動作が非常に重要だった。現在は、工業技術の進化でロープが衝撃を吸収する力が強くなっているので、効率よく衝撃力をコントロールできるようになり、金属製のビレイディバイスも使っているので、効率よく衝撃力をコントロールできるようになった。

だから初心者は、しっかりとロープを握ることを体に覚え込ませることから始めよう。ただし、状況によって意図的な送り出しができるようなビレイの熟練者を目指して練習に励むことは大切だ。

ATC

エレメント8(エイト環)

こちら側を下にするとレギュラーフリクションモード

こちら側を下にすると摩擦の大きいハイフリクションモード

ATC-XP

ATCガイド

グリグリ2

スマート

■巻き付け角度が大きい方がブレーキが効く

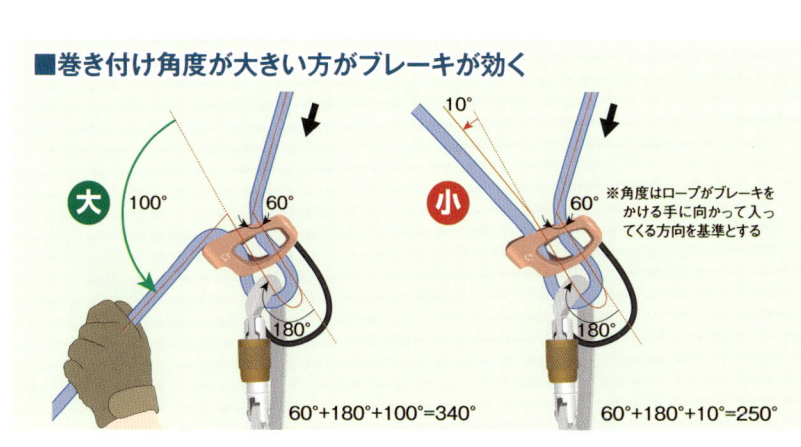

大 100° 60° 180°
60°+180°+100°=340°

小 10° 60° 180°
60°+180°+10°=250°

※角度はロープがブレーキをかける手に向かって入ってくる方向を基準とする

ATC-XPの場合

※写真はRFM（レギュラーフリクションモード）

1 ハーネスのビレイループにHMSカラビナを介して器具を装着。

2 ロープにバイトを作り、器具のスロットに通す。（クライマー側のストランドが上側に来る）

3 バイトを十分に器具に引き込み、HMSカラビナに掛ける。

4 ロープを器具に取り込む場合や送り出す場合は、対向するストランドが平行になるようにする。

5 墜落を停止させる場合は、ブレーキストランドを器具に巻き付けるようにして巻き付け角度を増やす。

❗ このときブレーキストランドを腰に巻き付けてはいけない。器具の巻き付け角度が不十分になるだけでなく、ハーネスのギアループに掛けてあるカラビナにロープが掛かり、自分では外せなくなるトラブルも起きているからだ。

※HFM（ハイフリクションモード）の場合は器具の上下を反転させる。径の細いロープなど、RFMでは十分な摩擦が得られない場合に使う。

に直接取り付けて、フォローするクライマーを確保するガイドモードも備えたATCガイドなどの発展型も発売された。

1980年代からは、ヨーロッパを中心に進んだクライミングのスポーツ化、インドアクライミングジムの増加による大衆化を受けて、より自動的に確保できるギアが開発された。その代表はペツル社のグリグリ（スワヒリ語で「お守り」の意味）だ。二つのプレートに挟まれた金属製カムがロープを押さえ込むことで制動力を高める構造になっている。カムでロープを押さえ込んでいるが、器具から下方に伸びるブレーキストランドから手を離してはいけない。墜落時はもちろんロワリング（クライマーをロープで下降させる）時も、ブレーキストランドを握った手でスピードをコントロールすることが肝心だ。

また、スポーツクライミング用にカムを伴わない「セルフ・ブレーキング・ディバイス」もある。スマートカム（マムート社）、クリックアップ（クライミングテクノロジー社）などだ。このような性質から、セルフ・ブレーキング・ディバイスはルート中のプロテクションの強度が高く、かつ評価しやすいスポーツクライミングで有効だと理解して使おう。

巻き付け角度、ロープの送り出しによって衝撃力を弱めつつ墜落を停止させるのに対して、セルフ・ブレーキング・ディバイスはロープを挟み込んで墜落を停止させる構造だからセルフ・ブレーキング・ディバイスはチューブタイプに比べて衝撃力が大きくなる。チューブタイプが摩擦とグで有効だと理解して使おう。

98

技術編　第12章　確保理論とビレイディバイス

セッティングの方法

エイト環の場合

1. ビレイループに掛けたロッキングカラビナにエイト環の大きなリングを掛ける。
2. 大きなリングにロープのバイトを通す。 
3. 小さなリングの外側にバイトを掛ける。 
4. 大きなリングをビレイループに掛けてあるカラビナから外す。 
5. ビレイループに掛けてあるカラビナに小さなリングを掛ける。 
6. クライマー側のストランドが上方であること、カラビナのロックができていることを確認する。 

グリグリ2の場合

1. プレートをスライドさせて開き、クライマー側のストランドが上側に来るようにしてカムに掛ける。 
2. S字を描くようにカムに巻き付ける。 
3. プレートを閉じる。 
4. ロッキングカラビナを掛けてハーネスのビレイループに装着する。

※ロープ径が細い場合などは、より確実にブレーキをかけるために、巻き付け角度を固定できる専用カラビナ（フレイノ）を使う。

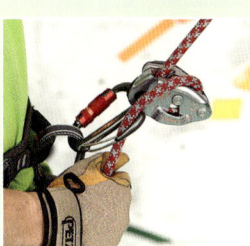

ロープの送り出し ①

❶ ブレーキストランドの手を伸ばした位置でしっかり握る。

❷ 腕を回転させる要領でブレーキストランドを引き上げ、巻き付け角度を小さくする。

❸ ガイドストランドを腕の長さいっぱいまで送り出す。

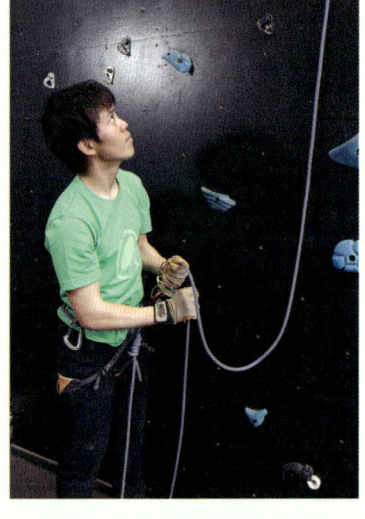

❹ ガイドストランド側の手をビレイディバイスのすぐ上まで戻す。

❺ ①と同じ動作に戻る。

※クライマーがクリップするのに必要な長さ分、この一連の動きを繰り返す。
※クリップが終わったら、たるんだロープをビレイディバイスに取り込む。

100

ロープの取り込み

❶ ガイドストランドの手を顔の前くらいまで伸ばしてしっかりと握る。

❷ ブレーキストランドの巻き付け角度を小さくする。

❸ ブレーキストランドをガイドストランドに沿って動かす要領でロープを取り込む。

❹ ガイドストランドを握っていた手をブレーキストランドの器具直下に握り替える。

❺ 持ち替えた手でブレーキストランドを器具に巻き付け

❻ 最初にブレーキストランドを握っていた手もそろえる。①に戻る。

※ロープの取り込みに必要な長さ分、この一連の動きを繰り返す。
※**ブレーキストランドから絶対に手を離してはならない。**

アンカーと
プロテクション

ロープを使ったクライミングの墜落停止システムには、アンカー（支点）とプロテクション（中間支点）が不可欠だ。これらを伴わないロープの運用は、クライミングをするチーム全体を守ることにはつながらないのだ。

墜落停止システムの最終防御ライン。アンカー

前章の「確保理論とビレイデバイス」で紹介したように、クライマーはロープを使った墜落停止システムによって守られている。システムの要となるのがアンカーとプロテクションだ。

アンカーはクライマーを確保するビレイヤーをつなぎ留めるもので、クライマーが墜落したときに生じる衝撃がビレイヤーに伝わる際、文字通り碇となってシステム全体を守る。もし十分な強度を持つアンカーがなければ、ビレイヤーはクライマーの墜落に巻き込まれてしまい、チームそのものが崩壊してしまう。また、アンカーに自身をつなぎ留めていないビレイヤーがスリップなどで足場から落ちると、クライマーも引きずり落とされてしまう。アンカーは墜落停止システムにおける防御の最終ラインを担っているので、クライミングに臨む者はあらゆる状況で強固なアンカーを作れなくてはならない。

アンカーはクライミングのピッチごとに組み立てる。アンカーがビレイステーションとなって、ピッチを区切る。ピッチとはクライミングの区切りを表す用語で、長さに関わらず、アンカーとアンカーの間を1ピッチと数える。1ピッチだけのルートはシングルピッチクライミング、連続した複数のピッチのルートはマルチピッチクライミングと呼ぶ＝イラスト参照。

シングルピッチとマルチピッチ

リードクライマーが設置するプロテクション

プロテクションは、先頭を登るリードクライマーが自身の墜落に備えてアンカーを構築したかによって分類される。ボルトやピトンなど岩に固定されたアンカーは**フィクストアンカー**、カムデバイスなどの取り外し可能なギアを使ったものは**リムーバブルアンカー**、木や岩、氷など自然物を利用した場合は**ナチュラルアンカー**だ。

クライマーは、地面に墜落するグラウンドフォールをしないことと衝撃力を抑えることを常に考慮しながら、プロテクションを設置していく。地築できることとは次元が異なる。地道に経験を積み重ね、岩を見る目、地形などを評価する勘を養い、能力を高めるしかない。我流を繰り返していても到底、身につかないので、豊富で幅広い経験を積んだ指導者の

ボルトやピトン（ハーケン）など岩に固定されているものは**フィクストプロテクション**、カムデバイスやナッツなど、岩の割れ目（クラック）に差し込み、取り付け・取り外しができるものは**リムーバブルプロテクション**、岩の突起や樹木、氷や雪などの自然物を利用したものは**ナチュラルプロテクション**と分類される。

プロテクションが全てボルトで構成されているルートはスポーツクライミングに分類され、リムーバブルプロテクションやナチュラルプロテクションで構成されたルートはトラ

ディショナルクライミングに分類される。

アンカー

アンカーはピッチごとに設置するが、プロテクション同様に何を使ってアンカーを構築したかによって分類される。ボルトやピトンなど岩に固定されたアンカーは**フィクストアンカー**、カムデバイスなどの取り外し可能なギアを使ったものは**リムーバブルアンカー**、木や岩、氷など自然物を利用した場合は**ナチュラルアンカー**という。

チーム全体を守る防御の最終ラインであるアンカーは、十分に強固でなくてはならない。だが、山岳地帯には強固なアンカーを設置する地形ないし、アンカーを設置する地形などの評価も困難を極める。最新のカムデバイスをそろえていることと、それらを駆使してアンカーを構築できることとは次元が異なる。地道に経験を積み重ね、岩を見る目、地形などを評価する勘を養い、能力を高めるしかない。我流を繰り返していても到底、身につかないので、豊富で幅広い経験を積んだ指導者の

ひとつひとつのプロテクションをアンカーポイントと呼び、複数のアンカーポイントをスリングで連結してひとつにまとめあげた箇所をマスターポイントと呼ぶ。マスターポイントのまとめ方は、固定する方法を**スタティックイコライゼーション**（固定分散）、流動させる方法を**セルフイコライゼーション**（流動分散）という。

アンカー構築の際にチェックする項目は、**強固（Solid）、多重性（Redundant）、均等（Equalized）、伸張防止（No Extension）**の四つだ。これらの頭文字を取って「S・R・E・NE」と呼ぶ。頭の中にチェックリストを作って点検するといいだろう＝表参照。

強固とは、アンカーを構成する全てのギアが十分な強度を持っていることと、アンカーシステム全体が強固であること。強度の評価は難しいが、システム全体が20 kN※以上であることがひとつの目安となる。根拠

強固・多重性・均等・伸張防止

下で学びながら身につけよう。ここで紹介することは、あくまでも基礎知識にすぎない。

はカラビナの強度だ。カラビナのクローズドゲート、メジャーアクシスの強度はUIAA（国際山岳連盟）基準で20 kN以上と定められている。カラビナよりも強度の低いアンカーでは使い物にならないと考えるのは当然だ。

多重性は、アンカーを構成する要素が二重以上の備えになっているべきだという考え方が基になっている。アンカーポイントしかり、マスターポイントのカラビナしかり、全ての要素が多重的な構成になっているかどうかを確認しよう。

均等は、多重的な構成に基づいて設置されたアンカーポイントのひとつひとつに、均等に荷重がかかるよ

※kN＝キロニュートン

✓ アンカー構築のチェックリスト

- ☐ **Solid**（ソリッド）………（強　固）
- ☐ **Redundant**（リダンダント）………（多重性）
- ☐ **Equalized**（イクアライズド）………（均　等）
- ☐ **No Extension**（ノー エクステンション）………（伸張防止）

セルフイコライゼーション（流動分散）

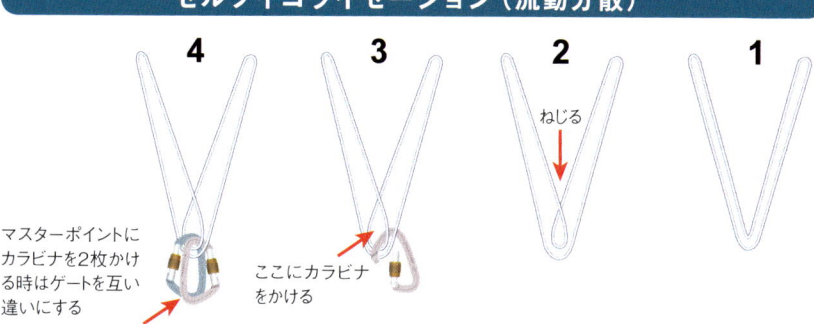

4 マスターポイントにカラビナを2枚かける時はゲートを互い違いにする

3 ここにカラビナをかける

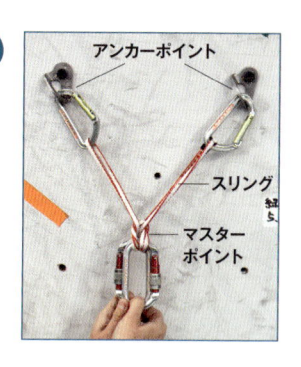

2 ねじる

1

（写真ラベル）アンカーポイント／スリング／マスターポイント

スタティックイコライゼーション（固定分散）

6 カラビナを追加して完成

5 カラビナを回転させ、ブロードエンドを下にする

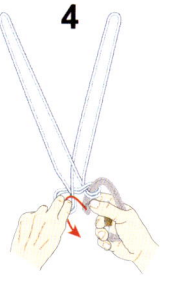

4 カラビナを指の甲側に沿わすように通す

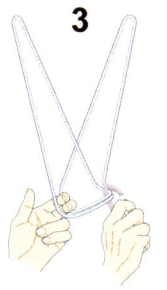

3 指とカラビナを同じ方向にねじる

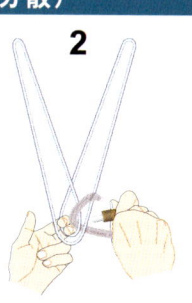

2 ねじったスリングを指とカラビナですくうようにとる

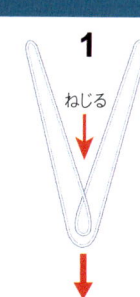

1 負荷の方向を確認し、マスターポイントの位置を決める

固定分散が推奨される条件

❶ アンカーポイントの強度が20kN未満と推測される場合。

❷ アンカーポイントの強度が評価できない場合。

❸ マスターポイントに大きな衝撃力または負荷が生じる可能性がある場合（救助のシステムなど）。

※マスターポイントは負荷の方向を予測し、確認してから固定する

流動分散が推奨される条件

❶ 墜落などによってマスターポイントが大きく動く可能性がある場合。

❷ アンカーポイントの強度が20kN以上あると評価できる場合。

※20kNの根拠はUIAA基準によるカラビナのクローズドゲート、メジャーアクシスの強度

流動分散と固定分散

セルフイコライゼーション（流動分散）とスタティックイコライゼーション（固定分散）について、残念なことに日本では根拠に基づかない取り上げられ方がされてきた。欧米

英国のギアメーカーDMMは、リムーバブルプロテクションやピトンなど岩の形状を利用したアンカーポイントの場合は全て、固定分散したほうが良いと示唆している。さ

にはUIAA基準と理論に基づく明確なガイドラインがある。

うになっているかどうかをチェックする。マスターポイントを荷重方向に引いて確認するといい。ただし、厳密に均等に荷重がかかるように設置するのは無理がある。著しく偏った荷重にならなければ大丈夫だ。

アンカーポイントが2点の場合、スリングはマスターポイントを頂点とした「V」字状になる。この角度が60度以内になるように調整する。この角度が大きくなるほど、アンカーポイントにかかる負荷も大きくなるので注意が必要だ。

伸張防止は、複数あるアンカーポイントのひとつが脱落するなどしてマスターポイントが伸張し、残ったアンカーポイントに衝撃荷重（ショックロード）が生じてアンカーシステム全体が崩壊するのを防ぐことだ。この項目は、個々のアンカーポイントの強度評価ができない場合などに特に重要になる。

104

技術編　第13章　アンカーとプロテクション

マスターポイントは60度以内に

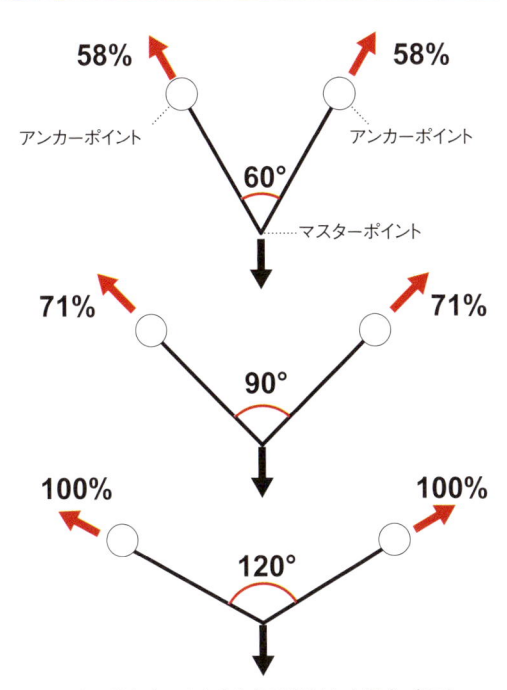

58% ← 60° → 58%
アンカーポイント　アンカーポイント
マスターポイント

71% ← 90° → 71%

100% ← 120° → 100%

マスターポイントにかかる力を100%とした場合、各アンカーポイントにかかる負荷の割合

角度	各アンカーポイントの負荷	
0度	50%	角度が広いほど負荷が増し、ポイントを分けて負荷を分散させた意味がなくなる。
60度	58%	
90度	71%	
120度	100%	
150度	193%	
170度	573%	

『MOUNTAINEERING 8th EDITION』から

ナチュラルプロテクション
①木にガースヒッチでスリングを掛けたもの。
②ラウンドターンでスリングを掛けたもの。
③ガースヒッチにハーフヒッチを2回加えて安定させたもの。

らに、マスターポイントの固定にはクローブヒッチを薦めている。マスターポイントをオーバーハンドノットで固定すると、衝撃で結び目に熱が生じ、スリングが切断することがあるからだ。クローブヒッチはカラビナを介しているので繊維そのものを締め込まず、切断のリスクを抑えられる。クローブヒッチの長所はこれだけではなく、マスターポイントの位置を決めた後で固定するのも簡単なこと、アンカーシステムを素早く解ける点も挙げられる。

プロテクション

プロテクションは、リードするクライマーがグラウンドフォールしないようにクリアランス（空間）を取ることと、衝撃力を抑えることだ。そのため設置する間隔と強度が重要なポイントとなる。クライマーは登ることだけに熱中せずに、常に墜落に備えた行動が求められる。例えば、プロテクションが設置できないような箇所では、より慎重にホールド（手掛かりと足場）を探し、コントロールされた動作で墜落せずに乗り切るという具合だ。

ナチュラルプロテクション

木や岩などにスリングを掛けて利用するナチュラルプロテクションは、スリングを掛ける前に動かないかどうか触って確認する。スリングの結び方は、ガースヒッチやラウンドターンなどがある。太い枝や根を使う場合は、ガースヒッチにハーフヒッチを2回加えると、スリングがずれずに安定する。

フィクストプロテクション

ボルトだけでプロテクションが構成されたスポーツクライミングで注意したいのは、ハンガーとカラビナの干渉による脱落や破断だ。特に傾斜の緩い箇所や傾斜の変化点では干渉しやすい。また、カラビナのワイヤーゲートをハンガー側にすると外れやすいという報告もある。クリップした直後に壁の傾斜が変化したり、動作が難しい核心部に入ったりする場合などは、ハンガー側、ロー

105

プ側ともに注意が必要だ。このような状況では、ロッキングカラビナのクイックドローセットをひとつ用意しておくといい。

また、ロープの進行方向とカラビナのゲートの向きが同じにならないように注意しよう。これはトラバース時の墜落によるアンクリップ（ロープがカラビナから外れること）を防ぐためだ。

リムーバブルプロテクション

カムディバイスやチョックを日本ではナチュラルプロテクションと呼ぶ人が多い。しかし、これらは工業製品だ。欧米でナチュラルプロテクションといえば、木や岩など文字通り自然の（ナチュラル）ものを利用した場合を指し、カムディバイスやチョックはリムーバブル（取り外しのできる）プロテクションと言う。リムーバブルプロテクションは、バネ仕掛けでカムが動くアクティブ・リムーバブル・プロテクションと、ヘッドの形状の変わらないパッシブ・リムーバブル・プロテクションに分類される。

石からナットへ

最初のリムーバブルプロテクションは石だった。20世紀初頭、英国人クライマーたちは適当な大きさの石をポケットに入れて登り、クラックの大きさに合った石を詰め、スリングを掛けてプロテクションとした。やがて石が工業用のマシンナットに替わった。1950年代、北ウエールズのクロッギーを登っていたクライマーたちは、鉄道の線路に落ちているさまざまなサイズのナットを拾い、その穴にスリングを通してプロテクションとした。「クライミングナッツ」という呼び名はこれに由来している。

1961年、シェフィールドのジョン・ブレイルズフォードがクライミングナッツをアルミニウム合金で作成。1966年にはクロッグ・ウィン・クライミング・ギア社（通称クロッグ社）が「ヘキサゴン」と名付けたモデルを量産化した。これらは工業用ナットが原型なので正六角形で「ヘキサゴナル（六角形の）チョック」と呼ばれた。

くさび形のチョックは米国のクライマーでエンジニアでもあったト

プロテクションの分類

フィクストプロテクション	ボルト、ピトンなど岩に固定（フィクス）されたもの

ボルト　　ピトン

リムーバブルプロテクション	取り外しできる（リムーバブル）もの

- **アクティブ・リムーバブル・プロテクション**　カムが動いてクラックの幅に適応するもの
  - **カムディバイス（スプリング・ローデッド・カミング・ディバイス）**
    - 商品例　フレンズ、キャメロット、ドラゴンカムなど

フレンズ
キャメロット

- **パッシブ・リムーバブル・プロテクション**　ヘッドの形状が変わらないもの
  - **パッシブ・ウエッジング・チョック**
    - 商品例　ロックス、ストッパー、ウォールナッツなど

ストッパー
ロックス

  - **パッシブ・カミング・チョック**　下向きに負荷がかかるとチョックが回転してクラックを押し、支持力が生まれるもの
    - 商品例　ヘキセントリック、トライカムなど

ヘキセントリック
トライカム

  - **スプリング・ローデッド・チューブ**
    - 商品例　ビッグブロなど

ビッグブロ

ナチュラルプロテクション	木、岩、雪、氷など自然な（ナチュラル）ものを利用したもの

アクティブ・リムーバブル・プロテクションの数々
❶キャメロットX4 ❷キャメロットC3 ❸ヘリウムフレンズ
❹ドラゴンカム ❺マスターカム。

パッシブ・リムーバブル・プロテクションの数々
❶ヘキセントリック ❷カーブヘックス ❸ウォールナッツ ❹RP。

ム・フロストが開発した。彼はヘキサゴナルチョックをもとにして、直方体の4面の幅を先細りにした形状を作り上げた。7種のサイズがそろうモデルと名付けられ、急速に普及した。これは「ストッパー」

当初は正六角形だったヘキサゴナルチョックだが、ノルウェーのクライマー、トーマス・カールストロームは、ヘキサゴンをストッパーのように加工しようとして失敗し、中心がずれた偏心六角形のチョックを生み出した。それは辺の長さが異なるため、ひとつのチョックで数通りのクラックに適合できると彼は気づき、このアイデアをシュイナード・イクイップメント社に持ち込む。同社はすぐに製品化し、「ヘキセントリック」（ヘキサゴナル＝六角形のもの＝とエキセントリック＝偏心＝の造語）と命名した。

トム・フロストが考案したウェッジングチョック（ストッパー）は、それぞれの面がピトンのように左右対称の平面だったが、1979年、英国のマーク・ヴァランスが凹凸をつけ、支持力を高めたモデル「ロックス」を考案。その後、ウェッジングチョックのスタンダードモデル

カムの登場

1977年にはワイルドカントリー社による世界初のカムディバイス（正式にはスプリング・ローデッド・カミング・ディバイス）「フレンズ」が登場。クライミングギアが新たな時代に突入した。カム軸（アクスル）を中心とした弧が同じ阻止角度（コンスタントカミングアングル）を持つと、カムがどのように回転しても、カムの中心から外に広がろうとする力は同じというアイデアを利用。アメリカ航空宇宙局（NASA）の技術者にして優れたクライマーだったレイ・ジャーディンによって現在の形状と構造になった。

阻止角度の効果は、実は1958年のヨーロッパで既にクライミングギアに採り入れられていた。スイスの山岳ガイド、アドルフ・ユシーと友人のエンジニア、ワルテル・マルティが共同開発した「ユマール」だ。ロープを受けるスリーブの内側にスプリング・ローデッド・カムを装備したこの器具は、ロープの径が変わっても同じ力でロープを押さえ、前進はするが後戻りはしない。

ユマールのアイデアをプロテクションに採用したのは、米国のクライマー、グレッグ・ロウが最初と言われている。彼はユマールのカムの部分を取り出してクラックに入れたらどうかと考えた。現在の「トライカム」に近い初期型モデルは「クラック・ユマール」と名付けられた。NASAのジャーディンはロウのモデルに改良を加え、四つのカムとステムを持つ構造に発展させ、完成させたのだ＝109ページの各部名称参照。

フレンズ登場後の最大の進化は、ブラックダイヤモンド社（初期型発売時はシュイナード・イクイップメント社）の「キャメロット」だ。カムがたくさんあるので、Cam-A-Lot（たくさんのカム）と名付けられた。カム軸を2本にして重複させてカム

スリーブの内側にカムを装備

カムを採用したクライミングギア「ユマール」。カムが効いて上には進むが、下には動かない。

107

セッティングの方法

パッシブ・カミング・チョックの場合

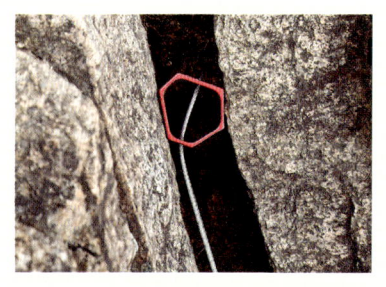

❶クラックの内面が平行な箇所を探す。
❷チョックのサイズを選んでセットする。
❸ワイヤーまたはスリングを下に引き、回転させて岩に効かせる
❹ロープの流れを考えて、スリングまたはクイックドローを介してロープをクリップする。

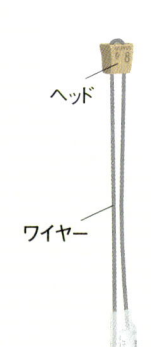

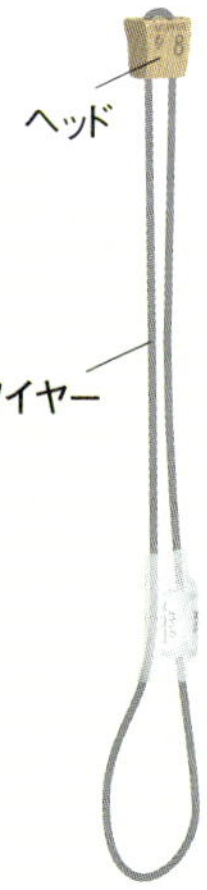

パッシブ・ウエッジング・チョックの場合

ヘッド
ワイヤー

❶クラックを観察し、チョックの形状に合うように下に閉じた箇所を探す。
❷チョックのサイズを選ぶ。
❸岩の形状に合うようになじませながらセットする。
❹手で衝撃をかけて、しっかりと岩に効かせる。
❺ロープの流れを考えて、スリングまたはクイックドローを介してロープをクリップする。

が適応するクラックの幅（ワーキングレンジ）を広げ、カムが開ききった状態の強度（パッシブストレングス）も向上させた。

メジャーアクシス

パッシブ・カミング・チョック
パッシブ・ウエッジング・チョック

マイナーアクシス

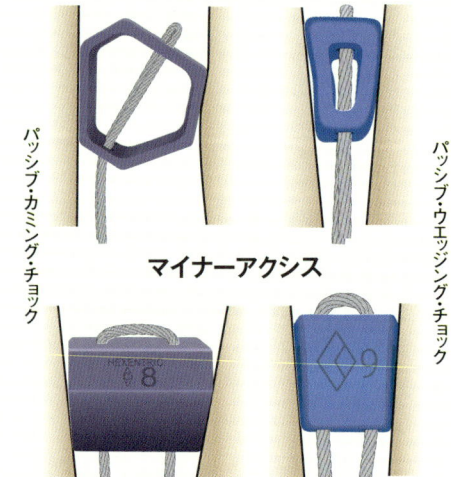

オポジション

水平なクラックにパッシブ・ウエッジング・チョックをセットする場合、そのままでは外れてしまう。対策として、対向するようにふたつのウエッジングチョックをセットし、スリングでお互いを引き合うようにする。これをオポジションと呼ぶ。

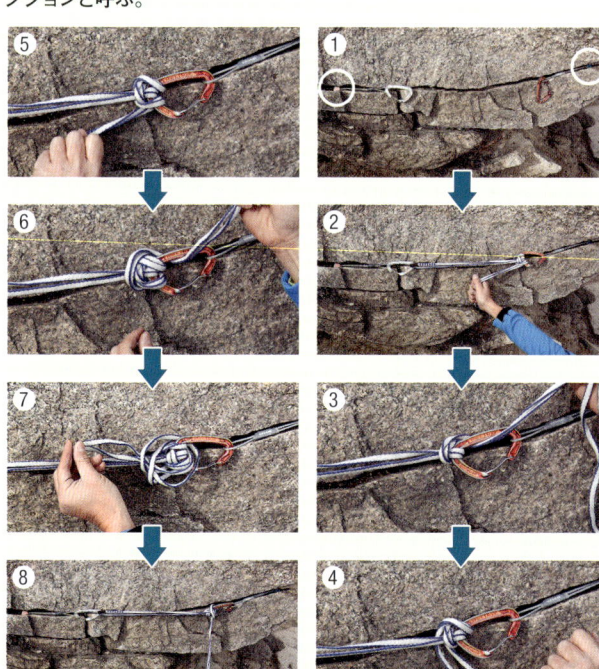

回収方法

ナットツール

❶クイックドローを外す。
❷落としそうならスリングでバックアップをする。
❸ナットツールで下から上に向けてたたくように突き上げる。

108

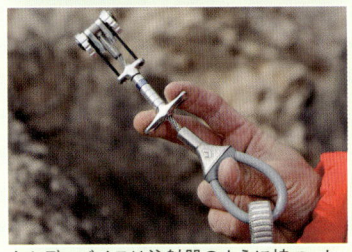

技術編　第13章　アンカーとプロテクション

カムディバイスの場合

1. クラックの内面が平行な箇所を探す。
2. カムディバイスのサイズを選ぶ。
3. 親指でステムの末端を押さえ、人差し指と中指でトリガーを引いてカムを小さく収めた状態でクラックに入れる。
4. トリガーを戻し、カムを岩に接着させる。
5. 付属のスリングにカラビナを掛けてクリップするか、ロープの流れを考えて、スリングやクイックドローで延長してからクリップする。

カムディバイスは注射器のように持つ。トリガーを引くとカムが小さく収まる。

■カムディバイスの各部名称

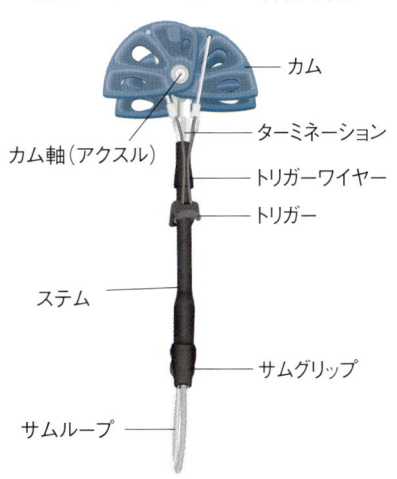

- カム
- ターミネーション
- カム軸（アクスル）
- トリガーワイヤー
- トリガー
- ステム
- サムグリップ
- サムループ

ポイント

1. ステムの方向は墜落時に衝撃がかかる方向にする。
2. カム軸をクラックの中心に置き、全てのカムが同じ程度開いた状態でセットする。
3. 水平クラックの場合は、トリガーを引いた指が岩に当たる程度まで奥にセットする＝写真右上。
4. 水平クラックの場合は、外側のカムが下の面に接するようセットした方が安定する＝写真右下。

回収方法

- 親指でステムの末端を押さえ、人差し指と中指でトリガーを引いてカムを小さく収めた状態でクラックから取り出す。 
- トリガーが奥に入って指が届かない場合は、ナットツールのフックを利用する。
- ロープの流れでカムが動いてしまった場合は、セットされた状態に戻してから回収に入るといい。

トリガーに指が届かないときはナットツールのフックで引く。

■阻止角度

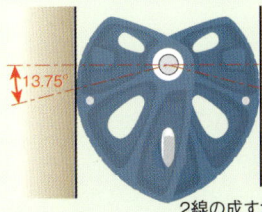

- カム軸の中心から水平に伸びた線
- 13.75°
- カムと岩の接点からカム軸の中心に伸びた線
- 2線の成す角度＝阻止角度

阻止角度が13.75°の場合

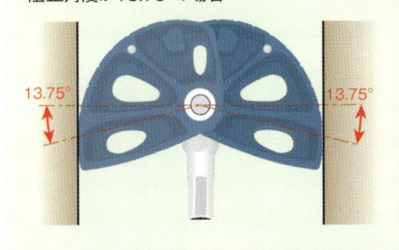

13.75°　13.75°

カムディバイスには固有の阻止角度が設定されている。阻止角度とは、カムと岩の接点からカム軸の中心に伸びた線とカム軸の中心から水平に伸びた線が成す角度で、カムが適応するクラックの幅と支持力を決定する。阻止角度が大きくなると適応する幅は広がるが、支持力は小さくなる。逆に阻止角度が小さくなると適応する幅も小さくなるが、支持力は大きくなる。

このため阻止角度の大きなモデルは1セットを構成するディバイスの合計数が少なく、阻止角度の小さなモデルは1セットを構成するディバイスの合計数が多くなる傾向にある。実際の運用には、岩質やクラックの特徴によって使い分けたり、異なるモデルを混合させたりする。

■カムディバイスの墜落停止システム

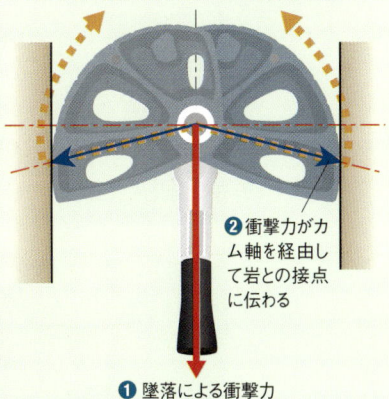

3. 衝撃力がカムの回転する力に変換され、クラックを押し広げようとする支持力となる
2. 衝撃力がカム軸を経由して岩との接点に伝わる
1. 墜落による衝撃力

クリップの仕方

!写真は壁側から撮影。**ロープは常に壁側からクライマー側へとカラビナを通す。**

クリップする手とカラビナのゲートが反対側の場合
例：右手でクリップ、ゲートは左側

① 手の甲を下にしてロープを握り、カラビナに近づける。 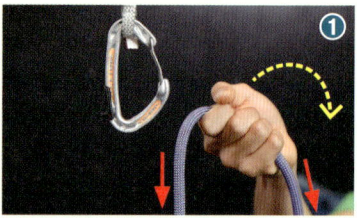
ビレイヤーへ　ハーネスへ

② 甲を上に反転させる。 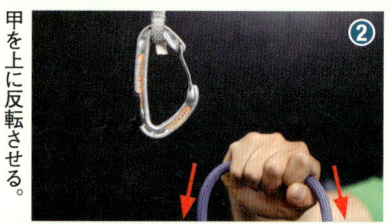
ハーネスへ　ビレイヤーへ

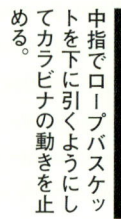

③ 中指でロープバスケットを下に引くようにしてカラビナの動きを止める。

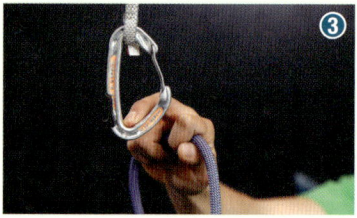

④ 手首をひねるようにして親指をゲートの先端に乗せ

⑤ ゲートを開いてロープを落とす。

⑥ 完了。
ハーネスへ　ビレイヤーへ 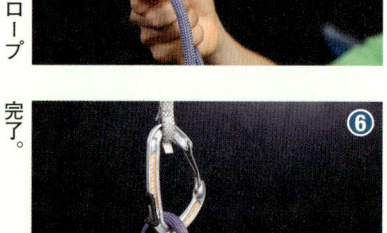

クリップする手とカラビナのゲートが同じ側の場合
例：右手でクリップ、ゲートも右側

① 指をピストルのような形にして、小指と薬指でロープを押さえ、人差し指と中指でクリップに備える。 
ビレイヤーへ　ハーネスへ

② 親指でスパインを、中指でノーズの先端を支える。

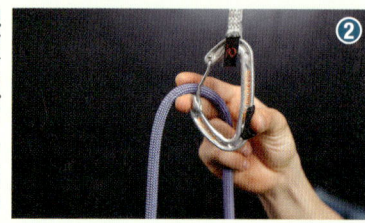

③ ゲート開口部にロープを乗せる。

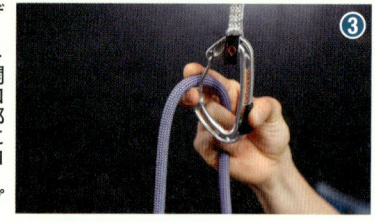

④ 人差し指でロープ越しにゲートを開ける。

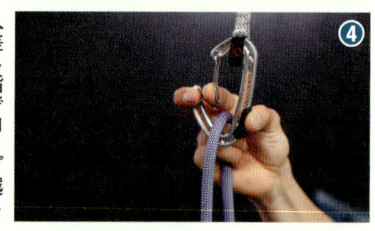

⑤ ロープが落ちる。

⑥ 完了。
ビレイヤーへ　ハーネスへ 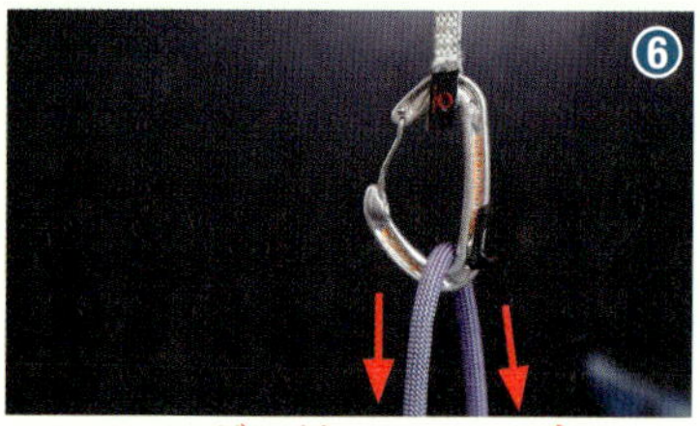

110

技術編　第13章　アンカーとプロテクション

危ないクリップ

登れなくなるリスク

①

プロテクションの間隔が近い場合は、注意しないと、ひとつ下のプロテクションからロープをすくい上げてしまい、ロープが「Z」状になって流れが滞り、登れなくなってしまう。これを「**Zクリップ**」という。

Zクリップの解決方法は…

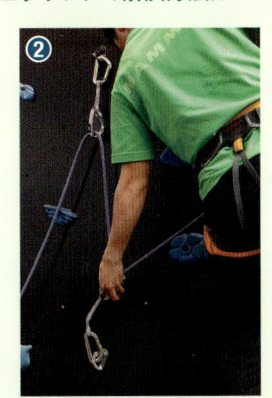

②

下のプロテクションのクリップを外す。

③

すると、ロープが流れるようになる。

ロープが外れるリスク

ロープは常に壁側からクライマー側へとカラビナを通すようにクリップする。この逆を「**バッククリップ（逆クリップ）**」と言い、墜落時にロープがカラビナから外れる危険性が非常に高いので、やってはいけない基本的なミスだ。

① 正しいクリップ／クライマーへ／ビレイヤーへ

バッククリップで、かつロープの進行方向にゲートがある状態だと

② クライマーの墜落時にロープがゲートの上に乗って

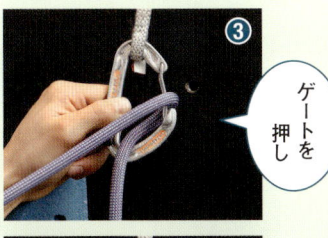

③ ゲートを押し

④ ゲートが開いて

⑤ ロープが外れてしまう。

指の切断リスク

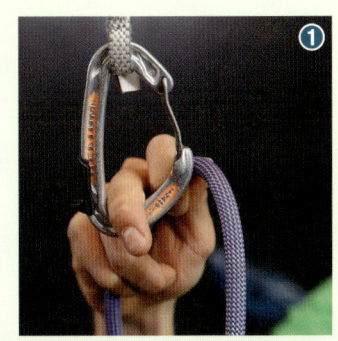

①

❶クリップ時に中指を深く掛けてしまうと…

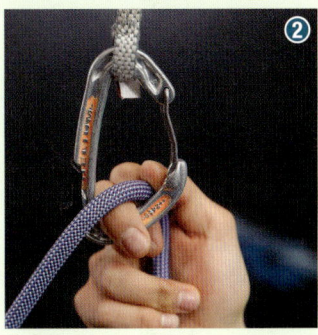

②

❷荷重したロープが指の上に乗って中指を切断してしまう恐れがある。

111

クライミングシステムとラペル

懸垂下降

ひと口にクライミングと言っても、その活動には幅があり、内容も実に多様だ。それぞれの特徴を踏まえた上で、基礎となるクライミングシステムの流れをつかんでいこう。

大きな岩（ボルダー）を確保なしに一人で登るボルダリング。

ロープで確保しながら険しい岩崖（クラッグ）を登るクラッグクライミング。

クライミングとは異質な活動の集合体

「クライミングとは均質なひとつのスポーツではなくて、むしろ異質な活動の集合体であり、それぞれに達人、特色ある活動領域、独自の課題と満足感が存在する」。米国のクライマー、リト・テハダフローレスは1967年、シエラクラブ発行の会報「アッセント」創刊号に寄せた論文「ゲームズ・クライマーズ・プレイ」で、クライミングを七つに分類した。ボルダリングゲーム、クラッグクライミング・ゲーム、コンティニュアス（連続的な）ロッククライミング・ゲーム、ビッグウォールゲーム、アルパインクライミング・ゲーム、スーパーアルパインクライミング・ゲーム、エクスペディション（遠征）ゲームだ。

登攀対象と登攀スタイルを基準に、クライミングの特徴を分類したこの論文は、クライミングの本質をとらえた明解な内容だったことから、英国アルパインクラブでも取り上げられ、「クライミングの確固たるイデオロギー的な基盤」と位置付けられ

112

■ クライミングの7分類

リト・テハダ-フローレスの論文「ゲームズ・クライマーズ・プレイ」(1967年)を基に作成。

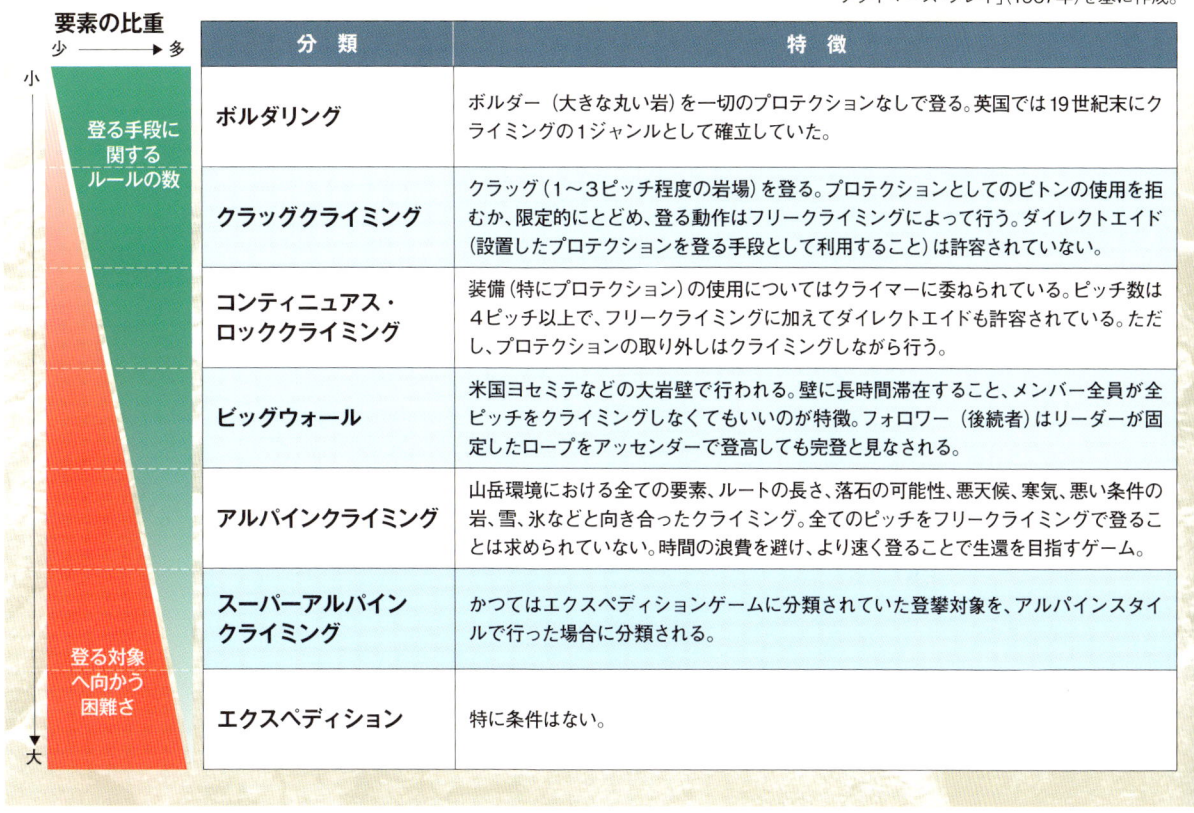

分類	特徴
ボルダリング	ボルダー（大きな丸い岩）を一切のプロテクションなしで登る。英国では19世紀末にクライミングの1ジャンルとして確立していた。
クラッグクライミング	クラッグ（1〜3ピッチ程度の岩場）を登る。プロテクションとしてのピトンの使用を拒むか、限定的にとどめ、登る動作はフリークライミングによって行う。ダイレクトエイド（設置したプロテクションを登る手段として利用すること）は許容されていない。
コンティニュアス・ロッククライミング	装備（特にプロテクション）の使用についてはクライマーに委ねられている。ピッチ数は4ピッチ以上で、フリークライミングに加えてダイレクトエイドも許容されている。ただし、プロテクションの取り外しはクライミングしながら行う。
ビッグウォール	米国ヨセミテなどの大岩壁で行われる。壁に長時間滞在すること、メンバー全員が全ピッチをクライミングしなくてもいいのが特徴。フォロワー（後続者）はリーダーが固定したロープをアッセンダーで登高しても完登と見なされる。
アルパインクライミング	山岳環境における全ての要素、ルートの長さ、落石の可能性、悪天候、寒気、悪い条件の岩、雪、氷などと向き合ったクライミング。全てのピッチをフリークライミングで登ることは求められていない。時間の浪費を避け、より速く登ることで生還を目指すゲーム。
スーパーアルパインクライミング	かつてはエクスペディションゲームに分類されていた登攀対象を、アルパインスタイルで行った場合に分類される。
エクスペディション	特に条件はない。

要素の比重：少→多

登る手段に関するルールの数（小→大）

登る対象へ向かう困難さ（小→大）

ボルダリングはボルダー（大きな岩）を登攀対象とし、ロープによる確保を排除し、たった一人で課題に取り組むスタイルで行うと定義した。

付け加えるとすれば、論文発表当時はボルトでプロテクションされたルートを登るスポーツクライミングは普及していなかったので、トラディショナルクライミングが基本だった。今の実情に合わせると、クラッグクライミング、コンティニュアス・ロッククライミング、ビッグウォールには、それぞれの分類の中にトラディショナルクライミングとスポーツクライミングを小分類にしてもいいかもしれない。

さらに言えば、1990年代以降普及し始めた人工的な施設でのクライミングは、登攀対象へのアプローチのしやすさ、管理された環境といったことを基準に考え、ボルダリングの前に「インドアクライミング」として加えることも必要かもしれない。

第1章でも説明したが、取り組むゲームの定義を知ることは、これから要求される技術や装備を明確にしてくれる。ここからは、それぞれのゲームの中でも基本となるクラッグクライミングの技術的な紹介を進めよう。クラッグ（crag）とは「険しい岩崖」の意味。クラック（crack）＝岩の割れ目＝とは違うので間違わないように。

対照的に、エクスペディションは特に条件を設けていない。これは登攀対象へ向かう困難さの違いによる。例えば、近郊のボルダーと未踏の高峰では、対象までの距離と移動条件、生還までに要する労力、時間など、クライマーに要求されるものがあまりにも異なり、後者に多くのルールを課すことは現実的ではないからだ。

冒頭に紹介した彼の一文は、個々のゲームが時代とともに進化し、専門化が進んだ現代のクライミングシーンを予見したような内容で、50年近くたった今も定義そのものは色あせていない。大切なポイントは、専門化が進んだとはいえ、あるゲームが他のゲームより優れているとか、価値があるとかいう主旨で分類されているわけではないことだ。

そして、これらのゲームと定義の枠に自分自身を閉じ込めることなく、これらの枠を超えて幅広く、困難な課題に挑戦を続けるクライマーたちはこれまでにもいたし、現在もいる。

✓ クライミング前の安全チェックリスト「BARK」

☐	**Buckles**(バックル)	☐ ハーネスのテープが折り返してある。 ☐ 折り返したテープに8cm以上の余長がある。
☐	**Anchor**(アンカー)	☐「S(強固)・R(多重性)・E(均等)・NE(伸張防止)」を満たしている。 ☐ ビレイヤーがつなぎ留められている。
☐	**Rappel / Belay devices**(ラペル/ビレイディバイス)	☐ クライマー側のロープがスロット(穴)の上側から出ている(ロープが交差していない)。 ☐ ロッキングカラビナがロックされている。
☐	**Knots**(ノット)	☐ ロープがハーネスのタイ・イン・ポイントを通っている。 ☐ フィギュアエイト・フォロースルーが正しく結ばれ、締め込まれている。 ☐ 結び目がハーネスから離れ過ぎていない。

クラッグクライミングのシステム

ボルダリングはボルダーを対象に動作を妨げたり、墜落時にぶつかったりする可能性があるので、真下からやや外れた位置に立つ。クライミングは一人で課題だけに集中できる。それに対してクラッグクライミングは、クライマーとビレイヤーがお互いの意思の疎通を図りながら、墜落に対する防御とクライミングを同時進行で行う。そのため、クライミングシステムがどのように進行するのかを双方が理解し、手順やコール(掛け声)を共有しておく必要がある。

シングルピッチクライミング

クライミングはクライマーとビレイヤーで役割を分担し、リスクに対応していることは既に述べた。まず

❶ ビレイヤーは、クライミングシステム全体の防御の最終ラインとなるアンカーを構築する。次に❷ ロープの末端をハーネスに結着する。❸ ビレイヤーの立ち位置は、ひとつめのプロテクションの真下に立つと、クライマーの実際に真下が理想だが、

❹ ビレイヤーはハーネスに結んだロープをアンカーにつなぎ留める。方法は、フィギュアエイト・オン・ア・バイトかクローブヒッチを用いる。長さは、墜落時の衝撃を受けた際にアンカーがすぐに受け止めてくれるくらいに調節する。長すぎるとビレイヤーが体勢を崩したり、引き込まれて移動した分、クライマーが墜落する落差が大きくなったりするので注意が必要だ。

❺ 自分の側からロープをさばいていき、クライマー側のロープが束ねたロープの上に来るようにしておく。こうすることで、ロープのキンク(よじれ)をほぐし、送り出し作業を容易にできる。❻ 最も上に来たロープの末端をクライマーに渡す。❼ クライマーはロープをハーネスに結着し、❽ ビレイヤーはそのロープをビレイディバイスに通す。

❾ クライマーはルートを観察し、必要なギア(プロテクション)をギアスリングに用意する。クイックドロー、アルパインクイックドロー、ビレイディバイスはハーネスのギアループに掛けておく。

BARKチェック

これで準備が整ったが、登る前にチェックする項目がある。登山やクライミングでは、トラブルからの脱出方法を学ぶことよりも、トラブルを予測し、未然に防ぐ手段を講じる方がはるかに重要だ。そのためにも行動を開始する前に、安全管理の重要な項目をチェックする習慣を身につけたい。チェック方法の一例を紹介しよう。

クライミング前に、バックル(Buckles)、アンカー(Anchor)、ラペル/ビレイディバイス(Rappel/Belay devices)、ノット(Knots)を確認する方法で、チェック項目の頭文字を取って「BARK」と呼ぶ。確認はチーム全員で相互に行う。アンカーの場合も同様に、頭の中にチェックリストを思い描いて行うといい=**表参照**。

チェックを終えたら、クライミン

技術編　第14章　クライミングシステムとラペル

クライミングの準備

❾ルートを観察して必要なギアを用意

ギアループにクイックドロー・ビレイデバイスなど
ギアスリングにプロテクション

後ろにはチョークバッグやグローブなど

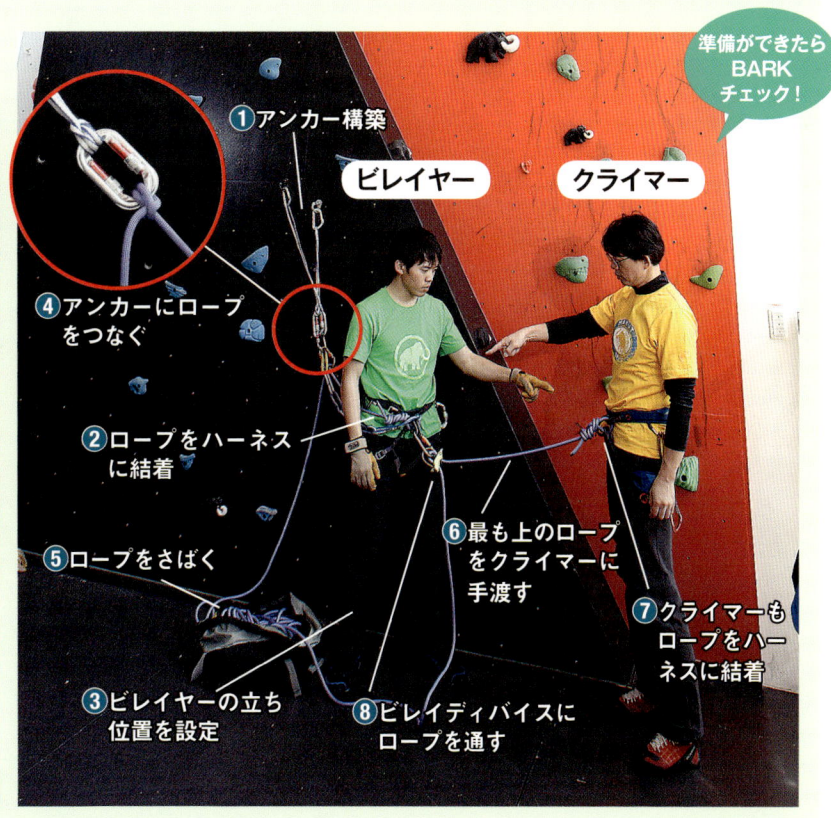

準備ができたらBARKチェック！

①アンカー構築
ビレイヤー　クライマー
④アンカーにロープをつなぐ
②ロープをハーネスに結着
⑤ロープをさばく
⑥最も上のロープをクライマーに手渡す
③ビレイヤーの立ち位置を設定
⑦クライマーもロープをハーネスに結着
⑧ビレイディバイスにロープを通す

❷と❼　タイ・イン・ポイントにロープを通し、フィギュアエイト・フォロースルーで結び、ダブルフィッシャーマンズノットで留める。

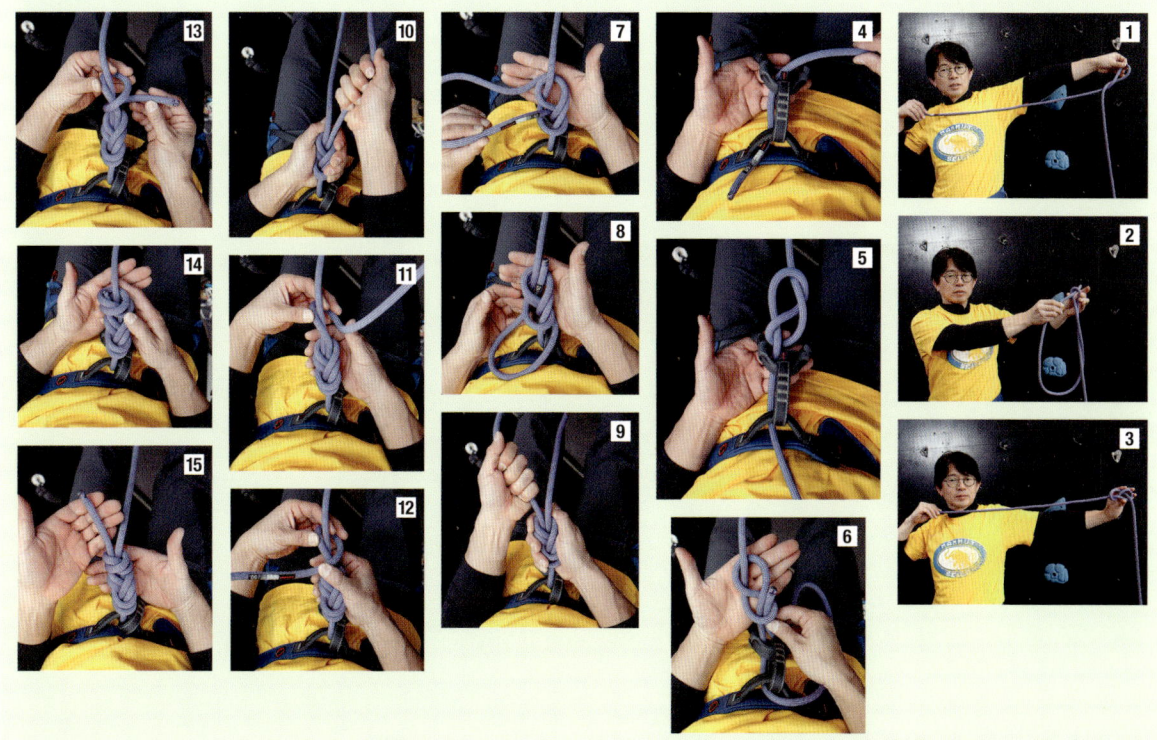

13 / 10 / 7 / 4 / 1
14 / 11 / 8 / 5 / 2
15 / 12 / 9 / 6 / 3

115

ングを始める。プロテクションの設置については前章の「アンカーとプロテクション」を参照してほしい。個々のクライミング技術については次章で詳しく解説する。

ルートを完登した後は、ロワリング、ラペリング、ウォークオフという三つの方法のいずれかでルートから離れる。

ロワリングの際の注意点は、下降しているクライマーが飛び跳ねないことだ。飛び跳ねることで、ロープが浮き石を落としたり、岩角との干渉でロープの外皮を損傷したり、アンカーに衝撃荷重（ショックロード）が生じたりする。これらは危険な要素となるからだ。一定の速度（秒速2㍍以下）で安全な位置までロワリングするのが正しい技術といえる。

ラペリングは日本語では「懸垂下降」と呼ばれ、アンカーから垂れ下がったロープにラペルデバイス

（下降器）を掛けて降りる方法だ。ウォークオフは、リードしたクライマーが終了点で、プロテクションを取り外し（クリーニング）ながら登ってくるフォロワー（後続者）を確保（ビレイ）し、合流後に、登ってきたルートとは異なる経路を歩いて離れることだ。

これがクラッグクライミングの基本的な流れだ。日本では、クライミング中のコールも混在しているのが現状だが、リスクマネジメント（危機管理）の観点から、チーム内では用語を統一し、共有しておかなくてはならない。一例を紹介しておこう。

ラペリング

ラペリングを懸垂下降と訳したのは、RCC（Rock Climbing Club）創立者の藤木九三だ。垂れ下がった（懸垂した）ロープを下降することから、こう訳したそうだ。かつてはクライミング技術の基礎として繰り返し訓練したラペリングも、ロワリングで下降することが多いスポーツクライミングでは最も一般的な下降方法だ。ロワリングは完登後、ロープに体重を預けてビレイヤーに降ろしてもらう方法で、スポーツクライミングでは最も一般的な下降方法だ。ロワリング

■ クライミング中のコール例

（　）は英語の場合。

登る直前
ビレイヤー：「**どうぞ**」
　　　　　　　　（*On Belay*）
クライマー：「**登ります！**」
　　　　　　　　（*Climbing !*）

ロープを張ってほしいとき
クライマー：「**張って！**」「**テンション！**」
　　　　　　　　（*Take!* または *Tension!*）
ビレイヤー：「**はい**」
　　　　　　　　（*I've got you*）

ロワリングしてほしいとき
クライマー：「**降ろして**」
　　　　　　　　（*Lower* または *Lower Me*）
ビレイヤー：「**はい**」または「**降ろします**」（*Lowering*）

ロワリングが完了し、ビレイを解いてほしいとき
※安全で足元が安定した場所であることを必ず相互に確認する
クライマー：「**ビレイ解除**」（*Off Belay*）
ビレイヤー：「**ビレイ解除しました**」（*Belay off* または *Off Belay*）

上部のアンカーにたどり着いたリーダーが、ビレイヤーにビレイを解いてもらうとき
※アンカーを構築し、自分のロープをアンカーにつなぎ留めたことを確認してから
リーダー：「**ビレイ解除！**」（*Off Belay!*）
ビレイヤー：「**解除しました**」（*Off Belay* または *Belay off*）

上部からリーダーにビレイされているフォロワーが、登り始めるまでのコール
※上部で巻き上げられているロープがいっぱいになったら
フォロワー：「**いっぱいです**」（*That's Me*）
※リーダーがビレイディバイスにロープをセットし、ビレイの準備ができたら
リーダー：「**登っていいよ**」（*On Belay*）
フォロワー：「**登ります**」（*Climbing*）

ロープを緩めてほしいとき
クライマー：「**緩めて！**」「**出して！**」（*Slack!*）

フォロワーがたるんだロープを張ってほしいとき
フォロワー：「**ロープ張って**」（*Up Rope*）

ラペルの際のコール
※リーダーが下降し、ラペルデバイスをロープから外したら
リーダー：「**どうぞ**」（*Off Rappel*）
フォロワー：「**降ります**」（*On Rappel*）

石を落としたとき
「**らーく！！**」（*Rock!!* 氷の場合 *Ice!!*）

ロープを取付に投げるとき、またはロープを引き抜くとき
「**ロープ！！**」（*Rope!!*）

■ 2本のロープをつなぐ場合のロープワーク

ロープワーク	ロープの径	特　徴
ダブルフィッシャーマンズノット	●同じ場合のみ ●径が異なると細い方が抜ける可能性がある	●最も普及している基本技術 ●結び目が岩角に当たると引っ掛かる可能性があるので、あらかじめ通過させておくなどの配慮が必要 ●結び目の余長はロープ径の10倍が目安
フレミッシュベンド ＋ダブルフィッシャーマンズノット（バックアップ）	●異なる場合でも可能	●負荷が生じた後でもほどきやすいこと、結び目が崩れにくいことなどから救助活動では必須 ●結び目の余長はロープ径の10倍が目安
フラットオーバーハンドノット	●同じ場合のみ ●径が異なると細い方が抜ける可能性がある	●結び目が平らなので岩角などをクリアしやすい ●結び目の余長は少なくとも30cm ●結び目の回転防止のためにシングルストランド・オーバーハンドノットを追加する

クライミングの隆盛に伴って、習熟度の高いクライマーが減ってきている。そのためか、ラペリング中の重大事故も発生している。事故の主な要因は、ロープ末端からのすっぽ抜け、髪の毛や衣類、スリングなどをラペルディバイスに巻き込む、アンカーの崩壊、落石の誘発、鋭利な岩角でのロープの損傷、過度な下降スピードによるロープの損傷だ。

ラペリングはダブルストランド（ストランドを2本まとめて使う）で行い、末端をスリーフォールデッド・オーバーハンドノットで結ぶ。ロープが1本のロープの場合、ロープの真ん中がアンカーで折り返されていることと、末端が結ばれていることを必ず確認しよう。長い距離を下降する場合は2本のロープをつなぐが、その際は2本のロープをつなぐ結び方は表の通り。

本来は同じ径（できれば同じモデル）をつなぐが、異なる径のロープを使う場合は、細いロープを岩側にして、フィギュアエイト（エイト環）で下降する方が安全だ。径が異なると、太いロープの方が摩擦が強いので下に引く力が働き、細いロープ

上に上がるという現象が、ATCなどチューブタイプのディバイスで起こりやすいからだ。

ロープの径が細くなり、コーティングなどの処理で摩擦係数が小さくなった最近のロープは、コントロールが難しい場合がある。グローブをはめることはもちろんだが、プルージックコードを利用してバックアップをすることでリスクを減らせることは知っておきたい⇒118～119ページ参照。

ラペリングの開始時もクライミング開始時と同様に、安全管理の主要項目をチェックする。このときもBARKを使うといい⇒119ページ参照。BARKチェックが終わったら、下降に移る。下降中の注意点は、映画のように飛び跳ねないことだ。飛び跳ねると、ロープの動きで落石を起こしたり、岩角でロープが擦れて外皮を損傷したりする可能性がある。また、アンカーに衝撃荷重が生じてリスクを高めることにつながる。正しい方法は、一度かけた荷重を変化させずに、ゆっくりかつ迅速に下降することだ。下降の速度は秒速2メートルを超えないように、ロープメーカーも指導している。

117

セッティングの方法

① ランヤード（安全索）で自己確保をする。スリングを使った場合、ハーネスから15〜20cmのところにオーバーハンドノットを作る。

② ロッキングカラビナをフィギュアエイト（エイト環）の大きなリングに掛け、ランヤードにセット。

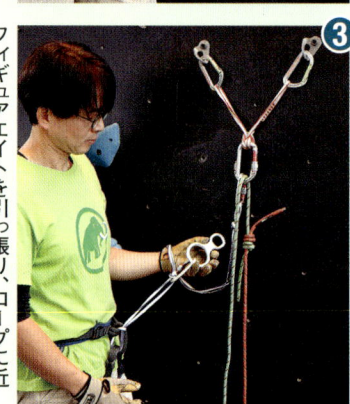

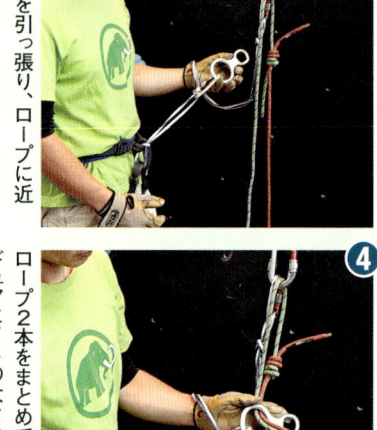

③ フィギュアエイトを引っ張り、ロープに近づける。

④ ロープ2本をまとめてバイトを作り、フィギュアエイトの大きなリングに通す。

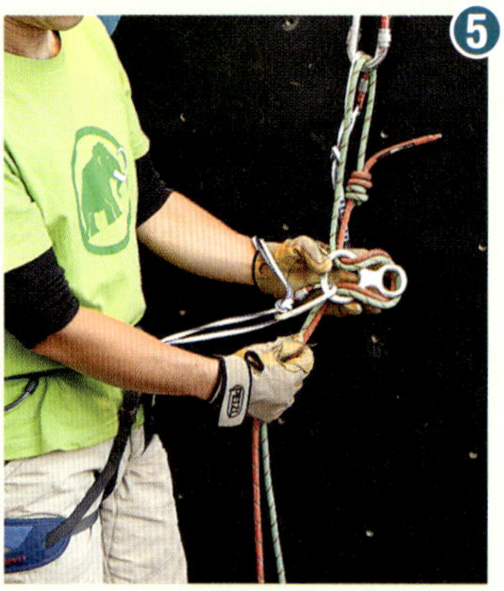

⑤ 小さなリングの外側に掛ける。

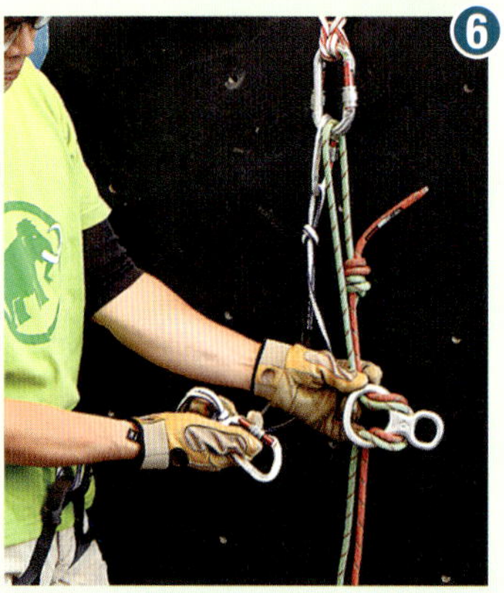

⑥ フィギュアエイトのロッキングカラビナを外す。

⑦ フィギュアエイトを反転させ、小さいリングにカラビナを掛ける。

⑧ ロッキングカラビナを介して、プルージックコードをハーネスのビレイループにセット。

2本の結び目

スリーフォールデッド・オーバーハンドノット

118

技術編　第14章　クライミングシステムとラペル

■ラペリングの基本セット

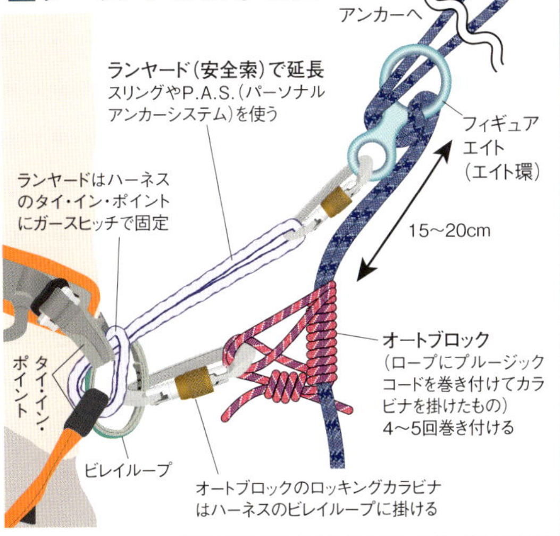

- ランヤード（安全索）で延長　スリングやP.A.S.（パーソナルアンカーシステム）を使う
- アンカーへ
- フィギュアエイト（エイト環）
- 15〜20cm
- ランヤードはハーネスのタイ・イン・ポイントにガースヒッチで固定
- タイ・イン・ポイント
- ビレイループ
- オートブロック（ロープにプルージックコードを巻き付けてカラビナを掛けたもの）4〜5回巻き付ける
- オートブロックのロッキングカラビナはハーネスのビレイループに掛ける

⑪「BARK」で安全を確認後、アンカーに掛けた自己確保用のランヤードのカラビナを外す。このカラビナはそのままにしておくか、フィギュアエイトに掛けたカラビナに掛ける。

⑨ロープ2本にプルージックコードを4〜5回巻き付ける。

⑩巻き付けたプルージックコードをカラビナに掛けたらオートブロックが完成。

ここで「BARK」をチェック！

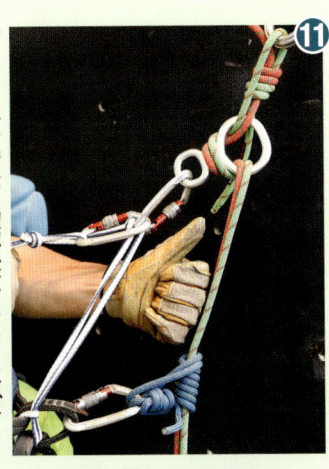

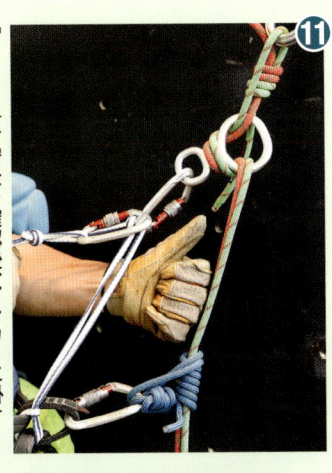

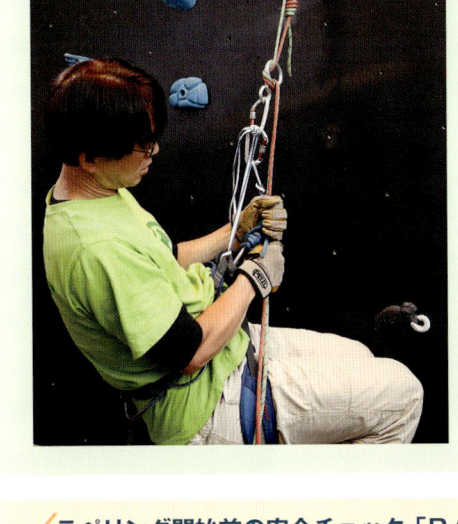

⑫ロープを握る場所は一方の手がオートブロック、もう一方はそこから5〜10㌢下が基本。オートブロックの手の位置は固定し、下側の手はロープを握ったままオートブロックの真下まで押し上げる。押し上げたら、また5〜10㌢下を握り直し、これを繰り返す。

下降を開始

✓ ラペリング開始前の安全チェック「BARK」

☐ **Buckles**（バックル）	☐ ハーネスのテープが折り返してある。 ☐ 折り返したテープに8cm以上の余長がある。
☐ **Anchor**（アンカー）	☐ 「S（強固）・R（多重性）・E（均等）・NE（伸張防止）」を満たしている。
☐ **Rappel / Belay devices**（ラペル／ビレイデバイス）	☐ アンカー側のロープがラペルディバイスの上側から出ている（ねじれていない）。 ☐ ロッキングカラビナがロックされている。
☐ **Knots**（ノット）	☐ 下方のロープ末端をスリーフォールデッド・オーバーハンドノットで留めている。 ☐ ロープが1本の場合、ロープの真ん中がアンカーに掛かっている。 ☐ ロープをつないだ場合は、ダブルフィッシャーマンズノットなどでつなぎ、それぞれのロープに十分な余長があり、しっかりと締め込まれている。 ☐ ロープをつないだ場合、つなぎ目が岩側になっている。

マルチピッチクライミング

マルチピッチクライミングは、基本的にはシングルピッチクライミングを繰り返すことと考えればいい。リーダーは、ピッチの区切りであるアンカーを構築し、そこでフォロワーをビレイし、フォロワーが登って来たら、今度はフォロワーがそのままリーダーとして登っていくのが一般的だ。

ただし、チームの中の習熟度や経験値に大きな差がある場合やガイド登山の場合は、同じ人物が常にリーダーとして登っていく。

マルチピッチクライミングの場合は、下降方法やルートからの敗退を考慮して、ハーフロープを使ったダブルロープシステムで登ることが多い。シングルロープをクライミングに使う場合でも、ルートによっては予備のロープを準備しておいた方がいいだろう。マルチピッチクライミングへの挑戦を目指すならば、まずシングルピッチクライミングを繰り返し行い、手順の熟練度を高めておきたい。そして、ピッチ数を徐々に増やして、より長く困難な課題に挑戦することを心掛けるといいだろう。

マルチピッチクライミングでひとつ紹介しておきたいスタイルがある。クライミング能力の高いチームによる、コンティニュアス・ロッククライミングやビッグウォールでの同時登攀だ。

これは、サイマルクライミングと呼ばれていて、リーダーがプロテクションを設置しながら、フォロワーも同時に登るという、より攻撃的なクライミングスタイルだ。スピードを最優先した方法のため、卓越したクライミング技術を持つチームにのみ許されている。

この方法は近年生まれたように思われているが、実は半世紀以上前の1961年、米国ヨセミテのセンチネルロックにあるステックーサラテールートを、3時間15分で登ったトム・フロストとロイヤル・ロビンスが最初に採用している。

■ マルチピッチクライミングの流れ

マルチピッチクライミングでは、最初に登るリードクライマー（リーダー）が1ピッチ目の終了点でアンカーを構築。2ピッチ目はフォロワーが先に登るのが一般的。

120

技術編　第14章　クライミングシステムとラペル

アンカー／ビレイステーションでの作業

ガイドモードの解除

フォロワーが墜落してロープがロックしてしまったときの解除方法。

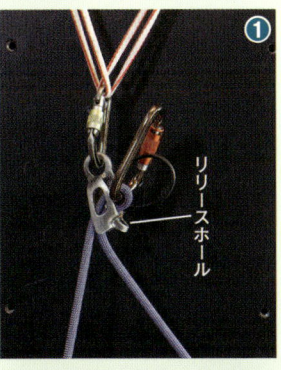

① フォロワーが墜落すると、フォロワー側のストランドがブレーキストランドを押さえ込む仕組みになっているので、ロープはロックされる。

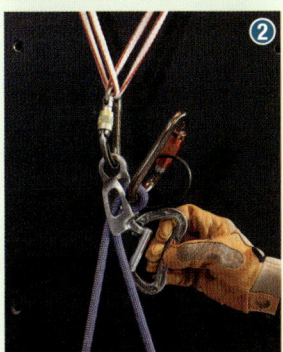

② フォロワーが少しロワリング（下降）することを求めて来たら、ビレイディバイスの「リリースホール」にカラビナを引っ掛けて

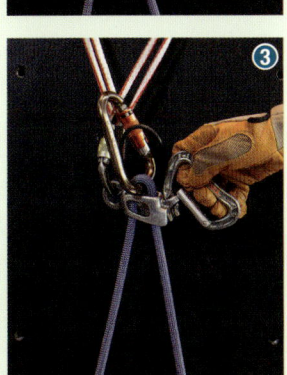

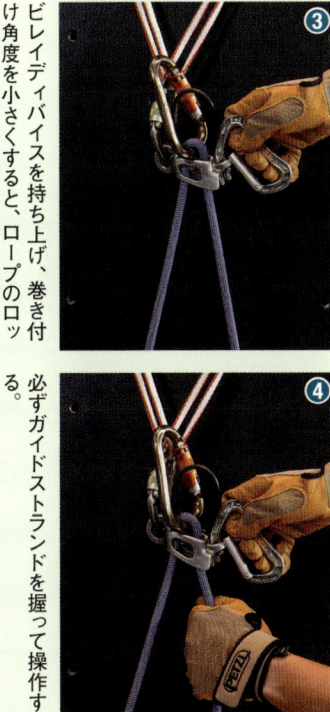

③ ビレイディバイスを持ち上げ、巻き付け角度を小さくすると、ロープのロックが緩み、送り出すことができる。

④ 必ずガイドストランドを握って操作する。

■ マルチピッチクライミングのアンカーを作る

マルチピッチクライミングでは、ピッチの終了点ごとにアンカーを設ける。この場合のアンカーは「ビレイステーション」と呼ばれることもある。ビレイヤーはメインロープでアンカーに自分自身をつなぎ留める。リーダーをビレイする場合はシングルピッチと同じだが、フォロワーをビレイする場合は、ガイドモードタイプのビレイディバイスを使うことが一般的だ。限られた場所で複雑なロープワークが求められるため、システムを整理することが大切だ。一例を紹介する。

ガイドモードタイプのビレイディバイス

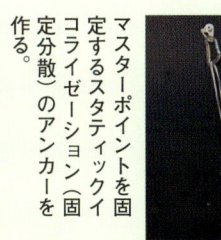

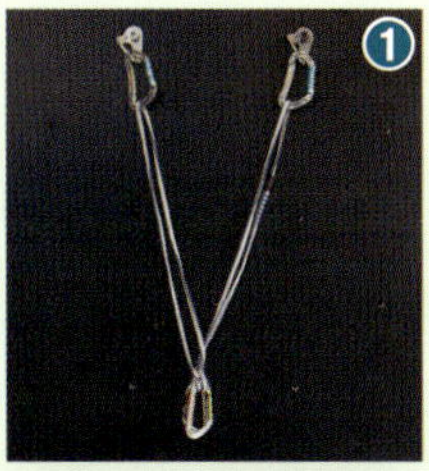

リギングプレート

1チーム3人の場合などは、マスターポイント周辺が多くのカラビナで混み合う。リギングプレートを使うとすっきりする。

① マスターポイントを固定するスタティックイコライゼーション（固定分散）のアンカーを作る。

② マスターポイントのカラビナにランヤード（安全索）のカラビナを掛け、そこに自分のハーネスに結ばれているロープをつなぎ留める。

③ セルフイコライゼーション（流動分散）のシステムを作り、ガイドモードでビレイディバイス（確保器）をセットする。

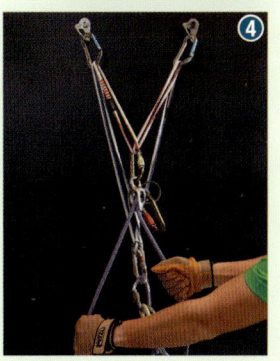

ガイドモードでセット

④ ビレイディバイスにロープを正しく通してビレイを行う。
※フォロワー側のストランドがスロットの上側に、ブレーキストランドはスロットの下側に来るように通す。（写真は、ランヤードにロッキングカラビナを2枚使用した例）

121

クラッグクライミングの流れ（シングルピッチ）

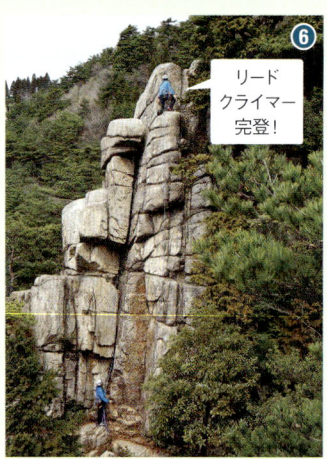

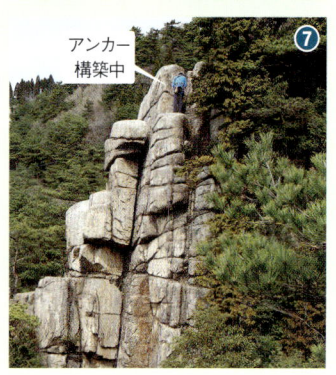

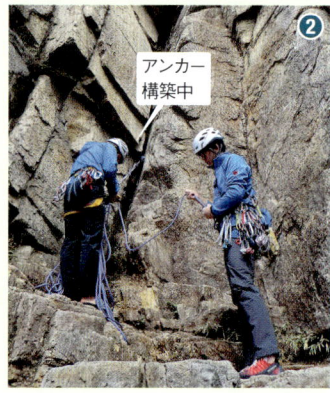

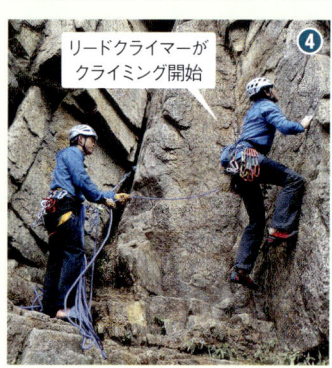

⑤ プロテクション設置中

①

② アンカー構築中

③ BARKチェック！

④ リードクライマーがクライミング開始

⑥ リードクライマー完登！

⑦ アンカー構築中

（写真：石森／矢島）

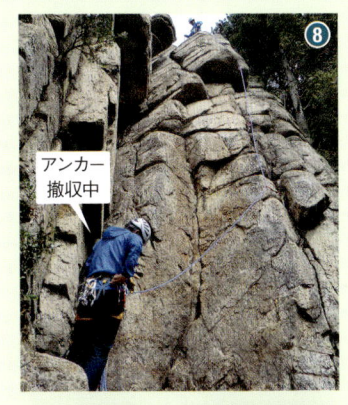

技術編　第14章　クライミングシステムとラペル

⑫

⑬ 上から
ビレイ中

⑭ ともに
完登！

⑧ アンカー
撤収中

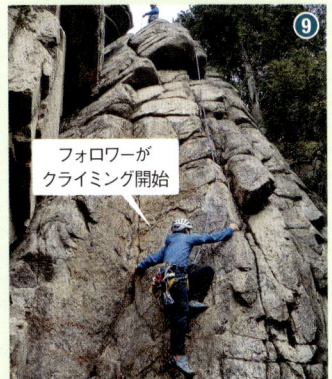

⑨ フォロワーが
クライミング開始

⑩ プロテクション
回収中

⑪

アセンディング（登り返し）

ラペリングからアセンディングへの切り替え

ラペリング中に下降する場所を間違えたりして、ロープを登り返すことがある。これをアセンディングと言い、それに備えたギアの準備と技術が必要になる。アセンディングの方法はいくつかあり、状況によって変化する。今回は、ラペルディバイス（下降器）をランヤード（安全索）で延長し、フリクションヒッチを使ってバックアップした下降中＝119ページ参照＝を想定している。

システムのポイント

1. ラペルに使っているロープ（ダブルストランド）に、プルージックコードを利用してフリクションヒッチを２カ所作成。
2. 上方のプルージックコードとハーネスのタイ・イン・ポイントをランヤードなどで連結。
3. 下方のプルージックコードにはハーネスのタイ・イン・ポイントをランヤードなどで連結しつつ、エイダー（あぶみ）となるスリング（120cmが一般的）を取り付ける。

アセンディングシステム

■ 手順

① ラペリング中。

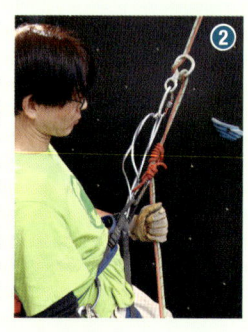

② オートブロックを押し上げて、下降を停止。

③ バックアップのために、ダブルストランドでフィギュアエイト・オン・ア・バイトを作成。

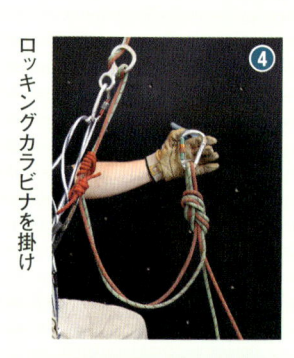

④ ロッキングカラビナを掛け

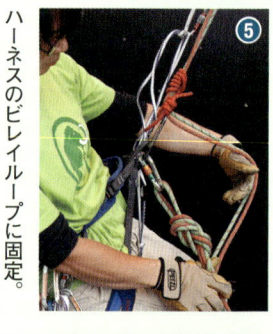

⑤ ハーネスのビレイループに固定。

⑥ ラペルディバイスより上方にフリクションヒッチを作る。

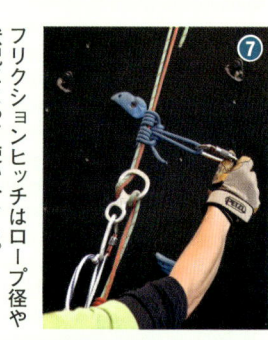

⑦ フリクションヒッチはロープ径や状況によって使い分ける。
※写真はブリッジプルージックを使用。

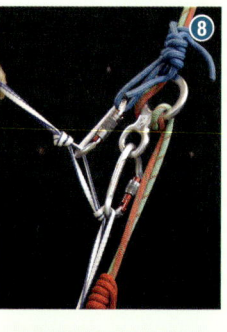

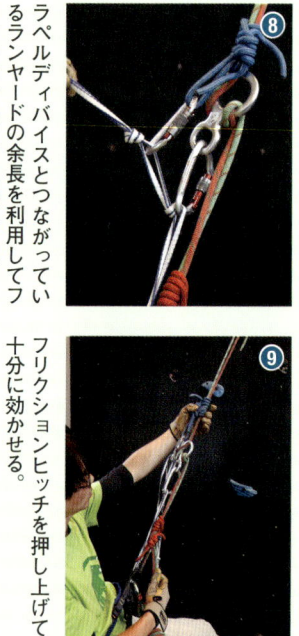

⑧ ラペルディバイスとつながっているランヤードの余長を利用してフリクションヒッチと連結する。
※今回は最小限のギアを想定しているが、別のスリングを使ってもいい。

⑨ フリクションヒッチを押し上げて十分に効かせる。

124

技術編　第14章　クライミングシステムとラペル

⑯〜⑲の繰り返し

⑩ フリクションヒッチに体重が移り切るまでラペルディバイスを操作して下降する。

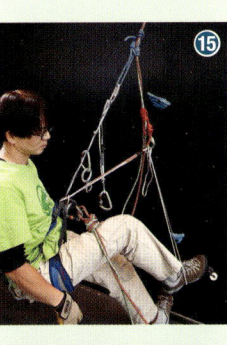

⑪ ラペルディバイスをロープから取り外す。

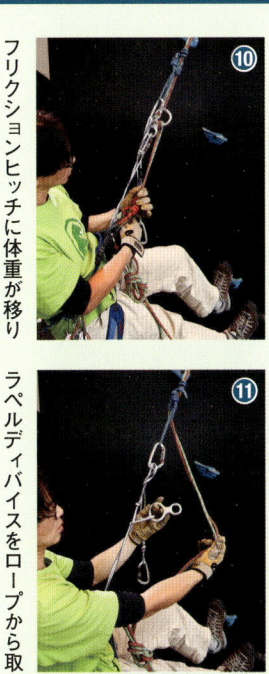

⑫ もうひとつフリクションヒッチを作る。

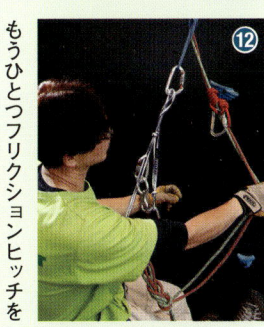

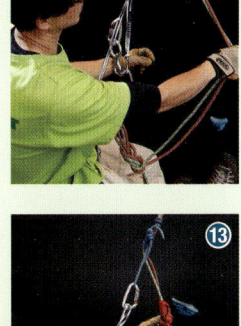

⑬ ハーネスのタイ・イン・ポイントとフリクションヒッチをスリングで連結する。

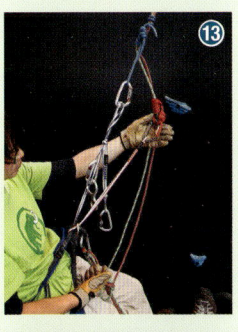

⑭ 別のスリングの長さをオーバーハンドノットで調節してエイダー（あぶみ）を作る。

⑮ フリクションヒッチに取り付けたエイダーに足を入れて

⑯ ロープをつかんで、足で踏ん張り

⑰ 立ち上がる。
※このとき上部のフリクションを握ってはいけない。握るとフリクションが緩んで落ちてしまう。

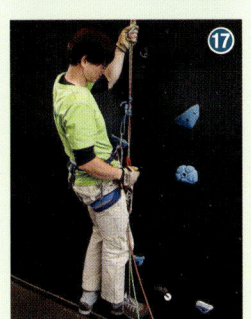

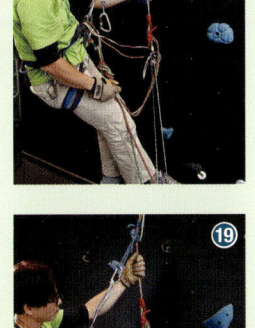

⑱ 立ち上がったら、上部のフリクションヒッチを上へスライドさせる。

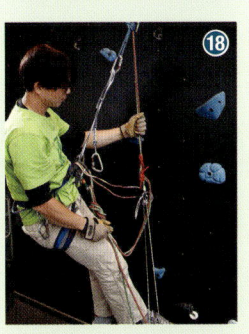

⑲ ハーネスが引っ張られるまでスライドさせたら、体重を上部のフリクションヒッチに預ける。

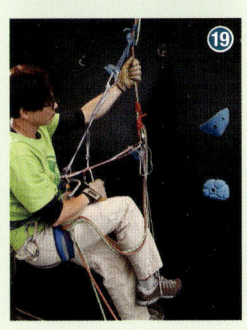

ロープの束ね方（ラップコイル／バタフライコイル）

ロープの束ね方にはたくさんの方法があるが、最も普及しているラップコイル（バタフライコイルとも呼ばれる）という方法で、2通りの仕上げ方を紹介する。Ⓐはロープバッグなどにそのまま入れられる仕上げ方、Ⓑはそのまま背負って運べる仕上げ方だ。

Ⓐ

① 先端を1尋（両手を広げた長さ）分確保して

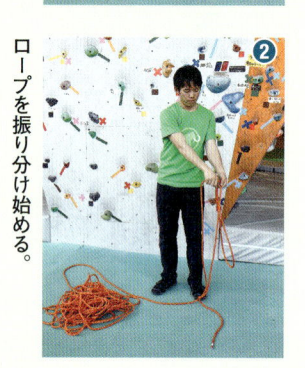

② ロープを振り分け始める。

③ ロープを乗せる手は動かさず

④ ロープをたぐる手を動かす。

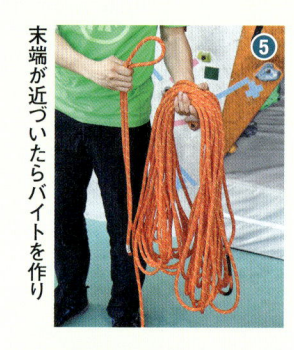

⑤ 末端が近づいたらバイトを作り

⑥ 振り分けたロープの真ん中に持つ。

⑦ 最初に取っておいたロープの末端を使って

⑧ 2巻き目は1巻き目の上に乗せて、

⑨ その後も1巻きごとに束を締め込むように巻き付ける。

⑩ 末端をバイトに通し

⑪ いったん締め

⑫ バイトの末端を引いて、通した末端を締め込む

⑬ 両方の末端を結ぶ。

⑭ 結び方はスクエアノット。

126

技術編　第14章　クライミングシステムとラペル

B

① 先端を2尋分確保して

② ロープを振り分け始める。

③ ロープを乗せる手は動かさず

④ ロープをたぐる手を動かす。

⑤ 末端が2尋分になったら

⑥ 両端をそろえ

⑦ ダブルストランドでコイルに巻き付ける。

⑧ ダブルストランドでバイトを作り、コイルの上部から通し

⑨ 末端をバイトに通して

⑩ ガースヒッチを作り、しっかり締め込む。

⑪ コイルを背負い、両端を背中で交差し

⑫ ウエストで結ぶ。

⑬ 結び方はサージャンズノット。

サージャンズノットの結び方

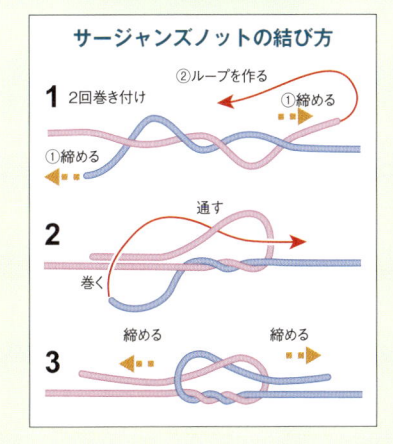

1 2回巻き付け　②ループを作る　①締める

①締める

2 通す　巻く

3 締める　締める

127

クライミング技術

クライミング技術には、パフォーマンス（登る能力）、行動をコントロールする能力、リスク管理、協調性、ビレイ（確保）技術が含まれる。これらの能力をバランスよく備えてこそ、完成度の高いクライマーとして評価される。

登る能力を推し量るグレードシステム

クライミング技術の中心となるのがパフォーマンスだ。クライマーのパフォーマンスを測る物差しが**グレードシステム（難易度体系）**で、自分自身がどのくらいの能力を持っているのかを推し量るために使う。

グレードシステムは国や地域によって独自のものが作られてきた。日本では1958年に設立された第二次RCC（Rock Climbing Club）によって『日本の岩場：グレードとルート図集』（1965年、山と渓谷社）が発表され、国内でグレード感覚を共有するきっかけになった。このとき採用されたRCCグレード体系は、UIAA（国際山岳連盟）のグレード体系を基準としたものだったが、1980年代初頭に米国ヨセミテの影響が強まり、YDS（ヨセミテ・デシマル・システム）が急速に

■ シエラクラブのグレードシステム

グレード	技術内容
クラス1	けがをする可能性がほぼない程度のウォーキング。
クラス2	危険な要素がほとんどない、時折、歩行の補助として手を使うスクランブリング※。
クラス3	高度感のあるスクランブリング※。行動中、手を使うことが求められる。ロープは持っていることが望ましいが、必ずしも使うわけではない。重大な事故やけがにつながる墜落は予想されない。
クラス4	シンプルなクライミング。ロープはしばしば使う。木や岩などのナチュラルプロテクションを見つけやすい。墜落が重大な事故になる可能性がある。
クラス5	ロープを使ったビレイを伴う、テクニカルなフリークライミング。安全のためにプロテクションなどのギアを使う。ロープなしで墜落した場合、重大な事故となり、けがや死亡の可能性がある。
クラス6	人工的に設置した物を利用して登るエイドクライミング（人工登攀）。

※スクランブリングとは、露出した岩稜などを登ったり下ったりすること。

国際的なグレードシステムの比較

YDS	UIAA	フランス	オーストラリア	英国	
5.2	II	1	10	D	
5.3	III	2	11		
5.4	IV-	3	12	VD	
5.5	IV / IV+		13		
5.6	V-	4	14	4a	S
5.7	V / V+		15	4b	HS
5.8		5a	16	4c	VS
5.9	VI-	5b	17	5a	HVS
5.10a	VI	5c	18		E1
5.10b	VI+	6a		5b	E2
5.10c	VII-	6a+	19		
5.10d	VII	6b	20		E3
5.11a	VII+	6b+		5c	
5.11b		6c	21		
5.11c	VIII-	6c+	22		E4
5.11d	VIII	7a	23	6a	
5.12a	VIII+	7a+	24		E5
5.12b		7b	25		
5.12c	IX-	7b+	26		
5.12d	IX	7c	27	6b	E6
5.13a	IX+	7c+	28		
5.13b		8a	29		
5.13c	X-	8a+	30		E7
5.13d	X	8b	31	6c	
5.14a	X+	8b+	32	7a	E8
5.14b	XI-	8c	33		
5.14c		8c+			E9
5.14d	XI	9a		7b	

（アメリカン・アルパイン・ジャーナルを基に作成）

広まった。現在、国内のルートではYDSが共通グレードとして普及していることを意味する。

一方、1970年代までに登られたルートにはRCCグレードがそのまま残されているので、混在しているのが実情だ。

デシマルとは十進法や小数位を意味し、小数点以下の数字を上げていく方法で難易度を示す。値が小数点を超えて1けた上がると、難易度は10倍に上がり、小数点を超えて1けた下がると難易度が10分の1に下がった。ルール通りに進めるなら、1のけたは「6」になるはずだが、「6」

YDSは、1930年代に米国のシエラクラブが作った6段階のグレードシステムを基礎にしている。このグレードシステムの中の「クラス5」をさらに10段階に分け、1〜9を超す次の難易度は5・10と表されることになった。「ファイブナイン」「ファイブテン」などと読み、小数点は読まない。さらに5・10以上はaからdまでに細分化された。アルファベットが進むほど難易度が上がる。「5・11c（ファイブ・イレブン・シー）」「5・13b（ファイブ・サーティーン・ビー）」などと表現する。

グレードは自分のパフォーマンスを推し量る尺度として活用するので、まずは同じグレードの異なるルートを数多く登り込んで、グレード感覚を養うことから始めたい。その経験の豊富さが、クライマーとしての安定感につながるからだ。

は人工的な設置物を利用して登るエイドクライミング（人工登攀）を表す「クラス6」の値だったため、5・9を超えるルートが出現し、5・9を超えるルートが出現した。

やがてクライマーの能力が向上

129

フットワーク

エッジング	岩の結晶やエッジ（縁）を使う。
スメアリング	シューズの底を押し付けて岩との摩擦を最大限に利用する。
ジャミング	クラック（岩の割れ目）を利用する。小指側を下にしてシューズ先端をクラックに入れて、膝を内側にひねるようにして使う。
バックステッピング	シューズ先端でホールドをとらえ、膝を内側に入れて腰を押し上げるようにする。
ドロップニー	バックステッピングと同じ要領で行うが、さらに膝（ニー）を回転させて落とし、腰を押し上げる。
ハイステッピング	軸足の膝よりも高い位置にあるホールドを使う。ハンドホールド（手掛かり）と同じ高さまで足を上げる場合もある。
ヒールフッキング	かかと（ヒール）をホールドに引っ掛け、体へ引き寄せるように使う。
トーフッキング	つま先（トー）を内側へ回転させ、体の中心部へ引き寄せるように使う。

ジャミング 　　スメアリング 　　エッジング

観察→状況把握→意思決定→行動

クライミングにおける意思決定過程を整理すると「観察→状況把握→意思決定→行動」となり、これを繰り返す。つまり、全ての行動の背景には意思決定があり、その根拠にはルートの観察によって得た自分なりの状況把握がある。衝動的な行動や思いつきの動作をしないことが、コントロールされ、安定したクライミングを可能にする。

第7章の歩行技術の説明でも目線の重要性を述べたが、クライミングも同様だ。日本で最初のクライミング技術書『岩登り術』には「まず目で登れ」と記されている。ルートを観察して、登るライン、鍵となるホールド（手掛かり）、核心部、プロテクションをセットする場所やサイズ、休憩するレスティングポイントなどを予測する。実際には予測通りにいかないことも多いが、予測と現実の違いをその場でなんとか切り抜けるところにクライミングの面白みがある。

フットワーク

足は体を支えるように作られているが、腕はそのようには作られていない。よいフットワークとは、登るのに必要な労力の多くを下半身の筋肉が担い、腰を押し上げるような動きを引き出すことだ。特に初心者は、

コントロールされたクライミングの基礎となるのが、安定したポジションだ。初心者はまず、安定したポジションを身につけることを目標に取り組みたい。歩行技術で転倒しない歩き方を身につけることが重要なのと同様に、不意に墜落しないクライミングを身につけることが肝心なのだ。

クライミング時のフットワークに対する意識が低い傾向にある。これは日常、足の感覚を意識することが少ないことに起因している。武道など他のスポーツと同様に、クライミングも、最初にフットワークの基礎技術

130

技術編　第15章　クライミング技術

ハイステッピング
トーフッキング
ドロップニー
バックステッピング
ヒールフッキング

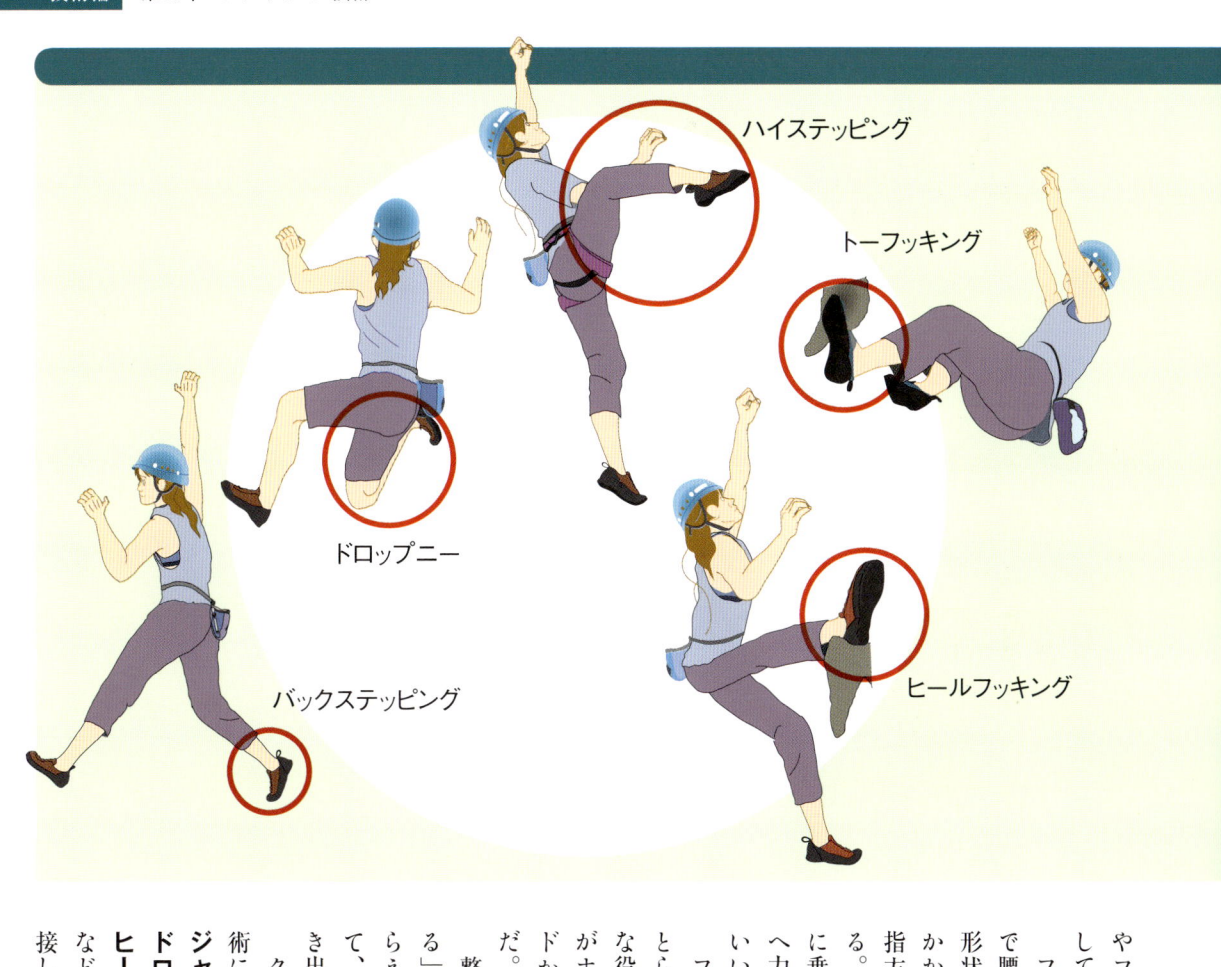

やフォーム（型）を習い覚え、練習して身につけよう。

フットワークの基本は、足の親指で腰を支えることから始まる。岩の形状にシューズの先端部を合わせ、かかとをやや上げて、かかとから親指方向に押し込むような力を加える。岩の表面にシューズを置くように乗せるだけではなく、2㌢程度奥へ力を伝えるような感覚がちょうどいい。

フットホールド（足場）を確実にとらえるために、目線の動きは重要な役割を果たす。しっかりとつま先がホールドをとらえるまで、ホールドから目線を外さないことが原則だ。

整理すると、「ホールドを見極める」「岩の形状や状態に合わせてとらえる」「押し込むように力を加えて、体を支えるのに十分な摩擦を引き出す」となる。

クライミングでのフットワーク技術には、**エッジング、スメアリング、ジャミング、バックステッピング、ドロップニー、ハイステッピング、ヒールフッキング、トーフッキング**などがある。いずれの場合も、岩と接しているポイントと腰の間で力の

伝達が行われているかどうかが決め手となる。

体重移動もフットワークの大切なポイントだ。人間の体には重心が二つあることは歩行技術の章で述べたが、胴体の重心はみぞおち付近、全身の重心はへそ付近にある。人間が動くと二つの重心の間に回転しようとする力（モーメント）が生まれ、バランスを崩しやすい。クライミングは、墜落を可能な限り抑える必要があるので、歩行時以上に体重移動を慎重にしなくてはならない。腰骨を意識して支え、流れるように動かすことを心掛けよう。

フットワークでは、もうひとつ説明しておきたい。それは、**フラッギング**だ。クライミングのときは、いつも良いフットホールドに両足を乗せられるわけではない。フラッギングとは、片足をホールドに乗せずに、または乗せても荷重せずにバランスを取る技術だ。安定したポジションから次へつなぐような動的な瞬間に、これを意識して取り入れることで効果が得られる。

131

手の使い方

右手がクローズドクリンプ、左手がオープンクリンプ。

パーミング

オープンクリンプ　　クローズドクリンプ　　ジャグ

フットワークと同様に、クライミングにおける手の使い方も日常とは異なり、特殊な技術だと理解しよう。物をつかむような握り方では、加えた力を体の中央部へうまく伝達できず、前腕を消耗させてしまう。また、指の間が開いた状態でホールドをとらえることも、前腕の消耗が激しいので、指をそろえて使うようにしよう。クライミングではホールドをつかもうとせず、その形状に手指の形を合わせ、引っ掛けて体へ引き寄せるように使う。このように手を使うと、岩と接している足から腰へと力が伝わり、足から伝わった力と連動して腰を安定させる効果がある。

ホールドの持ち方には、ジャグ、クローズドクリンプ、オープンクリンプ、オープングリップ（エクステンデッドグリップ）、パーミング、ピンチグリップ、ガストン、ジャミングなどがある。

ジャグ

指がしっかりと掛かる大きめの ホールドを、指で包み込むようにして持つ方法だ。ジャグ（jug）とはジョッキのことで、ちょうどジョッキのハンドルに指を掛けるようにしてビールを飲むので、この名が付けられた。

クローズドクリンプ

小さなエッジ（縁）や花崗岩の結晶のような極小のホールドに使う。第二関節を内側に大きく曲げて、第一関節をそらすようにしてホールドをとらえ、ひじで体の方に引くようにすると、よく効かせられる。この持ち方は指の靭帯に負荷がかかるので、しっかりと立てるフットホールドと併用して、徐々に持ち方を慣らしていこう。

オープンクリンプ

クローズドクリンプに似ているが、親指を開いて使うので、第二関節の曲がり具合は少し開いた状態になる。このため、クローズドクリンプよりも大きいホールドが対象になー

132

第15章　クライミング技術

ハンドジャミング 　　　パーミング 　　　オープングリップ

フィストジャミング 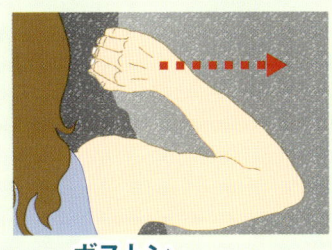　　ガストン 　　　ピンチグリップ

オープングリップ（エクステンデッドグリップ）

第一関節が内側へ曲がり、第二関節はやや曲がるか伸びていて、親指は開いている。これは指関節をほぼ伸ばした使い方なので、最初は力を加えにくいと感じるだろう。しかし、力を加えやすいクリンプだけを使っていると、外傾ホールド（クライマー側に傾斜した指の掛かり方の甘いホールド）など、クリンプでは保持できないタイプのホールドが出てきた場合に対応できない。意識してさまざまな形状のホールドに触り、それに応じた持ち方を身につけていこう。

ガストン

顔か胸の位置にある垂直方向のホールド（縦ホールド）を、外に押し出すようにすることで、保持する力を効かせられる。ひじを上げて、押し出すようにすることで、保持する力を効かせられる。
この名はフランス人登山家のガストン・レビュファが、クラック（岩の割れ目）を登る際、ジャミングなく、この技術で登っている写真を自著で紹介したことに由来している。

ジャミング

指や手をクラックに入れて、ひじを使って回転させたり、クラック内で手の甲の骨と親指の骨をスタック（重ねる）させたりして保持する方法だ。つかむという動作からは掛け離れた方法なので、初心者は特に戸惑うだろう。クラッククライミングに精通した熟練指導者から習い覚えるのが近道だろう。クラックのサイズによって、**フィンガージャミング、ハンドジャミング、フィストジャミング**などがある。

パーミング

文字通りパーム（手のひら）を使う。ホールドを手のひらで体の外側方向に押したり、腕全体も体一緒に使ったりしながら、押さえつけるように使う。

ピンチグリップ

突起したホールドを親指とその他の指で挟み込むようにして使う。

133

傾斜に応じたボディーポジション

■ 垂壁で

フロッグポジション

対角線上にある手足で安定を図る

■ スラブで

■ 傾斜の強い壁で

NG
腰が落ちてはだめ

どちらの傾斜でも腰で体を支える。

壁と腰骨が平行になる

フロンタルボディーポジション（正対）

ボディーポジション

ここまでは岩との接点であるハンドホールドとフットホールドについて述べてきた。これから述べるボディーポジションは、岩の傾斜とハンドホールド、フットホールドとの位置関係によって決まる。適正なボディーポジションは腕への負担を軽くし、遠くのハンドホールドをとらえることも、安定した体勢でプロテクションをセットすることも可能にしてくれる。垂直を超えるような傾斜の壁では腕の消耗が早いため、素早いホールディングと動作の読みが求められる。だから初心者はまず、垂直よりも傾斜の緩い壁（スラブ）で、時間的なゆとりを持ってボディーポジションを習得することが望ましい。

垂壁で使ういくつかのボディーポジションを紹介しよう。まずは、**フロンタルボディーポジション（正対）**が原則となる。フロンタルボディーポジションは、登っている壁と腰骨が正面から向かい合った状態を指す。体が動く際には、腰骨は壁との距離をある程度保ちながら、動くことでバランスを取る。

垂直に切り立った垂壁では、フロンタルボディーポジション（正対）が原則となる。フロンタルボディーポジションは、登っている壁と腰骨が正面から向かい合った状態を指す。体が動く際には、腰骨は壁との距離をある程度保ちながら、動くことでバランスを取る。

垂壁（バーティカルロック）

垂直に切り立った垂壁では、フロンタルボディーポジション（正対）が原則となる。次に紹介するのが、**フロッグポジション**だ。このポジションは、軸足でしっかりと立ち、膝より少し下ぐらいまで上げた足のかかとの上あたりに持ってくる。こうすることで体が回転したり、腰が外側へ逃げたりせずに安定させられるので、垂壁での基本ポジションと言える。

スラブ

垂直よりも傾斜の緩い滑らかな表面を持つ壁を**スラブ**と呼ぶ。スラブでは、フットホールドを確実にとらえてバランスを保った、スムーズに流れるような動作が要求される。歩くことの延長線上にあるスラブでのクライミング技術は、登山におけるバックステッピングは、フットワークのところでも説明したが、片

歩行を完成に近づけるためにも効果がある。ホールドが乏しいスラブでのクライミングでは、細やかな足裏感覚に加えて強い体幹部の筋力、つまり身体張力（ボディーテンション）が求められる。

■ 傾斜の強い壁で

ドロップニー

腰を乗せて遠くのホールドをとらえに行く。

腰骨が壁にほぼ垂直になるまで体をひねる

ツイストロック＋
バックステッピング（右足）

■ 傾斜のやや強い壁で

バックステッピング（左足）

■ コーナーなど
足で突っ張り、腰を支える。

ステミング

方の膝を内側に入れて外へ押すことで、腰を落とさないようにするポジションだ。垂壁よりさらに傾斜の強い壁で使う。このとき、シューズのアウトサイドエッジ（つま先の外側）を使って、内側に回転させた膝でつま先を外へ押すようにする。しっかりと押し付けないと腰が落ちてしまい、ポジションを生かすことができない。

フロッグポジションもバックステッピングも、体の対角線上にある手足の対向する力で安定を生み出している。つまり、右足と左手、左足と右手だ。これは体の回転を防ぐ大切なポイントなので、覚えておこう。

コーナーを登る場合や、コーナー上の箇所を登る場合は、**ステミング**が有効だ。ステミングは、ホールドに足を突っ張るように張って腰を支える方法だ。しっかりとステミングが効いていると、腕を休ませることができる。

傾斜の強い壁
（スティープウォール）

垂壁よりも傾斜がきつくなると、クライミングは一層ストレニュアス（厳しい）でテクニカルになってくる。このため、クライマーには高い身体能力、粘り強さ、想像力、豊富な経験が求められる。素早く観察して状況判断を行い、意思決定するや否や動作を起こす迅速なクライミングをしなくてはならない。

腕を伸ばした状態を**ストレートアーム**と呼ぶが、この体勢で筋肉を休ませる短いレスト（休憩）の後は、すぐにクライミングを再開する。傾斜の強い壁では、**バックステッピングとツイストロックを組み合わせたポジション**で、遠いホールドをとらえにいく。基本姿勢は、胸の前くらいのホールドを引きつけるように持ち、反対の足でバックステッピングして、体をひねる。空いている方の腕を肩から上げるようにして、ホールドに向かって伸ばす。伸ばした腕と対角線上にある足は、ステミングでホールドを押すか、フラッギングさせて腰が落ちないようにすることもある。

ドロップニーは、バックステッピングで内側にひねった膝をさらに下方に回転させた技術だ。傾斜がきつい状態で腰の高さを落とさないために使うが、膝や腰の柔軟性に依存する技術だと覚えておきたい。

ダウンクライミングは武道の受け身

リスク管理の意味からも、登る技術と合わせて、ダウンクライミングも経験しておきたい。ダウンクライミングは、日本ではクライムダウンと呼ばれることが多いが、登った箇所から飛び降りずに下っていく技術だ。これは武道の受け身のようなものと考えるといい。墜落による衝撃力が体に与える影響は大きいことは、確保理論の章でも説明したが、衝撃力による体への影響は骨折だけでない。

近年、特に北米で、脳しんとうの危険性がスポーツ障害の問題として注目されている。クライミングのように墜落のリスクを常に抱えているスポーツは、もっと真剣に取り組むべきではないだろうか。特に骨格の軟らかい児童や、筋力の落ちた高齢者は、墜落で脳しんとうを起こすことと、後遺症が出る可能性を無視してはいけない。

まずは安易に墜落しないよう努めること（クライミングジムでは安易に飛び降りないこと）、そして、受け身としてダウンクライミングを身につけておくことは、クライマー自身はもちろん、指導者としても心掛けておかなくてはならない重要なことだ。

また、脳しんとうの症状が完治していない人が再度衝撃を受ける「セカンドインパクト症候群」は、脳に障害が残ったり、死亡に至ったりするので、非常に危険だと言われている。クライミング中に脳しんとうを起こした場合は、速やかに医療機関で診察を受けるべきだ。

ダウンクライミング

不可欠なコミュニケーション能力とマナー

パフォーマンスやリスク管理などに加えて、コミュニケーション能力などの協調性もクライマーが養っておくべき能力だ。それはクライミングが、ビレイヤーとクライマーで役割を分担して取り組むゲームだからだ。ビレイヤーとの意思の疎通、周囲のクライマーへの配慮など、岩場でのコミュニケーションは不可欠だ。また、地域社会や他の登山者、歩行者への配慮を欠いた言動やマナーの欠如は、クライマーである以前に、一人の大人として許されるものではない。

これからクライミングを始めようとする人は、実感の伴わないグレード偏重の取り組みではなく、ここで述べてきた項目について、バランスよく取り組んでほしい。むやみに次のグレードへ進むのではなく、まずは確実に登れるグレードを、余裕を持って登るというコントロールされたクライミングを心掛け、バランスの取れた完成されたクライマーを目指していってほしい。

パフォーマンスに偏ったクライマーの例

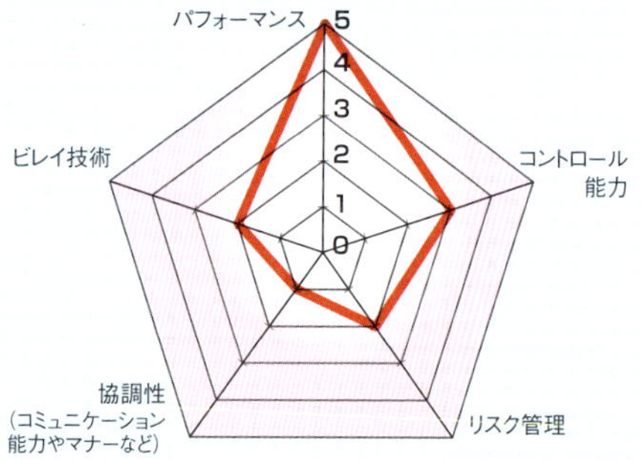

バランスがとれたクライマーの例

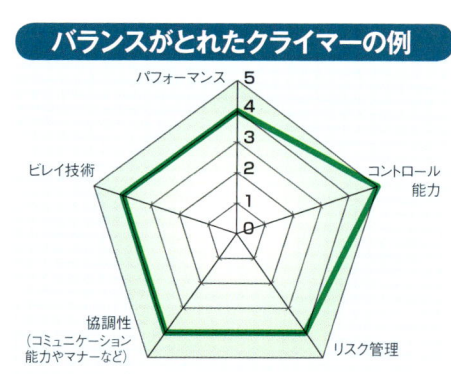

技術編　第15章　クライミング技術

技術編

Q 岩場に残置されている古いピトンはプロテクションやアンカーとして使っても大丈夫でしょうか？

A 残置されているピトンを確認せずに使うことは非常に危険です。ピトン自体の表面が錆びて「肉やせ」して効きが悪くなっている可能性があること、ピトンの周囲の岩が水の影響を受けて浮いてしまっていること、ピトンを打った人が十分に効かせていない可能性があることなどが、その理由です。まずはピトンの周囲の岩に浮きがないかを確認し、次にピトンをハンマーで軽くたたいて、効いているかを音、感触などで確認します。ただし、ピトンが効いているかどうかの判断は非常に難しく、熟練を要するため、まずはネイリング（ピトンを打つこと）の経験が豊富な人と一緒にクライミングを繰り返し、判断力を身につけましょう。

実際のところ、現在、国内では、ネイリングを駆使するルートは限られています。理由は、もろい岩質と1980年代から始まったクライミングスタイルの変化です。このため、米国ヨセミテのエルキャピタンなどの人工的な登攀具を使うルート（エイドルート）を登り込むことが、ネイリングを習得する唯一の道と言っても過言ではないかもしれません。

また、既にリムーバブルプロテクションを使って登られているルートや、ハンマーを使ったプロテクションの設置を控えているエリアでのピトン（ボルトも含めて）の使用は、決して行うべきではありません。

・・・

Q 普段、チューブタイプのディバイスで懸垂下降をしていますが、注意する点はありますか？

A 装着するときには、必ずHMSカラビナを使いましょう。それもなるべく左右対象に近いタイプがいいでしょう。くれぐれもオフセットDカラビナを使うことのないように。オフセットDカラビナはスパインからノーズにかけてのカーブがきつく、ディバイスに二つあるスロット（穴）から出るスパイン側のストランドの摩擦が大きくなり、ゲート側のストランドが持ち上がってしまいます。ロープの末端を結んでいないと、このストランドを引き抜いてしまい、墜落する危険性が高いからです。

だから、本文にもあるように、プルージックコードを使ったバックアップを行い、ロープの末端はそろえてダブルストランドのスリーフォールデッド・オーバーハンドノットでしっかりと結んでおきましょう。ロープを2本使う場合は、同じモデルを使って、片方だけ摩擦が強くなることを防ぐようにしましょう。

雪山編

雪山の装備と歩行技術

過酷な環境に備える

強い季節風、世界有数の豪雪、変わりやすい天候など、日本の冬山の環境は非常に厳しい。夏山登山やクライミングでの豊富な経験に裏打ちされた判断力、厳しいトレーニングでつちかった体力とひるまない精神力、さらに機能的な装備を擁した者が入山を許される世界だ。

雪山の装備

- バラクラバ（目出し帽）
- ニットキャップ
- ネックゲイター
- ミッドレイヤー
- シェルレイヤー
- 手袋もレイヤリング
- アイスアックス
- ゲイター（スパッツ）
- ウインターマウンテンブーツ
- クランポン
- ビルトインゲイタータイプ
- 休憩時にはサーマルレイヤーを着る

レイヤリング

　積雪期は、低温と強風、激しい気象変化と運動強度の違いによる発汗や冷えなど、初夏から秋（無積雪期）よりも厳しい条件の中で登山をすることになる。厳しさゆえにウエアのレイヤリングの重要性はさらに高まる。機能的な重ね着システムであるレイヤリングについては第2章で説明したが、簡単におさらいしておこう。

　登山の場合、「ストップ・アンド・ゴー」と表現されるように、行動時と休憩時の運動強度の差が極端だ。積雪期は過酷な気象条件の中で、その繰り返しを長い時間強いられることになる。まず、肌に触れる第1層のベースレイヤーで汗と水蒸気を吸い上げて、生地表面で蒸散させる。第2層のミッドレイヤーは、第1層からの水蒸気をさらに外側へと送り出し、生地内に効率よく蓄えられた空気で外の寒気を断熱する。そして、外側のシェルレイヤーは防風・防水・透湿の役割を受け持ち、文字通り「殻（シェル）」として機能する。

　また、運動強度が低くなり、体温

140

雪山編　第16章　雪山の装備と歩行技術

アイスアックスの各部名称

プロテクター
ヘッドの両端に付ける

ヘッド

アッズ
シャベル状で足場や支点作りに使う

ピック
最も鋭利な部分で固い雪や氷に突き刺す

シャフトが緩やかに曲がったタイプ

シャフト（柄）

スパイク

リーシュ
アックスを流さないように、体にたすき掛けするタイプ

積雪期は、頭部、頸部、手の保温も重要になる。バラクラバ（目出し帽）、ネックゲイター、ニットキャップなどは常に用意しておきたい。グローブも、ベースレイヤーに相当するグローブライナー（薄手のインナーグローブ）に、行動用のグローブは複数用意し、湿雪からの濡れを防ぐオーバーグローブも忘れないようにしよう。

ブーツ

積雪期登山で使うブーツは、よほどの低山を除いてウインターマウンテンブーツ（第3章参照）が必要だ。ウインターマウンテンブーツは、雪をグリップする深いブロックを持ち、雪面からの寒気を遮断するためソール（靴底）に厚みがある。また、クランポン（シュタイクアイゼン）との整合性を考えてフラット（平ら）なソールは、クランポンの張りに耐えるよう剛性も高い。また、ブーツ内の空気を逃がさず保温効果を上げるように、足首部分を合成ゴムのネオプレン（ポリクロロピレン）で密閉している。

さらにブーツには内部への雪の侵入を防ぐためにゲイター（スパッツ）をかぶせるが、ゲイターとブーツが一体化したビルトインゲイタータイプのウインターマウンテンブーツも急速に普及してきている。

積雪期の登山にはウェアやブーツなどの基本装備に加えて、クランポンやアイスアックス（ピッケル）、アバランチギア（雪崩対策装備）が必要だ。今回はアイスアックスとクランポン、スノーシューの選び方と基本的な使い方を取り上げる。

アイスアックス

アイスアックスはドイツ語ではピッケル（Pickel）、フランス語ではピオレ（piolet）と呼ばれている。初期のアイスアックスは約2メートルの長さがあり、雪の斜面を滑り降るグリセードの杖としてやクレバス（氷の割れ目）を探るために使われた。また、ロープが使用される以前の18世紀中頃までの山岳ガイド

使う場面と目的で選ぶ

低下が急速に進む休憩時には、保温層であるサーマルレイヤーを効果的に使い、次なる行動に備える。これがレイヤリングシステムだ。

141

アイスアックスの使い方

握り方

セルフビレイグリップ

セルフアレストグリップ

携行方法

ショルダーストラップにシャフトを通す。

ヘッドが肩に当たれば完了。

バックパックの表側にあるアイスツールアタッチメントを使う。

は、この長いアイスアックスの一方を自分が持ち、他方を顧客に持たせてロープ代わりに使ったと伝えられる。1786年のモンブラン初登頂の際に、雪や氷に足場を刻むステップカッティングをしやすいように短いタイプが採用され、この時代に杖状のスタイルから手斧のようなスタイルへと進化した。1964年、スコットランドのヘイミッシュ・マッキネスが金属製シャフトのアイスアックス（テロダクティルと呼ばれた）を考案し、これが現代のアイスアックスの原型となった。

現在は用途に応じて使い分けができるように、多くのモデルが流通している。どういったスタイルの登山でどのように使うのか、使用場面と目的を明確にし、それに合ったモデルを用意しなくてはならない。

UIAA（国際山岳連盟）ではアイスアックスをタイプBとタイプTに分類している。タイプBはベーシックタイプとも呼ばれ、一般的な積雪期登山、氷河やスノーハイキングなどでの使用を想定している。タイプTはテクニカルタイプとも呼ばれ、ベーシックタイプに比べて強度が高く、アイスクライミングやド

ライツーリングにも使用できる。

積雪期登山に使うアイスアックスは、シャフトがストレートか緩やかにカーブしているタイプで、シャフトとピックの角度は65～70度程度。長さは急斜面での歩行や体勢の補助、固い雪面や氷にピックを突き刺したり、ステップカッティングやアンカー（支点）のために雪面を掘ったりする用途を想定すると、**腕くらいの長さ（50〜60センチ）が使いやすい。**それよりも長いものは、技術的にやさしい傾斜の緩い登山で、杖として役に立つだろう。

リーシュ（流れ止め）は、登山の場合であれば、たすきのように掛けるタイプが持ち替えやすく使いやすい。また、交通機関で移動する際には、鋭利な部分を覆うプロテクターを使い、人や構造物を傷つけないように配慮しよう。

持ち方と使い方

アイスアックスの持ち方は、**セルフビレイグリップ**と**セルフアレストグリップ**がある。セルフビレイグリップはアッズを握り、ピックが前方。セルフアレストグリップはシャフトの延長線上にあるヘッドを上部

③ロー・ダガーポジション　　　　　　①ケインポジション

④ハイ・ダガーポジション　　　　　　②ステイクポジション

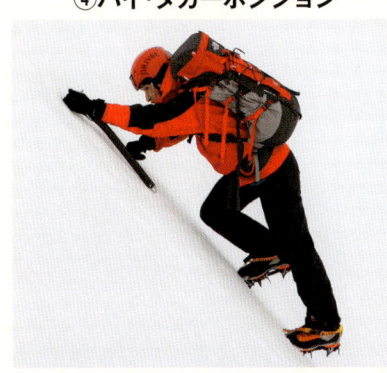

ポジション	斜度の目安	使い方
① ケインポジション	0度〜45度	杖（ケイン）のように使う。
② ステイクポジション	45度以上	両手でヘッドをつかみ、シャフトを雪面に刺したポジション。
③ ロー・ダガーポジション	45度〜55度	アッズを握り、ピックを腰くらいの高さの雪面に刺す。フロントポインティングと併用することが多い。
④ ハイ・ダガーポジション	50度〜60度	セルフアレストグリップでアックスのヘッドを握り、顔から肩くらいの高さにピックを刺す。フロントポインティングと併用することが多い。
トラクションポジション	60度以上	アックスのスパイク付近を持ち、振り込む要領でピックを打ち込む。

から握り、アッズが前方を向いている持ち方だ。

一般的には上りはセルフビレイグリップ、下りはセルフアレストグリップを使うことが多い。このように使い分けるのは、スリップ時に素早くピックを雪面に刺すことができるからだ。いずれにしても、しっかりと持ち、ピックまたはシャフトを雪面に打ち込めるように備えておくことが肝心だ。

また、アックスは山側に持ち、山側の斜面に刺す。緩やかな斜面では杖のように使う「ケインポジション」、やや斜度がきつくなると、ヘッドを両手で持ち、スパイクからシャフトをしっかりと雪面に打ち込む「ステイクポジション」に切り替える。クランポンのつま先のポイント（爪）を使って登るほどの斜面では「ダガーポジション」が有効だ。ダガーポジションは、アッズを持ち、腰あたりの雪面にピックを刺す「ロー・ダガーポジション」と、ヘッドを持って顔から肩くらいの雪面にピックを刺す「ハイ・ダガーポジション」がある。

クランポンの種類

ハイブリッド
つま先に樹脂製のハーネス、かかとに金属棒で支えられたクリップが付いている。

クリップオン方式
つま先にトーベイル、かかとに金属棒で支えられたクリップが付いている。

ストラップオン方式
つま先とかかとに樹脂製のハーネスがあり、ストラップを締めて装着する。

クランポンに付いた雪は、アックスのシャフトでブーツ側面をたたいて落とす。

爪の短い12ポイントクランポン
雪の少ない岩稜向き。

10ポイントクランポン
夏の雪渓や積雪期の傾斜の緩いルート向き。

クランポン

クランポンは、ブーツのソールでは十分なトラクション（駆動力）が得られないような固い雪や氷の斜面に突き刺す金属製の爪を備えた道具だ。ブーツの底に装着する。およそ2000年前からケルト民族やコーカサス地方の人たちは、冬季の歩行に金属製スパイクを使っていた記録が残っている。

登山用として10ポイント（10本爪）のクランポンが開発されたのは1907年、英国のクライマー、オスカー・エッケンシュタインの手による。彼はこの画期的な装備だけでなく、クランポンの爪がすべて刺さるよう雪面に平らに足を置くフラットフッティングという技術も同時に編み出した。いつの時代も、従来の概念を超えた装備はなかなか受け入れられない宿命にあるが、エッケンシュタインの考案したクランポンと技術もそうだった。しかし、この装備と技術は海を越えたフランスで取り入れられ、次第に浸透していった。そして1932年、ローラン・グリベルがさらに2ポイントを加えて考案。この新兵器は、1938年のアイガー北壁初登攀のリーダー、アンデレル・ヘックマイヤーが使用したことでも有名だ。これによってさらに斜度の強い雪面や氷の斜面への挑戦が可能になり、このモデルは現在普及している多くのクランポンの原型となった。

現在、クランポンはアイスクライミングやミックスクライミング用にさらに細分化され、ポイントの本数や形状は多様化している。

爪の数と形状

クランポンのポイントの数による違いは、発達の歴史から読み取ると分かりやすい。10ポイントクランポンは、夏の雪渓や積雪期でも低山などの斜度の緩いルートのための装備。12ポイントクランポンは積雪期登山の標準装備と考えていいだろう。12ポイントクランポンでも爪が短いものは、どちらかと言えば、雪の少ない岩稜などでの使用を想定している。だから、雪が多く固い雪や凍った斜面がある場合、または雪が柔らかい場合でも長く続く急な斜面などでは、爪の長いタイプがより確実

144

雪山編　第16章　雪山の装備と歩行技術

クランポンの分類	ブーツとの一体感	適応するブーツ	主な登山形態
ストラップオン	△	トレッキングブーツ（ハードタイプ） マウンテンブーツ（ライトタイプ）	夏の雪渓、積雪期は低山など傾斜が緩いルート
ハイブリッド	○	マウンテンブーツ（ライトタイプ） マウンテンブーツ（ウインタータイプ）	積雪期登山
クリップオン	◎	マウンテンブーツ（ウインタータイプ）	積雪期登山、アイスクライミング、ミックスクライミング

一般的に積雪期登山で使う場合、フロントポイント（前爪）の形状はホリゾンタルポイント（平爪）が使いやすく、バーチカルポイント（縦爪）はアイスクライミング用かドライツーリング用と考えていい。セカンダリーポイント（2列目の爪）の角度が前方に突き出しているタイプは、雪面に4ポイント（前2、2列目2）刺せるので、傾斜のきつい斜面で特に有効だ。

三つの取り付け方式

クランポンの取り付け方式（アタッチメント）は、ストラップオン、クリップオン、そしてハイブリッドの三つに分類できる。

ストラップオンはつま先、かかとに樹脂製のハーネスがあり、ストラップを締めて装着するタイプ。クリップオンはつま先にトーベイル（U字状の浅い角度の金具）、かかとに金属棒で支えられたクリップがあり、それらを掛けて装着する。ハイブリッドは、つま先にストラップオンと同じ樹脂製のハーネス、かかとにはクリップオンと同様のクリップを用いている。

トラクションを得られる。

一般的にはこの三つに分類されるが、かかとにクリップを持つタイプを全てクリップオンと分類する場合もある。

アタッチメントの違いはブーツとの一体感の違いを意味し、適合するブーツや登山形態にも関連してくる。各タイプの特徴は表を参照してほしい。

スノーシュー

スノーシューは新雪を歩く際に使う。降雪直後のトレースのない柔らかい雪は、ブーツでの歩行だと足が潜ってしまう。そのような雪の中で行動する道具がスノーシューだ。日本で古来使われている「輪かんじき」（通称：わかん）もスノーシューの一種だ。楕円形の枠にストラップかデッキ（布地）を張り、浮力を得る仕組みになっている。デッキの面積が大きいほど浮力があるが、携行時はかさばる。アタッチメントはモデルによってさまざまで、対応するブーツにもよるので、使用場面と持ち運びを考えて選ぶといい。

歩行時、傾斜が緩い場合はトレッキングポールと併用することも多い。

スノーシューは傾斜が緩く、雪が深くなければ、特別な歩き方は必要ないが、傾斜が強く、雪が深い場合は、輪かんじきと同様に、足を外側から回すように前方へ送り出す。

傾斜が強いときはスノーシューも、足を外から回すように前方へ送り出す。

スノーシュー（左）と現代の金属製の輪かんじき。

雪上歩行は十分な夏山経験が基礎

雪上歩行技術を身につけるためには十分な夏山経験が基礎として必要だ。雪面でのスリップを防ぐために、クランポンの全ての爪が雪面に刺さるようブーツをフラットに置くが、この足の使い方、フラットフッティングは夏山のザレなど足場が不安定な場所と共通する。

フラットフッティング

靴底を常に雪面に向ける。

クランポンの爪が全て雪面に刺さるように平らに置く。

積雪期登山で足裏をフラットに置く理由は、まずクランポンの爪を全て使い、雪面や氷の斜面とのトラクションを多く得るためだ。もうひとつは、フラットに持ち上げられたブーツは靴底が常に雪面を向いており、クランポンの爪をウエアに引っ掛ける危険性が少ないからだ。まずは平らな斜面で、足踏みをする要領で練習するといい。

次に、実際の斜面に応じたアックスとクランポンの使い方を技術ごとに練習し、実際の登山ではそれらを組み合わせて行動する。

例えば、斜め登高の場合、山側にアックスをケインポジションに持ってシャフトをしっかり雪面に刺し、山側の足は進行方向、谷側の足はやや下向きにすると安定する。この足の使い方は、3時の時計針状につま先を開く**スリーオクロック**の変形と

考えればいい。

斜め登高で方向を変える場合、まずはアックスをケインポジションからステイクポジションに切り替えて上体を安定させ、次に足の向きを、つま先を開いた**ダックウォーク**のポジションを経て進行方向へと変更する＝149ページ参照。特に初心者の場合、このような手順を踏んだ方法を徹底して覚えることが、不意のスリップを防ぐことにつながる。

下りは、正面を向いて下りる**フェイシングアウト**と、雪面を向いて下りる**フェイシングイン**に分類できる。傾斜が緩やかでスリップの危険が少ない場合はフェイシングアウトを使うことが多い。

また大きな段差や上りで、つま先を斜め横にして交差させて運ぶ**ダイアゴナル歩行**を行った箇所では、同じ体勢で下ることも多い。この場合、足は交差させずにそろえる程度にすることで転倒の危険を抑えることができる。

さらに傾斜がきつくなったときにはフェイシングインで下る。この場合、足は**フロントポインティング**、アックスはダガーポジションを使うことが多い。

146

雪上の歩き方 I

②ダックウォーク
つま先は開く。

①ウォーキング
つま先は進行方向。

下　降
フェイシングアウト

フェイシングイン

クランポン技術	斜度の目安	歩　き　方
①ウォーキング	0度～15度	つま先が進行方向を向いた歩行。
②ダックウォーク	15度～30度	アヒルのようにつま先を開いた歩行。
③ダイアゴナル	30度～60度または段差	つま先はやや斜め方向を向き、足が交差する歩行。
④スリーオクロック	60度以上	山側の足はフロントポインティングかフラットフッティングで前方を向き、谷側の足はフラットフッティングでつま先が外側を向いた歩行。
⑤フロントポインティング	60度以上	クランポンのつま先の2～4ポイントを使った歩行。

雪上の歩き方 II

⑤フロントポインティング
クランポンのつま先を雪面に蹴り込む。アックスは片手がハイ・ダガーポジション、一方でシャフトを握る。

④スリーオクロック
つま先は3時の時計針状。

(山側)　(谷側)

進行方向　外側

③ダイアゴナル
つま先はやや斜めの方向。足が交差する。

148

トレッキングポールを使った歩行

雪山でも傾斜が緩かったり、雪質が柔らかかったりして、クランポンを使うほどではない場合には、トレッキングポールを利用することがある。足を取られやすい深い雪の中を歩くとき、バランスを取るのに有効だ。その際にはトレッキングポールの先端にスノーバスケットを取り付け、埋もれないようにする。

先端にスノーバスケットを取り付ける。

斜め登高での方向転換

足を進行方向へ。

方向転換完了。

アイスアックスをステイクポジションに切り替える。

足をダックウォークポジションへ。

雪崩（アバランチ）に備える

積雪期の登山では、低温と雪崩に対する備えは不可欠だ。
特に雪崩は予測が困難な事象だと認識し、
常に遭遇することを想定した対策を取っておかなくてはならない。

一瞬で襲いくる脅威

積雪期の登山で雪崩は脅威の存在だ。降雪中や降雪直後はその危険性が高まる。脅威である理由として、雪崩の実態がまだ完全には解明されていないことや、雪崩から生還した登山者が少ないために、伝えられる体験情報が限られていることなどが挙げられる。そもそも雪崩に遭うこと自体が、登山者としてほめられたことではない。発生の予測が困難だとしても、回避できなかったという事実は登山歴に汚点として残る。そのため、雪崩に遭ったことはなるべく話したくないのが登山者の心情だ。

大山の元谷で遭遇

私は雪崩に巻き込まれた経験がある。数ある雪崩事象のほんの一例に過ぎないが、実感を伴った対策の一助に、あえて紹介しよう。

鳥取県の大山の北壁を目指し、元谷を登っていたときのことだ。冬の日本海側特有の曇天の下、風はそれほど強くなく、静かな降雪は未明から続き、新たに積もった雪（上載積雪）は平均して15センチを超えていたようだ。雪質は湿雪で重く、積もった先から雪面に沈み込むようで、感覚的には今すぐなだれるという程度ではないと思われた。また、なだれたとしても弥山尾根末端から下流に延びるインゼル状台地を覆うほどの雪崩は来ないと予測した。

それでも注意を払いながら、北壁の別山バットレスから延びる尾根の裾に沿って登り続けた。上部を注視しながら、弥山尾根方面へトラバースする箇所をうかがっていたとき、灰色に曇ったガスの奥にうっすらと見える北壁の斜面、弥山沢上部に動くものが見えた。「雪崩!!」。そう思った次の瞬間には、雪崩先端部の雪にはじき飛ばされた。

雪崩の内部には密度の高いところと低いところがある。密度の高いところは重い雪の塊となり、土石流のように回転しながら動いている。それはデブリ（雪崩の残骸）が大小の雪の塊で構成されているのを見れば想像がつく。雪崩の中では同じ圧力で流されているわけではなく、絶え間なく重いパンチで殴り続けられているような状態だった。長く続いたように感じたが、おそらく一瞬の間だったのだろう。無音、すさまじい速さ、ボクサーに殴り続けられるような衝撃。これが私の経験した雪崩だ。

雪崩で、結果として、私は雪崩の端に巻き込まれていた。幸い、自力で起き上がることができ、けがもなかった。一帯はほぼ無風だったが、雪崩は発生した時も、向かってくる時も、音は聞こえなかった。また、それは恐ろしく速かった。無音、す

2010年11月30日、立山で起きた雪崩現場。中日新聞社ヘリから隈崎稔樹撮影。

雪山編　第17章　雪崩に備える

雪崩の装備

シャベルは金属ブレード、T字状のグリップシャフトのタイプがコンパクトで使いやすい。収納性を考えて、シャフトとブレードが分割するタイプもある。スノーソー（小型の雪用のこぎり）もあると固いデブリを切ることができる。

シャベル
グリップ
シャフト
ブレード

アバランチトランシーバー

プローブは250㌢程度と300㌢程度のモデルが主に普及。山岳スキーなど雪崩のリスクが高いエリアで活動する人やガイド、指導者は300㌢程度のものを、雪崩の危険性が比較的少ないルートの場合は250㌢程度のものでもいい。

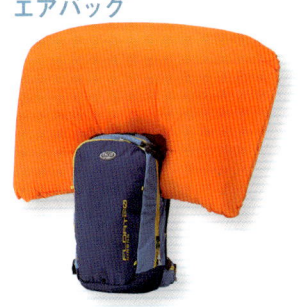

プローブ

アバランチ
エアバッグ

アバラング

アバランチトランシーバーの国際規格 ETSI EN300 718-1	
周波数	457kHz ± 80Hz
送　信	連続200時間（＋10℃環境下）
受　信	連続1時間（－10℃環境下）
動作確認温度域	－20℃ ～ ＋45℃
信号の間隔	1000 ± 300ms（ms=1/1000秒）

アバランチギア

アバランチギア（雪崩装備）はこの数年で著しく進化した。電波を送受信するアバランチトランシーバー、雪に刺して埋没者を探り当てるプローブ、雪を掘るシャベルだけでなく、埋没した状態で雪の中の空気を肺に取り込むアバラングや、流体の中では体積の大きなものが上に出る性質を利用したエアバッグなど、雪崩対策のアプローチそのものが多角的になってきている。その中で、最も基本的な装備として普及率が高まっているアバランチトランシーバーの原理と捜索方法を説明しよう。

アバランチトランシーバーは日本では「ビーコン」の名称でも知られている。送信（トランスミッション）と捜索（サーチ）の二つのモードを切り替えて、雪崩に埋没した場合は自分の位置を知らせ、捜索する場合は発信源である埋没者の位置を特定する機器だ。アバランチトランシーバーだけでは不十分で、プローブとシャベルを併用することで、ひとつの救助システムを構成する。手順は、①アバランチトランシーバーの受信機能を使って、埋没しているトランシーバーの発信源を特定②プローブで物理的に探り当て③シャベルで掘り起こす――となる。

捜索の手掛かりは、送信状態で埋没しているアバランチトランシーバーだ。アバランチトランシーバーの電波は立体的な渦状に送信されている。これを磁束線（フラックスライン）と呼び、棒磁石の周囲に砂鉄をまいたときに現れる模様とよく似ている。埋没者の捜索は、この磁束線を利用して行う。

出発前に、アバランチトランシーバーの電池を新しいものに交換してから、専用のハーネスで、みぞおちあたりに位置するように装着する。

磁束線のイメージ
棒磁石の周囲に砂鉄が描く模様が磁束線のイメージ。立体であることに注目。

シェルレイヤーの下など、アバランチトランシーバーが表に出ないようにする。携行時は、送信モードでは携帯電話や電波を発する機器、金属製品、磁石を近づけないように注意する。そして、行動開始時には、送信モードと捜索モードがそれぞれ機能しているか、登山メンバー全員のアバランチトランシーバーをチェックする。

モバイル機器との干渉に注意

雪崩発生現場に遭遇した場合、まず発生した時間を確認する。雪の中から生きて助け出すには、埋まっていた時間が生と死を分けるからだ。生存時間については諸説あるが、おおよそ15分以内で90％、30分以内で50％の蘇生確率と言われている。

アバランチトランシーバーを捜索モードに切り替える。捜索モードでは他の電子機器は電源を切るか、50㌢以上離す。特にWiFiやBluetoothなどモバイル機器が発する電波が干渉する事例が最近報告されているので、これらの電波を発する機器は切っておこう。

雪崩に巻き込まれた人の消失点を確認できているならば、雪崩跡のうち、消失点よりも雪崩の進んだ下方から捜索範囲となる。目視した情報から捜索範囲を絞ることは、生還のために限られた時間を有効に使うことにつながる。

フェーズ 1
シグナルサーチ
磁束線を探す

第一段階は「シグナルサーチ」と言い、捜索範囲の中で磁束線を探す。捜索モードに切り替えたアバランチトランシーバーは、腕を軽く伸ばして水平になるように持つ。雪崩跡の捜索範囲を上部から下部へ向かって、取りこぼすことのないように捜索する。機種によって受信範囲が異なるので、自分のアバランチトランシーバーの受信範囲は覚えておく必要がある。

例えば、受信範囲が40㍍であれば、機器を中心にして半径20㍍以内を感知できる。この場合、雪崩跡の幅が40㍍未満であれば中心をまっすぐに進めばいいし、それ以上であればL字クランク状に半径20㍍の受信範囲を意識しながら動く。複数の人間で捜索する場合は、雪崩跡の規模とそれぞれのアバランチトランシーバーの受信範囲を考えて、捜索の動きを決めることになる。シグナルサーチは磁束線を受信するまで続ける。

う接線の方向と発信源までの距離を瞬時に画面に表示し、捜す人がどの方向に、どのくらい動けばいいかを示す。接線に沿って中心に向かう方式を「タンジェント（接線）方式」と呼ぶ。

磁束線を受信したら、画面が表示する矢印などの方向指示に沿って渦の中心を目指す。この段階が「コースサーチ」だ。磁束線は棒磁石の周囲に広がる砂鉄をイメージして、それに沿って中心に向かおう。電波を受信した直後は、画面の矢印に従って素早く動き、表示される発信源との距離が約10㍍程度になったら、少しゆっくりと動く。

フェーズ 2
コースサーチ
磁束線の中心を目指す

アバランチトランシーバーは現在、アンテナを3本以上内蔵したデジタル方式が主流だ。このタイプは電波が直交を繰り返すことから名付けられた。

コースサーチで渦の中心付近に近づいたら、より詳細な位置を特定するため、受信しているアバランチトランシーバーを雪面に近づける。第三段階では「ブラケット方式」で、より詳細な位置を特定する。ブラケットには角カッコ（[ ]）という意味もあり、この方式での捜索動作

フェーズ 3
ファインサーチ
詳細な位置を特定する

152

雪山編　第17章　雪崩に備える

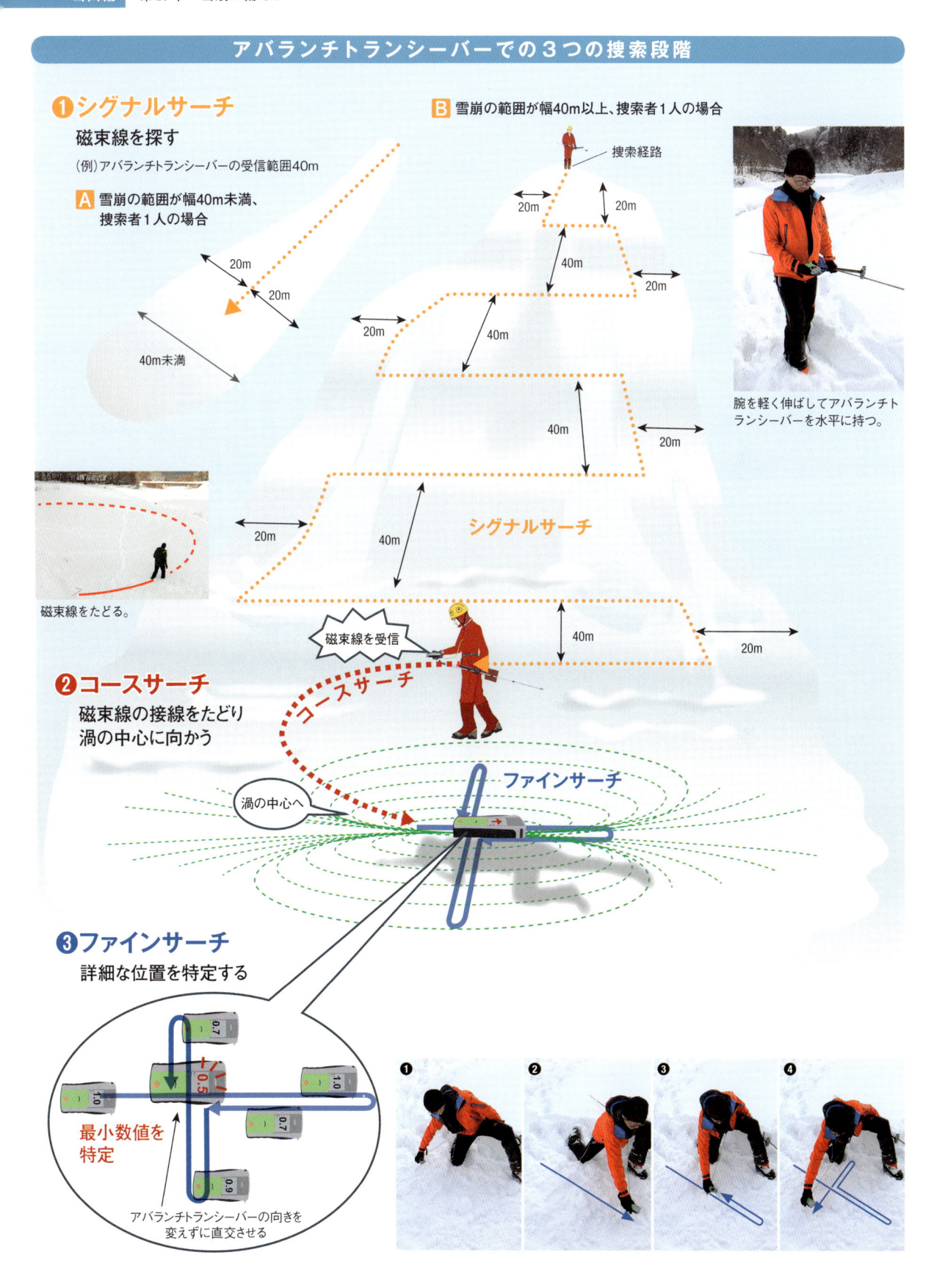

アバランチトランシーバーでの3つの捜索段階

❶ シグナルサーチ
磁束線を探す

(例)アバランチトランシーバーの受信範囲40m

A 雪崩の範囲が幅40m未満、捜索者1人の場合

40m未満
20m
20m

B 雪崩の範囲が幅40m以上、捜索者1人の場合

捜索経路
20m　20m
40m
20m
40m　20m
40m　20m
シグナルサーチ
40m　20m
磁束線を受信

腕を軽く伸ばしてアバランチトランシーバーを水平に持つ。

磁束線をたどる。

❷ コースサーチ
磁束線の接線をたどり渦の中心に向かう

渦の中心へ

ファインサーチ

❸ ファインサーチ
詳細な位置を特定する

0.7
1.0　0.5　1.0
0.7
0.6

最小数値を特定

アバランチトランシーバーの向きを変えずに直交させる

❶　❷　❸　❹

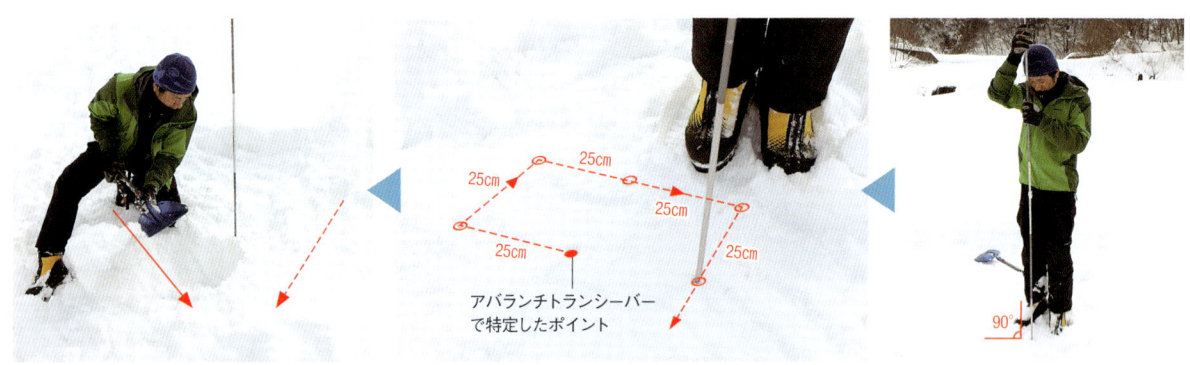

プローブを頂点としてV字状に雪を掘り出していく。

アバランチトランシーバーで特定した地点を出発点に、四角を描くように25cm間隔で刺していく。

プロービングは雪面に対して垂直に深く刺す。

コースサーチからファインサーチに移る動きは、航空機が滑走路に着陸する様子に似ている。コースサーチでは胸の前くらいに持っているアバランチトランシーバーを、航空機が着陸するように、進入してきた方向のまま、次第に雪面に近づけながら直進させて、画面に表示される数値を読み取る。

数値は、埋没しているトランシーバーに近づくにつれて小さくなり、離れると再び大きくなる。最小数値を示した位置を覚えておき、数値が大きくなり始めたら、直線上を後戻りさせて最小地点を再確認する。その位置で、進入してきた方向に対して直交する90度の方向にトランシーバーを動かしながら、画面の数値を読み取る。直交させるとき、アバランチトランシーバー自体の向きは変えないように注意が必要だ。そして、再び最小数値を探すように動かす。この一連の動作を繰り返して、**最も小さい数値を示す地点を特定する。**

ここまでがアバランチトランシーバーでの位置特定だ。次に、この位置を中心としてプローブでの特定作業にかかる。複数の人間で捜索する場合は、ファインサーチとプローブ

■ 捜索訓練の流れ

習熟するまで繰り返し練習を

これがアバランチトランシーバーの基本的な使い方だ。実際の雪崩捜索に対応できるようになるには、まず原理を知り、それに沿って機器の操作に熟練するまで、繰り返し練習することが求められる。この分野は毎年のように情報が刷新されるので、シーズンごとにチェックを怠らないようにしよう。

ここで紹介する二つのトレーニングは、あくまで入門者向けのものだ。プロフェッショナルガイドや指導者は、さらに踏み込んだ使い方に精通していなくてはならない。

プロービング

最小数値を示す位置は見失わないように、スキーポールを刺したり十字状に置いたりして目印を残す。その目印を出発点として、四角を描くように25㎝間隔でプローブを刺して探索していく。これを「プロービング」という。プロービングは素早く、深く行い、プローブは雪面に対して垂直（90度）になるように注意する。プロービングをする範囲は、最小数値で特定した位置を中心に2ｍ四方が目安となる。

プローブが埋没者に当たったら、プローブに記された目盛りの数字を読み、おおよその埋没深を確認する。プローブはそのまま目印として残して掘り起こしに入る。

掘り起こし

掘り起こしは、プローブの目盛りの数字を参考にして斜面を掘り下げるように進め、プローブを頂点としてV字状に雪を掘り出していく。複数の人間でV字状に掘り起こす場合は、プ

での特定、プローブでの特定と掘り起こしを同時に行うなど、時間の短縮を工夫する。

ロープに近い人間が雪を崩し、後方の人間は雪を外に投げるようにして、ベルトコンベヤーの要領で作業の効率を高める。

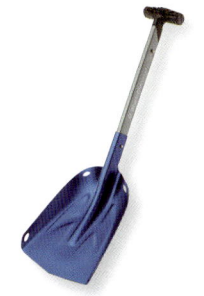

習熟のためのトレーニング

ステップ1

- ■ **想定内容**：埋没者1人、捜索者1人
- ■ **アバランチトランシーバーの設置状況**：1台（深さ70㎝程度。袋に入れて水平に置く）
- ■ **目的**：磁束線を可視化することで、アバランチトランシーバーの原理を理解する。
- ■ **ポイント**：シグナルサーチ、コースサーチ、ファインサーチそれぞれの動きと意味を確認しながら行う。特にコースサーチのエリア周辺は、踏み跡のないきれいな雪を残し、コースサーチでの足跡を確認することで磁束線の状況を体感する。

これを繰り返すことで原理と3つのフェーズを理解する。数回繰り返し、慣れてきたらそれぞれのフェーズにどのくらい時間がかかったかを記録し、徐々に短縮できるようにする。

ステップ2

- ■ **想定内容**：埋没者2人、捜索者1人
- ■ **アバランチトランシーバーの設置状況**：2台
- ■ **目的**：アバランチトランシーバーのマーキング機能を使い、複数埋没の捜索を行う。
- ■ **ポイント**：機器で位置を特定した後、最初の埋没者をプローブで探り当てたら、マーキング機能を使って、特定したトランシーバーからの電波を遮断し、次の埋没者を捜索する。

これも初めは確実さを意識し、徐々に時間を短縮できるように繰り返す。

雪山での生活技術

雪山のシェルターのタイプ

避難小屋
避難小屋は原則として悪天候などの非常時に利用する施設。小屋ごとに利用のルールが異なるので、計画段階で管理者に連絡を取り、確認しておきたい。

テント

イグルー

雪洞

雪山で休息空間を確保して水分や栄養を補給するノウハウは「生活技術」と呼ぶにふさわしい。降雪状況や雪の状態、気温、風、ストーブの取り扱いなど、関係する要素が多く、伴うリスクも増すからだ。

雪崩や風を考え場所を選ぶ

山に泊まる装備を扱った第4章で「シェルターとは暖かく乾いた空間を維持し、体を休ませることのできる避難所」だと説明した。無積雪期に比べて積雪期は、寒気、風、降雪など厳しい条件がそろっているので、シェルターの役割はさらに重要になる。

積雪期はテント、雪洞、イグルー、場合によっては避難小屋をシェルターとして利用するが、これらを設営したり利用する際、雪を掘り起こしたり雪のブロックを切り出したりするので、シャベルとスノーソー（雪

のこぎり）は欠かせない。

避難小屋など常設の建造物は別として、テントや雪洞などは、まず設営場所の選定から始めなくてはならない。設営場所は、雪崩の走路と想定される場所や風が強く吹く場所を避けるが、過去の雪崩事例や実際の積雪状況など、できる限り多くの情報を入手して判断する。

また、シャベルやスノーソーに加えて、ペグとガイラインの予備も用意した方が良い。設置したペグを掘り出す際にシャベルでガイラインを傷めたり、ペグを紛失したりという

156

雪山編　第18章　雪山での生活技術

テントの設営手順

❶ テント本体を設営する向きに置く

テントの入り口は少し開けた状態で。

❷ 本体下部をペグで留めるなど飛ばされないようにする
※複数いれば必ず1人がテントを押さえておく

T字状に雪を掘り、ガイラインを留めたペグを置く。

ペグを雪に埋める。

❸ 素早くポールを立ち上げる

❹ 全てのペグ打ち箇所、ガイラインを留める

❺ 風上側に雪のブロックを積み上げる

❻ テントの入り口を30センチ程度掘り下げる　→ 人が出入りしやすくなり、テント内に雪が入りにくくなる

■ 軽量速攻登山向け

テントの内側に入ってフレームを組むので狭い場所でも設営できる。

形状はコンパクト。

シングルウォールで無駄のない内部。

テント

事態に備えるためだ。

設営場所が決まったら、テントの床面積より広めに雪面をならし、足で踏み固める。テント床面の周囲を60〜80センチ程度広げるくらいが目安となる。これは、ペグを埋める場所と雪のブロックを積み上げる場所も固めておく必要があるからだ。時間と天候にゆとりがあれば、踏み固めた後、30分程度そのままにしておけば、表面が固まって作業がしやすくなる。

出入り口を風下に

設営地が整ったら、その場所の風向きをよく観察し、テントは出入り口を風下側に向けるように置く。無積雪期と同様に、テント本体や収納袋、ポールなどを飛ばしたり、雪面に流したりしないように注意して取り扱う。

テントはシングルウォールタイプとダブルウォールタイプがあるが、シングルウォールは積雪期の「ライト・アンド・ファスト（軽量速攻）」スタイルの登山を想定して開発されたものが多い。雪上で使う前提なので

157

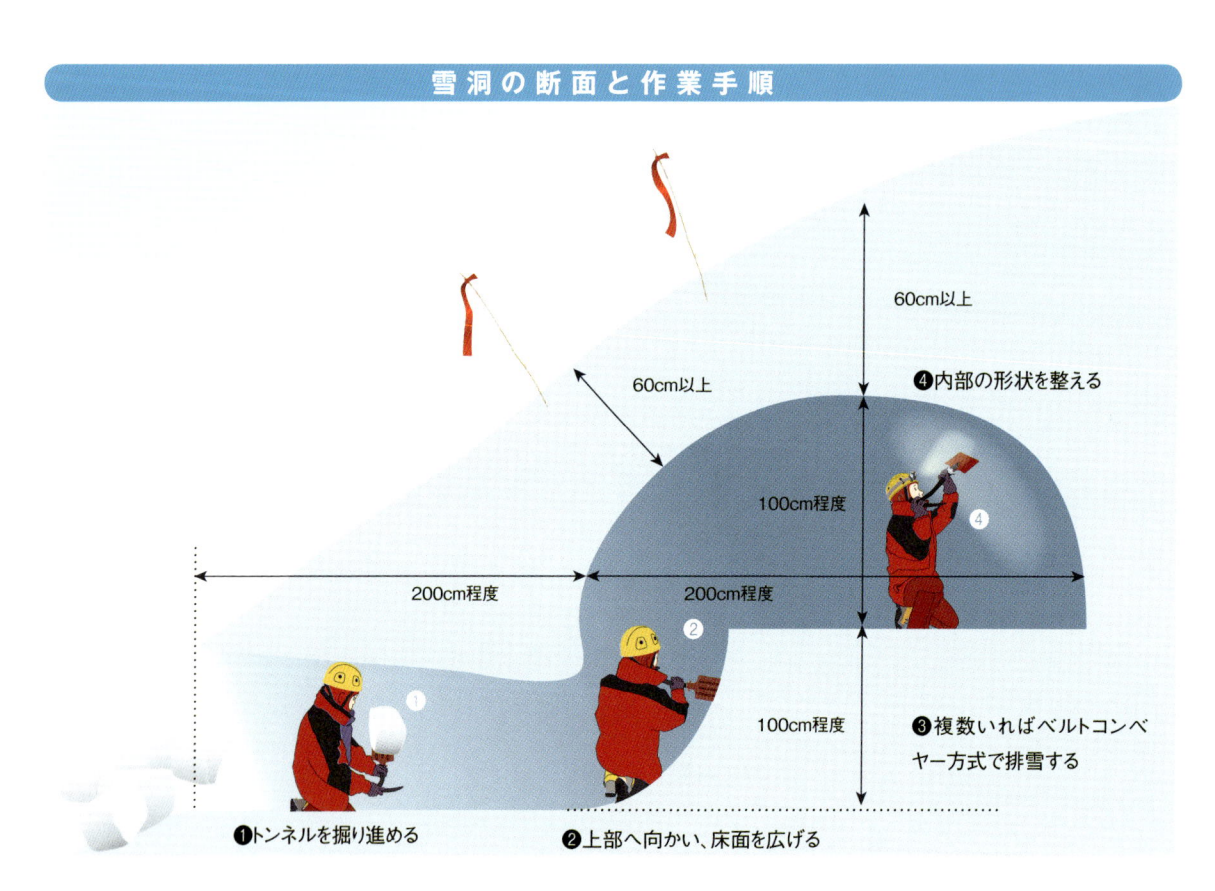

生地が薄く、軽量化のために縫製部を覆うシームテープを使わず、使用者自身がシームシーラー(目止め剤)を施す場合もある。フレームもテントの内側から組むなど、狭い場所で設営することを考慮したモデルもある。

こういったモデルは積雪期にこそ真価を発揮する。テントに限らず山の装備は、登山する季節や登山スタイルと、その製品コンセプトが合っているかどうかを判断して選びたい。

雪を掘り、埋めて使うアンカー(支点)を「デッドマンアンカー」と呼ぶ。ペグをデッドマンアンカーとして使う場合、ペグは寝かせて、中央部分にガイラインをクローブヒッチで留め、30センチ程度の深さに埋める。雪にペグとガイラインに合うようにT字状に掘る。ガイラインを張ったら雪を埋め戻し、踏み固める。

テントを押しつけるようにガイラインを張る

このときガイラインは、テントを雪面に押しつけるようにしっかりと張り込むことが、風で飛ばされたりポールが折れたりしないための大切なポイントだ。ペグ以外にも木の枝

や竹、アンカー用に作られたナイロン布などがデッドマンアンカーとして使える。

雪洞

天井部は60センチ以上の厚みを

雪洞は十分な積雪、雪の固さと柔らかさのバランス、周囲の気温と天候など、複数の要素が整っていないと作ることが難しい。雪が固すぎれば掘れないし、柔らかすぎると崩れる。天井部の崩壊を招かないためにも厚みは60センチ以上欲しい。大きさは収容人数によって異なるが、大きくなると支柱がないので床面積が大きくなると、崩壊の危険性が高まることを覚えておきたい。

一般的に2人用なら奥行き2メートル、幅2メートル、高さ1メートル程度。2～3人用テントのサイズを基準にすればいい。これに入り口部分のトンネルを考えれば、奥行き4メートル×幅4メートル×高さ3メートル程度の積雪が必要となる。可能なら、トンネルは雪洞の床面

雪洞の断面と作業手順

- 60cm以上
- ❹内部の形状を整える
- 100cm程度
- 60cm以上
- 200cm程度
- 200cm程度
- 100cm程度
- ❸複数いればベルトコンベヤー方式で排雪する
- ❶トンネルを掘り進める
- ❷上部へ向かい、床面を広げる

雪山編　第18章　雪山での生活技術

より低く掘り下げ、下方から床面に通すようにする。こうすると風が侵入しにくく、冷気もトンネルにたまるので、雪洞内の温度が下がりにくい。

雪洞を掘る上で注意したいのは「濡れ」だ。特に手袋はかなり濡れるので、凍傷を防ぐためにもオーバーグローブを併用し、交換用グローブも必ず用意する。

雪洞が完成したら、誤って天井部を踏み抜くことのないように、雪洞の周囲にトレッキングポールやルート旗（赤など目立つ色の布を付けた竹ざお）を立てる。

シングルポールシェルター＋スノートレンチ

短時間で広い空間

この組み合わせは、比較的短時間の作業で広い空間が得られる。シングルポールシェルターをスノートレンチ（雪濠(せっこう)）のキャノピー（天蓋）に利用したと考えればよい。シェルターの裾の内側と外側の両方にブロックを積んで風の吹き込みを防ぐので、この作業は特に入念に行う。

シングルポールシェルター＋スノートレンチの設営手順

❶ 雪のブロックの切り出し場所を決めて踏み固める

❷ 設営場所を決め、踏み固める

❸ シングルポールシェルターの内側にブロックが1列入るくらいの大きさでスノートレンチを掘る

丸く掘ったスノートレンチ。

❹ シングルポールシェルターを立て、全てのペグ打ち箇所をペグで固定する

完　成

❺ シングルポールシェルターの内側と外側にブロックを積んで裾を押さえる

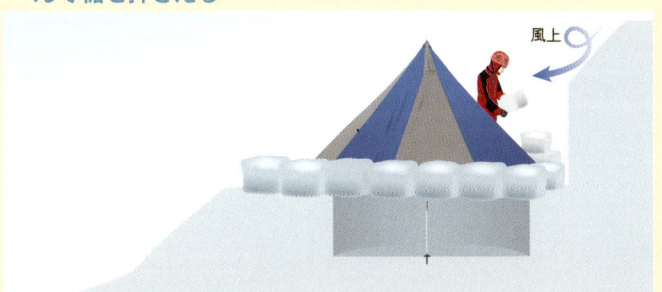

風上

シェルターの裾をブロックで押さえ、風上側の背後にはブロックを積んだ。

❻ 風上側はブロックを高く積んで風を防ぐ

完成した内部。シングルポールシェルターの内側にもブロックを積む。

イグルー＋スノートレンチの設営手順

❶ 雪のブロックを切り出す場所を決め、踏み固める

❷ イグルーの設営場所を決め、踏み固める

設置場所を踏み固める。

❸ ブロックの一段目を置く円を描き、スノートレンチを掘る

円の中央にトレッキングポールを立てた。

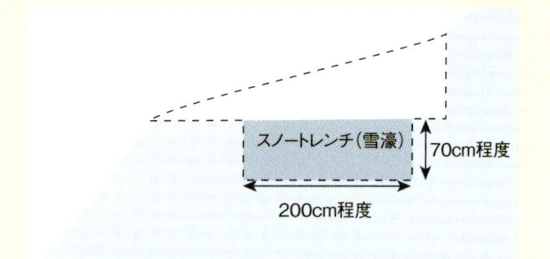

スノートレンチ（雪濠）
70cm程度
200cm程度

以下は併行して作業する

❹ ブロックを切り出し、設営場所に積み上げていく

シャベルのブレードの幅を目安に、スノーソーでブロックを切る。

シャベルで雪の中からブロックを取り出す。

ブロックを積みながらトンネルを掘る。排雪は上部へ行う

円形にブロックを積んでいく。

ブロックの内側に傾斜がつくよう、スノーソーで削る。

入り口のトンネルも掘り始める

❺ スノートレンチの床面からトンネルを掘る

ブロックを積む一方で、床面からトンネルを掘り始める。

ブロックを内側に傾けながら積み上げる

❻ 入り口のトンネルを掘る

ブロックを内側にずらすように積んで、ドーム状にする。（内側から撮影）

2メートルほど下手で入り口のトンネルを掘り始める。

❼ イグルーの形ができたら、ブロックの隙間を埋める

雪をかけて、シャベルでたたくと良い

※完成後はトンネル部分を踏み抜かないよう、周囲にトレッキングポールやルート旗を立てる

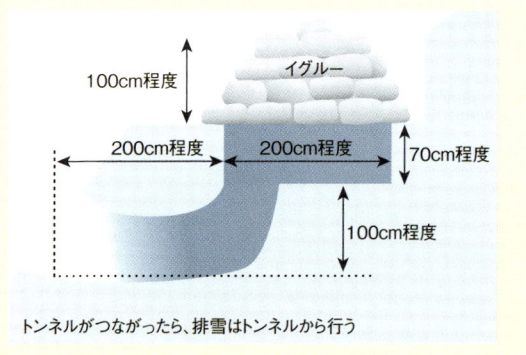

ブロックの隙間を埋めて完成！

100cm程度
イグルー
200cm程度　200cm程度　70cm程度
100cm程度

トンネルがつながったら、排雪はトンネルから行う

160

イグルー＋スノートレンチ

少ない積雪で構築
換気口の役割も

イグルーとスノートレンチを組み合わせると、比較的少ない積雪でもシェルターを構築できる。雪洞の場合、天井部分に強度を出すことと有効なベンチレーター（換気口）を作ることが難しいが、イグルーを併用すれば、この点もある程度、解決できる。

ただし、イグルー作りには熟練が必要なので、練習を繰り返してから実際の山行で使うようにしたい。

雪面に断熱シートを敷き詰めて快適なイグルー内部。シャベルも取り込んである。

降雪時の注意点

雪が降っているときは、テントやシングルポールシェルターなどは雪かきをしてつぶれないように注意する。

テントやシェルターの生地の上に雪が積もると、サイドウォールが内側に押し込まれる。さらに進むと、テントがつぶれることさえある。まずは、設営時にフロアをしっかり広げてペグで固定し、サイドウォールの張りを高めて生地が緩まないようにする。

また、テントの内側からサイドウォールをたたいて、表面に付いた雪の量から積雪状態を推測する習慣をつけておく。

さらに長く降り続いた場合には、シャベルで雪かきをする。特にブロック壁の内側にたまりやすいので、排雪を怠らないよう心掛ける。

■ イグルー＋スノートレンチ設営の流れ

1 ここに作ろう
2 雪を踏み固める
3 別の場所でブロックを切り出す
4 円形に積む
5 積みつつ掘る
6 次はトンネルだ
7 最後は中からも支えて積む／入り口からも掘る
8 トンネル貫通
9
10
11 雪をかけ隙間を埋める
12 完成！中は快適

161

ギアは雪に突き立てる

アイスアックスやクランポン、シャベルなどを外に置く場合は、雪面に突き立てておく。これらを寝かせておくと、雪に埋もれて所在が分からなくなる。ダブルウォールテントならば本体とフライシートの間、シングルウォールテントでも前室（ベスティビュール）を併用して内側に入れておいた方が良い。

イグルーや雪洞の場合、それらのギアはすべて内部に入れる。特にシャベルとスノーソーは、万が一の脱出時に必要となる。脱出するほどの事態ではないにしても、雪洞やイグルーの中では外部の音がほとんど聞こえないので「外に出ようと思ったら、入り口が雪に埋もれていた」ということもあるのだ。

断熱と濡れ対策

雪上生活で特に注意することは断熱と濡れ対策だ。テントも雪洞も雪面からの冷気を遮断するために、まず断熱シートを敷き詰める。断熱シートは薄いアルミニウム箔面を雪面に置く方が断熱効果は高い。これは

ブーツの冬用インソール（中敷き）と同じ原理と考えればいい。

テント内に入った雪や断熱シートの上にこぼれた雪は、こまめに外へ出すかトンネルへ落とし、溶けた雪の水分でウエアやギア、ロープなどが濡れるのを防ぐ。卓上ブラシとちり取りのセットがあると、こんなときに重宝する。

雪洞やイグルーの場合、人の体の熱などで表面が溶けて水滴が落ちてくることがある。そんな時はシャベルやスノーソーで表面を球状にカットして、水滴が壁を伝い落ちるように工夫しよう。テントの場合は結露で生地が濡れ、それが氷結する。ちり取りで霜をすくい取ったり、吸水性の高い速乾タオルなどでふき取ったりする。

ストーブのリスク

積雪期は無積雪期よりストーブを利用する機会が増える。だからこそ、ストーブを使う際のリスクを正しく評価し、十分な管理の下で使わなくてはならない。

燃焼器具が要因となって発生する問題には「火災によるテント損傷や

⚠️ ストーブ使用時の重要な注意点

① 点火前にストーブのバルブが閉まっているか、燃料が漏れていないか、周囲に燃焼中の器具やたき火がないかを確認する。

② 燃焼前に器具を温めておく予熱（プレヒート）が必要なモデルは、十分に予熱する。

ガソリンストーブは風防で囲み、十分に予熱をする。

③ ストーブはテント内では使わない。ただし、ストーブの炎が消えるほどの強風や低体温症の恐れがあるほど気温の低い場合は、例外的にテントの入り口付近や前室で使う。

例外的にテント内でストーブを使うときには前室や入り口付近で。

④ 燃料補給やカートリッジ交換はストーブを消火し、十分冷ましてから行う。

⑤ 燃料補給やカートリッジ交換は、テントの外か前室で行う。

⑥ 燃料補給やカートリッジ交換は、燃焼中の他の器具の近くでは行わない。

左がガスカートリッジ、右がガソリンのストーブ。

⑦ テントや雪洞内でストーブを使う場合、連続使用は避け、ストーブを消して換気する時間を設ける。

第18章 雪山での生活技術

やけど」「熱湯でのやけど」「一酸化炭素中毒」などがあり、このいずれもが重大だ。テントを火災で破ってやけどを負っても、登山を中止して退避しなくてはならないが、一酸化炭素中毒は生死にかかわる最大のリスクにもかかわらず、その恐ろしさがあまり強く認識されていない。

感知できない一酸化炭素

一酸化炭素は、酸素が足りない状態で物を燃やしている不完全燃焼のときに発生する。テントや雪洞のように密閉性が高く狭い空間では、人間がいるだけで酸素量は外気と比べて減っている。この状況で燃焼器具を使うことは、車の中で練炭を燃やすことと変わらない。一酸化炭素は体内に吸い込まれると、血液中のヘモグロビンと強く結合。その結合力は酸素の約300倍も強いので、一酸化炭素がヘモグロビンと結合。体内に運ばれなくなって、酸素欠乏による中毒症状が現れる。わずかな量でも頭痛や吐き気などが起き、ひどくなると意識不明や死に至る。命をとりとめても、神経や精神に後遺症が残ることが多い。

一酸化炭素は無色、無味、無臭、無刺激なので、人が感知することは不可能だ。また、人は体内の二酸化炭素濃度が上がると苦しさを感じると言われるが、一酸化炭素を吸い込んでいる間も二酸化炭素の濃度は上がらないので苦しさも感じない。自覚のないまま体内組織の酸素欠乏が進んでしまうのだ。テントやストーブの製造元や輸入代理店が「ストーブをテント内で使わないように」と注意を喚起しているのは、このような重大なリスクがあるからだ。

水を作る

無積雪期と違って積雪期は雪を溶かして水を作る。まず、きれいな雪を集めて大きめのポリエチレン袋に入れておくか、テントの近くに積み上げておく。クッカーに雪を入れてストーブにかけると焦げ付くので、持参した水を「呼び水」に使う。クッカーに「呼び水」を入れて少しずつ雪を溶かす。500ミリリットルくらいの量が湯になったらボトルに入れる。クッカーの湯は少し残しておいて「呼び水」とし、さらに雪を加えてカトラリーでかき混ぜる。完全に溶けったらボトルに入れ、入っている湯と混ぜ合わせる。これを繰り返して量を増やしていく。

この作業中、クッカーの外側には結露が生じる。吸水性の高い速乾タオルなどでこれをふき取った方が、熱効率が良くなる。クッカーからボトルへ移し替えるときには、広口ボトルだと湯をこぼしにくい。雪には葉や小枝などが混ざっていることが多いので、目の細かい茶こしやあく取りをフィルターとして使うといい。

ここ数年、PM2.5などの微小粒子状物質が大きな環境問題になっている。この問題をどこまで重視するかにもよるが、ハンディータイプの浄水システムを利用しなくてはならない時代がやって来るかもしれない……と心配になってしまう。

水を作る手順

① 持参した水を「呼び水」にする。

② 雪を入れ、カトラリーでかき混ぜる。

③ 広口のボトルに入れる。

④ つぎ足しつぎ足し増やす。

雪山で身を守る

雪山で登山者が身を守るための防御技術は、滑落停止の取り組みと考えていいだろう。休憩時の注意事項の取り組みに始まって、アンカー（支点）の設置方法やビレイ（確保）の仕方まで、これらの技術や習熟度が低いために起きている事故は多い。防御の技術は一見地味だが、重要度は非常に高い。

技術を習い覚えてから実践へ

積雪期登山での転倒は滑落し、重大事故に結びつく可能性が極めて高い。第16章の「雪山の装備と歩行技術」で詳しく紹介したように、確実な歩行技術が求められるのはそのためだ。しかしながら、厳しい寒気や強い風の中でも、正確に足を運び、集中力を維持しながら歩き続ける体力、精神力は、時間をかけて養わないと身につくものではない。事故を防ぐためにも、積雪期登山の入門者は何も学ばないまま登山を始めるのではなく、十分な経験を積んだ熟練者の指導の下で、その一歩を踏み出し、技術を学ぶ時間を持つべきだ。ここで紹介する雪山登山の防御技術についても、習い覚える時間と手間を惜しんではならない。

地形と気象を考えた休憩を

積雪期登山では、休憩する場所とタイミングも条件を考慮して決める。条件とは、地形と気象だ。転落の危険性、雪崩、強風にさらされるなどのリスクは行動を停止することで高まる可能性があるので、リスクの高い地点に入る前に休憩し、危険箇所は速やかに通過する。休憩する場所は、なるべく風の当たらない岩陰や樹林帯、傾斜の緩い箇所、尾根上など、その時点で最もリスクの低い所を選ぶ。

雪の斜面で休憩する場合、その場にバックパックと自分が入るくらいの穴を掘る。これを「バケツ」と呼ぶ。絶対にしてはいけないのが、バケツを掘らずに雪面にバックパックを置いて、その上に座ることだ。この状態から滑落した例はいくつもあり、中には滑落した登山者が他の登山者を巻き込んで、けがを負わせた事例もある。

雪が柔らかければ足で踏み固めればいいが、固い部分があればアイスアックスのアッズで削り取り、さらに足で踏み固める。

バックパックはバケツの山側に下ろす。場合によっては、アイスアックスをショルダーストラップに通してから雪面に打ち込んで、バックパックが滑り落ちることを未然に防ぐこともある。

休憩の姿勢は山側を向いて立ち、常に上方に注意を払おう。休憩はなるべく短く済ませ、速やかに行動を再開する。

■ 雪の斜面での休憩

GOOD
バケツを掘り、バックパックは山側に置き、山側を向いて立って休憩する。

BAD
バケツを掘らずに、バックパックの上に座るのは滑落のもと。

164

雪山編　第19章　雪山で身を守る

アイスアックスを使った滑落停止術

セルフアレスト

セルフアレストグリップ

①アイスアックスをセルフアレストグリップで握り、体の正面で対角線上に持つ。膝を曲げて、ブーツを雪面から離す。

②体をヘッドを持つ手の側に回転させ、胸で押さえつけてブレーキをかける。

③シャフトを握った手は体に引きつける。

アイスアックス各部名称

ヘッド／アッズ／ピック／シャフト／スパイク

握り方

セルフビレイグリップ

セルフアレストグリップ

セルフビレイ

ちょっとしたスリップやつまずき、バランスを崩した際に行う。

①両足のクランポンをしっかり雪に効かす。

②アイスアックスのヘッドとシャフトを両手で持ち、真っすぐ雪面に打ち込む。

③シャフトを握った手と腕は雪面に接するようにする。

アイスアックスを使った滑落停止術

ウエア、バックパックなどの化学繊維は、雪の上では予想以上に滑りやすい。積雪期登山では、ほんの小さなミス、たった一歩の誤りによる転倒やスリップが、取り返しのつかない結果を引き起こすことさえある。確実な歩行技術に加えて、二つの滑落停止技術を身につけておこう。

セルフビレイ

日本では、クライミングなどでアンカーに自分自身をつなぎ留めることも「セルフビレイ（自己確保）」と呼ぶが、北米など英語圏では、これから紹介する雪上での滑落停止技術のことを「セルフビレイ」と呼んでいる。クライミングでの自己確保は「アンカード（アンカーにつながれている）」と言う。

セルフビレイは、深刻な滑落ではなく、ちょっとしたスリップやつまずきの際に使う。積雪期は足元の雪が予想以上に深かったり、逆に浅かったり、また、雪の下に隠された

165

セルフアレスト

セルフアレストは滑落後、スピードがつく前に、アイスアックスのピックを雪面に刺して停止させる技だ。とっさに反応できるよう、習熟しておきたい。

アイスアックスは親指をアッズのヘッドの下側、他の指はピックの上からかぶせるようにヘッドを持つ「セルフアレストグリップ」でしっかりと握り、肩付近に引きつけて持つ。シャフトは体の正面で対角線上になるよう、反対側のわき辺りに添えた手で末端部を持つ。

スリップと同時にクランポンが雪面に引っかかって頭が下方に回転しないよう、脚を膝から曲げて雪面からブーツを離す。体をアイスアックスのヘッドを持った手の側に回転させ、胸で押さえつけて体重をピックに乗せながらブレーキをかける。シャフトを握った手を体に引きつけると、さらにピックに力が加わって効果的だ。

万能ではないと自覚を

ただし、雪質と斜度によってはこれらの方法でも滑落を停止できないこともあり、実際にそれで防げなかった滑落事故も数多く起きている。これらの技術でどのような雪質や斜面でも対処できるという誤った認識は持たないことだ。何よりも最大の防御は、転倒しない確実な歩行技術であることを強調しておきたい。

岩や段差、樹木などに足を取られることも多い。スリップでなくとも、そういった理由でバランスを崩すこともよくある。

このような場合は、すぐに両足のクランポンをしっかりと雪に効かせ、アイスアックスのヘッドとシャフトを両手で持ち、真っすぐに雪面に打ち込む。斜面山側の手はアイスアックスのヘッドを持っているので、もう一方の手でシャフトを握る。シャフトを握った手と腕は雪面に接するようにする。

チームでのロープを使った確保

積雪期登山での滑落停止の手段は、セルフビレイとセルフアレストだけではない。ロープを使った確保は必須の技術だ。クランポンを装着しなくてはならないような雪質の場合など、氷化した斜面や傾斜の強い斜面を、セルフアレストで滑落を停止させることは非常に難しく、不可能と言ってもいい。そのような場合は、ロープを使った確保を行う。これはロッククライミングの確保技術と同様と考えればいい。

チームのメンバーの役割を「登ること」と「登っている人を確保すること」の二つに分けて、分担してリスク管理する方法だ。登る役割を担っている人を「クライマー」、確保している人を「ビレイヤー」と呼ぶ。このときに肝心なのはアンカーだ。ビレイヤーはアンカーに自分の持つロープを結びつけ、クライマーが滑落した場合にそこに直接、ロープを掛ける。これら引き込まれないようにする。

アンカーを作る

アンカーは、ビレイヤーを守る支点や懸垂下降（ラペル）の支点として使う。雪上アンカーとして一般的に用いられるのは、デッドマンとスノーボラードだ。デッドマンは製品名としても存在するが、雪にアイスアックスやスノーピケットなどを埋めてアンカーとした場合の総称になっている。スノーボラードは、雪の表面に涙滴状や馬蹄形状に溝を掘ったもので、いずれの場合も、雪質と埋没させる物に応じて奥行きと深さを決めて、

そこに直接、ロープを掛ける。これらのアンカーとしての強度は雪質の影響を大きく受ける。そのため、雪質を見極め、強度を評価する能力が求められる。このような判断能力は、安全な箇所で何度もアンカーを作り、自ら強度をテストすることでしか身につかない。実際の雪山で使う前に十分な検証を行い、雪に対する感覚を養っておきたい。

デッドマンに使えるものはアイスアックスやスノーピケットはもちろん、場合によっては土のうなども有効だ。

166

雪山編　第19章　雪山で身を守る

アンカーを作る Ⅰ

② デッドマン ▶スノーピケットを使った場合

1. スノーピケットとほぼ同じ長さ、雪質に合わせた深さの溝を掘る。
2. スノーピケットの中央が収まる部分に直交する溝（スリングを通すスロット）を掘る。
   ※スロットの深さと角度は、雪に埋めたスノーピケットが衝撃を受けた際に、表に吐き出されないように注意する。
3. スノーピケットの中央部にあるカラビナホールにロッキングカラビナを掛けて、スリングを連結し、スロットに沿わせる。

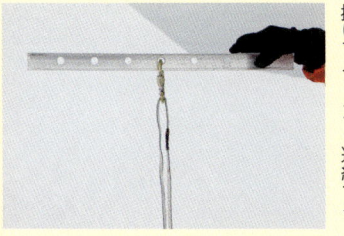

スノーピケットの中央部の穴にロッキングカラビナを掛けてスリングを連結する。

4. スノーピケットのT字が溝の底の雪面に食い込むように設置し、軽くスリングを引いて、アンカーの効き具合を確認する。

スノーピケットのT字が溝の底の雪面に食い込むように設置する。

5. 雪をかけて埋め戻し、雪面をたたくなどして固める。

雪を埋め戻し、固めて完成。

① デッドマン ▶アイスアックスを使った場合

1. アイスアックスのシャフトとほぼ同じ長さ、雪質に合わせた深さの溝を掘る。

シャフトとほぼ同じ長さの溝を掘る。

2. シャフトの中心が収まる部分に直交する溝（スリングを通すスロット）を掘る。
   ※スロットが浅いと、雪に埋めたアイスアックスが衝撃を受けた際に、雪の外へ吐き出されてしまう。アイスアックスが吐き出されないように、溝の深さと角度に注意する。

中心に直交する溝を掘る。

3. スリングをクローブヒッチでアイスアックスに留めて、スロットに沿わせる。
4. アイスアックスのピックは下に向けて、溝の底の雪に突き刺す。

アイスアックスの中央にスリングをクローブヒッチで留める。

ピックは下に向けて溝の底の雪面に突き刺す。

5. 設置したら軽くスリングを引いて、アンカーの効き具合を確認する。
6. 雪をかけて埋め戻し、雪面をたたくなどして固める。

スリングは中央に直交する溝に沿わせる。

雪を埋め戻し、固めて完成。

アンカーを作る Ⅱ

❹ スノーボラード

1 スノーボラードの大きさは直径1m程度、深さ30cmを目安とする。

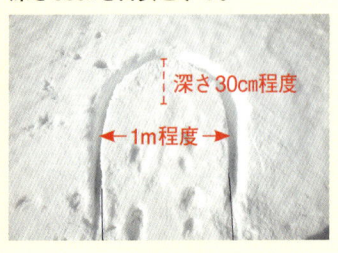

深さ30cm程度
1m程度

2 中央部からアイスアックスを使って、おおよそのラインを引く。

アイスアックスでおおよそのラインを引く。

3 徐々にラインを深くしていく。

4 馬蹄形ができたら、溝の形状と深さを整える。特に馬蹄形の頭の部分は、ロープが外れないように十分な角度をつける。

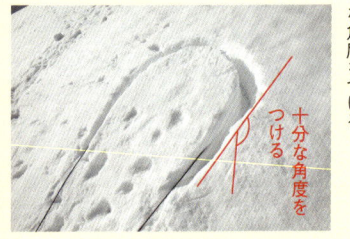

十分な角度をつける。

馬蹄形の頭の部分には十分な角度をつける。

※スノーボラードは雪質だけでなく、積雪の内部構造にも注意が必要。層と層の境目や弱層部分にロープが当たると、ボラードが切れてしまうことがある。

ロープで切れないしっかりした積雪部分を選ぶ。

❸ デッドマン
▶ 土のうを使った場合

1 土のうの約3分の1程度まで雪を入れて、雪の入った部分が平らになるようにたたいて固める。

2 雪が入った部分で土のうの口を絞り、スリングをガースヒッチで固定する。

3 土のうの口を折り返してスリングを2〜3回巻き付け、輪になった部分にくぐらせる。

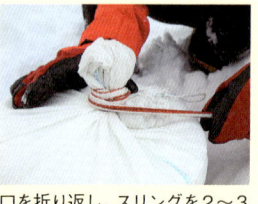

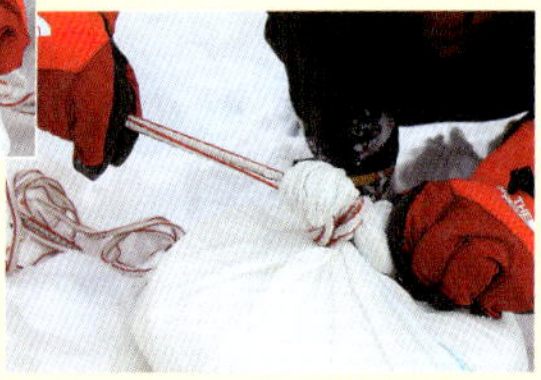

スリングを口の輪に通し、引っ張る。

4 土のうの口部分を外側からハーフヒッチでさらに締め込む。

5 土のうを納める穴を雪質に応じて深く掘り、スリングを通す溝も掘る。土のうの平らな面が穴の壁に当たるように設置し、スリングを軽く引いて固定する。

土のうの平らな面が雪穴の壁に当たるように設置。

6 雪をかけて埋め戻し、雪面をたたくなどして固める。

土のうの口を絞り、スリングをガースヒッチで固定。

口を折り返し、スリングを2〜3回巻き付ける。

口の部分をさらにハーフヒッチで絞める。

スリングを通す溝も掘っておく。

雪を埋め戻し、固めて完成。

雪山編　第19章　雪山で身を守る

■ カラビナアックスビレイ（スタンディングアックスビレイ）

■ ブーツアックスビレイ

■ シッティングヒップビレイ

雪上でのビレイ

雪上でのビレイはロッククライミングと違って、強固なアンカーを雪上に素早く構築することが難しいため、**ロープを送り出すことで衝撃力を抑えるダイナミックビレイ（動的確保）が不可欠**となる。従ってビレイは、ロープコントロールを行いやすい方法が採られる。

代表的なものが**カラビナアックスビレイ（スタンディングアックスビレイ）、ブーツアックスビレイ、シッティングヒップビレイ**だ。

T字状の溝や穴を掘って埋め、上から固めるという手順は同じだ。雪が柔らかい場合は、長いものや体積の大きなものの方が有効な強度を得られるが、まずバケツを掘って雪を十分に固めてからT字状の溝や穴を掘ることで、強度を高める方法もある。

169

雪上でのビレイ

② ブーツアックスビレイ

1. 安定したビレイポジションを得るためのバケツを掘る。ブーツアックスビレイの場合は2段にすると、ビレイポジションが楽に安定する a 。
2. 上部の足の山側にアイスアックスのシャフトを垂直に打ち込む b 。
3. ロープをブーツの甲からシャフトを経由して足首の後ろに回す c ～ e 。
4. 登るスピードに合わせてロープを操作する d ～ e 。
5. 滑落を止める場合は、ロープを足首の後ろに巻き付けるようにしつつ、片方の手でアックスのヘッドを雪面に向けて押さえ込む f 。

① カラビナアックスビレイ（スタンディングアックスビレイ）

1. ビレイヤーが立つ位置より上部にデッドマンアンカーを設置する。
2. 安定したビレイポジションを得るためのバケツを掘る。
3. アイスアックスのシャフトの上部に60cmスリングを2重に巻き、ガースヒッチで留めて、ロッキングカラビナを掛ける a 。
4. バケツのなるべく山側に立ち、谷側の足で埋め込んだアイスアックスを踏む b 。
5. スリングとカラビナを谷側から出してロープを脚に沿わせるように通す c 。
6. ロープはわきの下を通して肩から下ろす d 。
7. 滑落者を停止させる場合は、ロープを送り出して衝撃力を抑えつつ、体にロープを巻き付けるようにして停止させる e 。

雪山編　第19章　雪山で身を守る

アンカーとビレイヤーを欠いたロープ運用は防御にならない

ここでは雪山登山の防御技術として、安定した休憩、滑落停止技術、雪上でのアンカーの設置方法とビレイの仕方を紹介した。ロープをつないでいるが、同時に行動するという方法もチームが同時に行動するという方法も技術としてはあるが、アンカーを用いないため、運用する登山者に豊富な経験と高い技術が求められる。また、同時行動そのものは防御の技術ではなく、攻めの技術に類するので、紹介を控えた。

の力を高めることから取り組むべきだ。また、ロープの運用については、滑落が起きた際にロープに生じる力を十分に理解しておかなくてはならない。その理解がなくロープをつなぎ合っても、リスクを回避することには

ならない。アンカーを設けず、1本のロープを数人で結び合っても、防御技術にはならないのだ。過去の事故の中には、ロープをつなぎさえすれば安心という安易な依存心から、ロープを運用したと見受けられる事例もある。ロープはつなぎ合うから安心なのではなく、アンカーがあってビレイヤーが操作しているからリスクを軽減している——という事実を理解して、雪山登山に取り組んでほしい。

経験の少ない登山者は、まず防御

---

3 シッティングヒップビレイ

1 ビレイポジションより上部にデッドマンアンカーを設置する。

2 ビレイヤーは自身のハーネスにつながるロープをアンカーに結びつける。

3 クライマー側のロープを腰に回して操作する。

4 滑落を止める場合は、ロープを送り出すことと腰に巻き付けることを併用しながら停止させる。

雪山編

**Q 雪山で凍りにくい行動食として
どんなものを用意していますか？**

A 不世出の登山家、加藤文太郎は甘納豆やフライまんじゅうなどを愛用したと言われています。これらは凍りにくく、栄養素やカロリー、そしてGI値の面でも行動食に向いていると言えます。凍りにくいという点では、バナナケーキやフルーツケーキを食べやすい厚さにカットして、フリーザーバッグに入れてもいいと思います。友人のガイドでケーキを自作する人もいるので、自分なりの行動食レシピを作ってもいいかもしれません。

甘いものだけになりがちな行動食ですが、塩の効いたナッツとドライフルーツなどを好みで交ぜて、ポリエステル樹脂製の広口ボトルに入れるのもいいでしょう。これは北米などで「トレイルミックス」と呼ばれて販売されていますが、自分の好みで作ることができます。ドライフルーツや甘納豆をサーモボトルのお湯でほぐすようにして飲むと、冷えた体も内部から温まり、心もほっとして次の行動への活力になります。

**Q アバランチギアはどれぐらいの期間、
携行すればいいですか？**

A 既に積雪があり、さらに雪が降り積もる期間は、暦に関係なく必要です。いつも現実の天候に即した対応と準備をしておきましょう。本文で紹介したように、アバランチトランシーバー、プローブ、シャベルの全てをメンバー全員が携行します。

また、自治体の定めたルールもあるので確認しておきましょう。例えば、富山県では2014年から「室堂平の積雪期利用ルール」として、4月〜6月の期間、アバランチギアの携行と入山届の提出など、いくつかの項目でルールを定めています。

もちろん、これらのギアを現場で使うためには、事前に十分な訓練を行い、取り扱いを熟練しておく必要があります。そして、言うまでもありませんが、降雪が長く続いて50cm以上の新雪が積もった後や、積雪量が少なくても降雪の翌日が晴天などで気温の上昇が激しいとき、また、ピットを掘って弱層が観測された場合など、雪崩が発生する条件がそろっている場合は入山を控えるべきです。

救助編

セルフレスキュー

自力救助

救助技術と呼べるような特別な技術は、現実にはないと言ってもいいだろう。実際にトラブルが発生した場合には、知識と経験に基づく判断力、身につけた登山技術をうまく応用する発想、不退転の意志と強靭な体力など、登山者が持てる力を総動員して対処しなくてはならないからだ。

トラブルへの対応は通常行動の延長線上で

登山やクライミングでは事故やトラブルを起こさないように、ひとつひとつの行動は意思決定に基づいてコントロールされたものでなくてはならない。なぜならば、トラブルが発生して、そこから修正する労力は、トラブルを未然に防ぐ労力の何倍もかかるからだ。最近は、軽卒な行動による事故や遭難が目立ってきている。以前に比べると、岩場での落石も多い。軽卒な行動や落石を起こしても平気な態度は、明らかにマナー違反だ。一人一人が慎重に行動するように心掛けたい。

だが、山岳地帯では予見不可能なことが起こりうるので、完全にトラブルを防ぐことができないのも事実だ。万が一、**トラブルが発生した場合も、それまでの行動と同じように、観察→情勢判断→意思決定→行動という流れを繰り返して対処しよう**。

つまり、トラブルへの対応は、通常行動の延長線上にあると考え、行動のコントロールを失わないように心掛ける。トラブルが生じたからといって、特別な対応方法や技術があるわけではなく、登山やクライミングの普段の行動がどれだけコントロールされたものであるかの真価が、こういったときに問われるのだ。

長く登山を続けていると、事故やトラブルに出くわすこともある。私の経験の中で忘れがたいものは1990年、パキスタンヒマラヤのトランゴ岩塔群での救助活動だ。このとき、グレートトランゴタワー北東ピラー「ノルウェールート」に保科雅則、木本哲、小坂和昌と私の4人で挑戦し、リーダーの南裏健康はこれとは別に、トランゴネームレスタワーに単独で新ルートを開拓することを目指した。

グレートトランゴタワー「ノルウェールート」のチームがルート完登後、ベースキャンプに戻って数日が過ぎた頃、トランゴネームレスタワーを新ルートから完登した南裏が、頂上からのパラグライダーによる滑空に失敗し、岩塔の頂上下80㍍付近で動けなくなった。背骨を圧迫骨折し、飲み物と食料、シェルターのない状態でのビバークは、生命を危険にさらす深刻な状況だった。標高6000㍍を超える高度に加え、独立岩塔による予測困難な気流などから、ヘリコプターによる救助は現実的に難しく、チームのメンバーによる自力救助以外に方法がなかった。

木本、保科、私の3人による救助活動は9日間に及んだが、結果的に全員無事に下山することができた。今振り返ってみると、このときに求められたものは、よく言われるような救助技術などではなく、卓越したクライミング能力と、必ず助け出して皆で下山するという不退転の強い意志、それを支える体力だったと思う。

最終章では救助に役立つ技術を紹介するが、どうかそれらの技術だけに目を奪われないようにしてほしい。

近年の登山ブームの影響で、特定の技術や項目だけを断片的に紹介する講習会がさかんに開かれている。それらを学ぶことは大切だが、登山を志す者はあくまでも登山活動そのものに真剣に取り組み、登山者としての完成度を高める努力を怠ってはならない。

OODAループ

第15章の「クライミング技術」の中で、意思決定とそれに基づく行動の過程を紹介したが、もう一度確認しておこう。観察（Observe）→情勢判断（Orient）→意思決定（Decide）→情勢

救助活動の流れ

④ 活動開始　**③ 救助プランを立てる**　**② ファーストエイドを施す（応急処置）**　**① 状況を把握**

- 自力救助?
- 救助要請?
- メモを取っておきます
- 骨折の可能性あるかも

発生時刻
発生場所
負傷者の状態・人数
外的環境
現在の状態

行動（Act）という動作の繰り返しは、その英語の頭文字を取って「OODAループ（環）」と呼ばれる。通常の登山やクライミングでは、行動そのものは大胆さを伴うことが多いが、意思決定の過程は慎重に行われている。救助活動やトラブル対応ではなお一層、OODAループに忠実に、慎重に進めたい。救助活動はやり直しが効かず、失敗が許されないからだ。

具体的な救助活動の流れを確認しておこう。まず、① **状況を把握する**。状況とは、発生時刻、発生した場所、負傷者の状態と人数、事故やトラブルの要因となった外的環境と現在の状態を指す。これらを確認し、必要に応じてメモに残しておく。デジタルカメラで撮影しておくと撮影時間も残るので、後に事故を検証する際に役に立つ。

次に ② **負傷者のファーストエイド（応急処置）を行う**。山岳地帯でのファーストエイドは、目的と優先順位を明確にして、確実に行うべきことを抜かりなく行う必要がある。そして、状況把握と同様に、施したファーストエイドの記録も残しておく。最近では、海外の専門機関によ

る野外救急法の講習会を国内でも受講できるようになり、野外でのファーストエイドを学ぶ機会と選択肢が増えている。ファーストエイドの知識は救助プランを構築する上で重要な情報となるので、体系化されたプログラムのファーストエイド講習の受講をぜひ、お勧めする。

負傷者にファーストエイドを施したら、③ **救助プランを組み立てる**。つまり、自分たちのチームで救助を完結させるか、救助を要請するかを決めるのだ。警察に救助を要請する場合は「山岳事故を起こしてしまったので救助を要請します」とはっきり伝える。伝達項目は「どこで」「どうなった」「いつ」「どうして」「だれが」の順で覚えるといい。まず、どこにいるのかを伝えておくと、万が一、携帯電話の電波が途切れてしまっても、救助組織はどこに向かうべきかを判断できる。十分に通話できなかった場合でも、救助組織は事前に提出された登山計画書を基に救助体制を整えられるので、登山計画書は必ず提出しておこう。

救助プランを決定したら、④ **もう一度プランをチェックしてから活動を開始する**。搬送中、または救助組

ファーストエイドキットの一例

- □ 三角巾　　　　□ 伸縮包帯
- □ テーピングテープ51mm幅
- □ アンダーラップ（皮膚保護テープ）
- □ 滅菌ガーゼ
- □ アルコールタオル（個別包装）
- □ ばんそうこう　□ 医療用綿棒
- □ 体温計　　　　□ ポイズンリムーバー
- □ 感染防止手袋
- □ フリーザーバッグ（ジップロックなど）

※内容は季節によって異なる
※ナイフやトレッキングポールなど登山用品も利用することがある

エイドを施し、負傷部位の保定、負傷者の痛みの軽減、保温に努めて、安全と思われる場所で待つ。通報に使った携帯電話は、救助機関との連絡専用にしてバッテリーを温存させ、着信に備える。救助機関以外への連絡は別の携帯電話を使う。

ヘリコプターによる救助が増えてきてはいるが、ヘリコプターは気流や地形によっては事故現場の真上で救助できない場合があることも理解しておきたい。ヘリコプターに負傷者を引き継ぐ場合は、ダウンウォッシュ（強烈な下降気流）に備えて負傷者の呼吸を確保することと、負傷者を飛来物から守るため、覆いかぶさって顔面を保護する人が必要だ。それ以外の人は負傷者よりも低い位置の離れた場所で荷物を押さえておく。保温に使ったツェルトなどの布地がある場合は、飛ばされないようにヘリコプターの到着直前には畳んで収納しておこう。救助活動のリーダーは、周囲の登山者が救助地点に近づいてきたり、ヘリに向かってむやみに手を振ったりしないように指示を出そう。救助隊員が降下してきたら、指示に従って速やかに負傷者を引き渡す。

の専用の搬送器具でないため、負傷者に背負わす。足腰が強靭であれば1人で背負えないこともないが、搬送中は負傷者の心理的ストレスの軽減、負傷部位の保定、保温にバランスを崩しやすいので勧められない。

バックパックを三つつなげると、即席の担架として利用できる。バックパックを三つ直列させて、真ん中のバックパックのショルダーストラップを外し、前後のバックパックのストラップに通してから締める。負傷者を乗せた後は、ヒップベルトやチェストストラップで体を固定する。

この場合、搬送に携わることのできる人数が少なくとも4人必要となる。また、搬送する登山道の傾斜が比較的緩やかで、道幅も十分広いことが条件となる。積雪期には、ツェルトを搬送の担架代わりに使うこともあるが、近くの山小屋などに使わせてもらえるスノーボードがあれば、ツェルトで包み込んで運ぶよりも快適になる。あくまでも負傷者にとって少しでも快適で、迅速に運べる方法を選ぶことが肝心だ。

背負い搬送は、負傷者の両肩を伸ばした手2人がそれぞれに組む要領で支え、空いた手で負傷者の膝を持ち上げて

搬送技術

織が到着するまでの待機中は、こまめに負傷者の様子を確認しよう。負傷者の状態の記録を取り、変化があった場合は、時間と状態の変化を残しておく。

また、何が何でも搬送しなくてはならないわけではない。仲間が肩を貸せば負傷者が歩けるのならば、肩を貸し、トレッキングポールを杖にするなどの補助で歩けるならば、自力で歩く。

ここでは背負って搬送する方法を二つ紹介するが、搬送する人間が重い荷物を背負って長時間歩くことに熟練しており、なおかつ複数のメンバーがいて、背負う役を交代できる場合にのみ許される方法だ。誰もが人を背負って歩けると思ってはいけない。背負い搬送の方法はいくつかあるが、紹介するのは Ⓐ バックパックと雨具のジャケット、120センチツェルトを使ったスリング2本とカラビナ2枚使う方法と、Ⓑ バックパックとハーネス、60センチスリングを2本、カラビナを2枚使う方法だ。

山岳地帯でのセルフレスキューによる搬送は、長距離、長時間にわたって行うものではない。原則として、負傷者を救助組織へ引き渡すまでの搬送と考える。具体的には、山小屋や診療所、ヘリコプターがピックアップできる場所など、救助プランで決めた場所までの限定的な搬送だ。そのため専用の搬送器具ではなく、登山装備を流用することを容認しているストレッチャー（担架）など

待機する場合のポイント

救助機関へ通報し、その指示によって待機する場合は、ファースト

176

救助編　第20章　セルフレスキュー

搬 送 方 法

背負い搬送 B

使用する物
バックパック、ハーネス、60cmスリング2本、カラビナ2枚

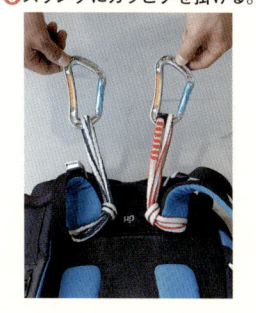

❹ スリングを交差させ、負傷者の着けたハーネスのレッグループにカラビナを掛ける。

❺ バックパックを背負う。

❶ スリングを二重にする。

❷ ショルダーストラップの肩側の付け根にガースヒッチで結ぶ。

❸ スリングにカラビナを掛ける。

背負い搬送 A

使用する物
バックパック、雨具のジャケット、120cmスリング2本、カラビナ2枚

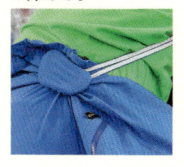

❺ 雨具とバックパックで負傷者を挟むようにスリングを締める。

❻ スリングをショルダーストラップの肩側の付け根とグラブループにラウンドターンでしっかり締め、サージャンズノット※で結ぶ。

❼ バックパックを背負う

❶ 頭を下にした雨具にバックパックを乗せる

❷ 雨具の袖をショルダーストラップの腰側の付け根に結ぶ。

❸ 雨具に負傷者を座らせ、バックパックを胸の前で抱くように置く。

❹ 負傷者の両脇付近の雨具の内側にカラビナを入れ、スリングを使ってクローブヒッチで締める。

3連バックパックの即席担架

隣り合うバックパックのショルダーストラップを掛け合う。

負傷者はヒップベルトやチェストストラップで固定する。

カラビナでも連結できる。

※サージャンズノットの結び方

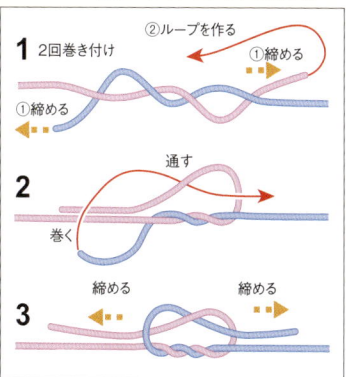

1 2回巻き付け　②ループを作る　①締める
　　　　　　　　　　　　　　　①締める

2 通す
　　　巻く

3 締める　締める

177

ロワリング

HMSカラビナにムンターヒッチで。 A

フィギュアエイト（エイト環）で。 B

エイト環の上のカラビナにも掛けて制動力を増やす方法も。 C

転落
アンカー構築
搬送が可能な登山道まで降ろす

ミュールノットにオーバーハンドノットのバックアップで仮固定。

救助でのロープワーク

救助者と負傷者の二人荷重（高荷重）までは各自の責任と判断で運用できる。

ロワリング

ロワリングは、HMSカラビナを使ったムンターヒッチやフィギュアエイト（エイト環）を使う方法がある。クライミングでのロワリングと基本は同じだが、救助活動でのロワリングは、アンカーに直接ビレイデバイス（確保器）やカラビナを掛けて使う「アンカードビレイ」という方式になる。HMSカラビナを使ったムンターヒッチであっても、フィギュアエイトを使った場合でも、ロープをしっかりと握って送り出すように操作する。決して手の中でロープを滑らせてはいけない。そのときにビレイグローブを着用することは言うまでもない。

ロワリングをいったん停止するときのロープの仮固定には、ミュールノットを使う。これも手の動きで覚え込むまで習熟度を高めておきたい。

負傷者が登山道から転落した場合や、クライミングエリアのように急な地形での事故などでは、ロープを使った救助システムが必要となる。ロープは負傷者を下降させたり、引き揚げたりするために使う。**下降させることを「ロワリング」、引き揚げることを「レイジング」と呼ぶ。**

ロワリングもレイジングも、強固なアンカー（支点）が必要だ。ロープを使った救助システムの要はアンカーとプロテクションと言える。第13章の「アンカーとプロテクション」で説明したように必ず「S・R・E・N・E」〈Solid〈強固〉、Redundant〈多重性〉、Equalized〈均等〉、No Extension〈伸張防止〉〉の評価基準に従って強固なアンカーを構築しよう。

クライミングのギアやワーク＆レスキュー（高所作業と救助）のギアは、PPE（Personal Protective Equipment＝個人保護用具）として認定されているので、ロワリングもレイジングも原則として一人荷重で運用するという制限がある。ただし、救助などの限定的な状況においては、

178

救助編　第20章　セルフレスキュー

レイジング

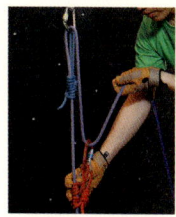

図1　メカニカル・アドバンテージ・レシオ

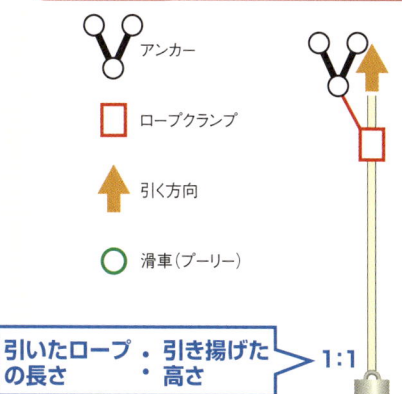

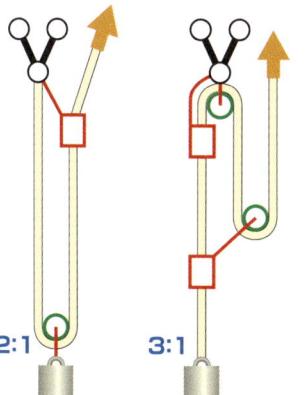

- アンカー
- ロープクランプ
- 引く方向
- 滑車（プーリー）

引いたロープ・引き揚げたの長さ・高さ

1:1　　2:1　　3:1

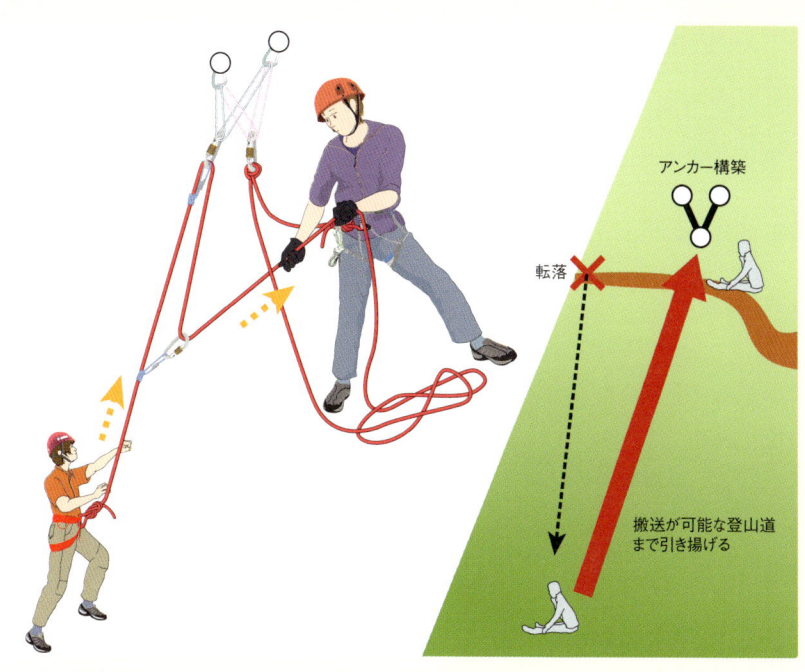

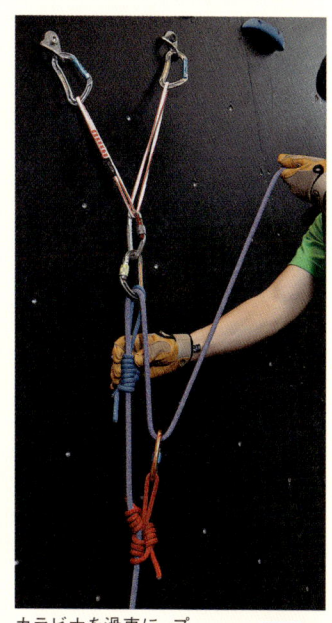

カラビナを滑車に、プルージックコードをロープクランプに使ったレイジングシステム（3:1）。

高効率プーリー。

レイジング

レイジングシステムは、動滑車と定滑車を使ってロープを引く力を軽減し、負傷者を引き揚げるシステムだ。山ではカラビナなどを動滑車や定滑車として利用する。引いたロープの長さと負傷者を引き揚げた高さの比率は、ロープをそのままの状態で引き揚げると1：1、ロープをバイトにして動滑車をセットする方法では2：1、ロープを定滑車で折り返し、さらに動滑車でも折り返したシステムでは3：1となる。この数値をメカニカル・アドバンテージ・レシオ（機械的利益比率）と呼ぶ＝図1参照。

メカニカル・アドバンテージ・レシオが1：1のとき、負傷者を1メートル引き揚げるためにロープを1メートル引き、3：1では、負傷者を1メートル引き揚げるためにロープを3メートル引かなければならないことを意味する。ロープを

フィギュアエイトを使った二人荷重のロワリングでは、フィギュアエイトに入っていくストランドをカラビナに掛けて、巻き付け角度と摩擦を増やして対応する。

179

図2 メカニカル・アドバンテージ・レシオの数え方

(例) 3:1

定滑車

動滑車

● は力の大きさ。
↑上に引く力の和と↓下向きの力は、どこでもつり合っている。

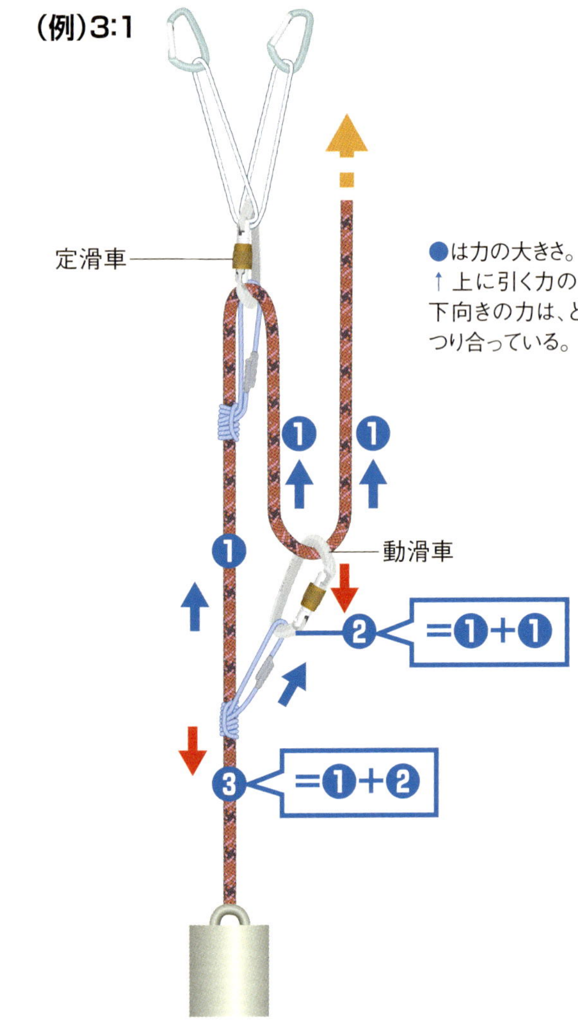

引く長さは動滑車を使うことで長くなるが、負傷者を引き揚げる力はその分、小さくて済むようになる。日本では「2分の1」や「3分の1」などの呼称が普及しているように、引く側の力が軽減されることで、あたかも引き手の力が増したように感じるシステムだ。そのため、消防などの救助機関では「倍力システム」と呼ばれている。

メカニカル・アドバンテージ・レシオの数え方は**図2**の通りだ。ただし、ロープの屈曲、摩擦などの要因で計算通りにはならない。理論値に近づけるためには、高効率プーリー(滑車)を利用して摩擦を減らさなくてはならない。実際のレイジングで問題となるのは、カラビナとロープとの摩擦、ロープと地形物の接触する摩擦と屈曲角度による効率の低下、などだ。

力を加えるストランドの動く方向とオの力が伝わるストランドの動く方向が一直線上にないことによる効率の低下などだ。

最初に組んだシステムでうまく動作しないからといって、メカニカル・アドバンテージ・レシオを上げてもこういった点が解決されていないた結果につながらないことがあるのは、めだ。

レイジングシステムを組む上で注意したいのは、**ロープと地形物の接触を避ける、高効率プーリーを使う、システムの中のストランドを一直線上に配置する**ことだ。

用意しておきたい基本的なギアは、7ミリ径のプルージックコードで作ったプルージックループを2本、オフセットD形状のロッキングカラビナが2枚。カラビナに代わる高効率プーリーがあれば、作業効率が格段に向上する。

高効率プーリーはプレートの形状が角ばったタイプのものが便利だ。またペツル社の「マイクロトラクション」のように、軽量ながらラチェット機構(動作方向を限定するチェット機構)を内蔵したタイプも市販されているので、山岳ガイドや指導者は常備しておきたい。

このタイプは「プルージック・マインディング・プーリー」(PMP)と呼ばれていて、プルージックコードを巻き込まないように作られている。

ロワリングの後、ミュールノットでロープを仮固定して、レイジングへ移るというシステムの移行が迅速にできるまで練習すると、荷重の移し替え、個々の技術の理解が進む。

180

救助編　第20章　セルフレスキュー

上高地上空から槍穂を正面に見る。写真：内山田正夫。中日新聞社ヘリから。

この流れが滞りなくできるようになったら、基本のシステムは理解できたと考えていいだろう。

細切れでない想定訓練を

冒頭で述べたように、救助技術は登山技術の応用に過ぎず、一般の登山者は事故を起こさない取り組みを徹底するべきだ。しかし、山岳ガイドや登山活動の指導的立場にある人は、救助に応用できる登山技術を訓練しておく必要もある。

訓練する上で大切なのは、技術を細切れにしないことだ。個々の技術を組み合わせた流れのある想定訓練（シナリオトレーニング）を行い、活動の開始から完結までを通して訓練することがポイントだ。

また、消防や警察など、実際の山岳救助活動に従事している人から助言してもらうことも重要だ。細切れの技術や自己満足に過ぎない救助訓練は、実際の救助現場では妨げになる場合さえあることを肝に銘じておこう。

181

あとがき

東京新聞発行の月刊誌「岳人」で登山技術に関する連載をしませんか、という提案をいただいたのは、2012年の夏の終わりだった。私が講師として登場した8月号の特集「笹倉孝昭さんの大人の山岳部へ」が好評だったので、新連載の白羽の矢が立ったそうだ。「いつかは登山の本を出したい」と私が話していたのを編集者は覚えていて、連載終了後には単行本にするという目標を掲げて、その年の秋から執筆とロケ撮影が始まった。

山岳ガイドの業務は移動に要する時間や距離が長く、活動地域もさまざまだ。準備と装備の後片付けにも時間がかかる。そんな中でも、なんとか締め切りを守りながら原稿の執筆を続けられたのは、モバイル機器の発達と通信環境の整備のおかげだった。連載中、WiFiルーターは通信速度を上げるために2回交換した。これほど世界規模で通信環境が整っていなければ、この連載は成立しなかっただろう。先端テクノロジーの恩恵を大きく受けながら登山について書くのは、ある意味、感慨深く感じることでもあり、つくづく今の時代で良かったと思う。公衆無線LANスポットも空港やファストフード店など、至るところで利用した。

連載にあたって蔵書を読み直したり、新たに書籍を入手したりと、自助努力もしたが、ガイド仲間や諸先輩、登山用品メーカーや輸入代理店の方々からも貴重な助言をいただけたことは、とても有り難いことだったと感謝している。連載中には読者の方やガイド仲間からのご指摘や励ましの言葉もいただき、執筆を続ける原動力になった。何よりも、私にとって登

山は私個人のものではなく、触れてきた技術やギア、見てきた山やルート、影響を受けた諸先輩や仲間たち、全てを含む大きな存在だったからこそ、全力で書くことができたのだろう。単行本化にあたっては、連載では紹介しきれなかったいくつかの項目についても補って紹介することができた。

最後になったが、長い連載期間、私の細かな要望にも関わらず分かりやすいイラストを描いていただいた阿部亮樹さん、岩場から雪山まで四季を通して撮影していただいた石森孝一さん、限られたスケジュールの中で読みやすく親しみやすい誌面を作っていただいたデザイナーの宮崎秀行さん、編集の矢島智子さん、何よりも連載の機会と単行本化を進めていただいた東京新聞出版部に感謝を申し上げたい。

また、撮影場所の提供など、さまざまな面で惜しみなく協力してくださった好日山荘とグラビティリサーチ神戸のスタッフの方々、商品撮影や情報のアドバイスでお世話になったメーカーや輸入代理店の皆さま、装備や技術的な面でのアドバイスをくださった伊藤仰二さん、奥田仁一さん、岡田康さん、廣田勇介さん、山本一夫さん、山下勝弘さん、国立登山研修所の渡邊雄二所長、撮影に協力してくれた山岳ガイドの新井健二くん、神戸大学山岳部の松村健司くん、好日山荘の平田剛之くん、川上剛くん、そしてクライミングの師である南裏健康さん、保科雅則さん、木本哲さんにも感謝を申し上げたい。

2014年6月　梅雨の晴れ間に。　笹倉孝昭

写真協力

(株)好日山荘	第4章、第12章、第14章、第15章、第16章、第17章、第18章、第19章、第20章
マムートスポーツグループジャパン(株)	第2章、第3章、第10章、第11章、第12章、第17章
(株)ロストアロー	第3章、第4章、第10章、第12章、第16章、第18章
公益社団法人日本山岳会	第1章
(株)ゴールドウイン	第2章
日本化学繊維協会	第2章
(株)モチヅキ	第4章、第16章
イワタニ・プリムス(株)	第4章、第8章、第18章
(株)モンベル	第4章
(株)キャラバン	第4章
アメアスポーツジャパン(株)	第5章
(株)ダックス	第8章
(株)アルテリア	第12章、第16章
(株)マジックマウンテン	第16章
平田剛之	第4章、第17章、第18章
新井健二	第16章、第19章
松村健司	第14章、第20章
川上剛	第12章
望月遥	第2章
長澤彰吾	第2章
丸山剛	第1章
ハタケスタジオ	第5章
隈崎稔樹(中日新聞)	第17章
内山田正夫(中日新聞)	第20章
矢島智子	第10章、第14章、撮影地③

※掲載されている商品には現在、モデルチェンジしているものもあります。

撮影地①

八ヶ岳(やつがたけ)

■ 扉、第16章、第19章

撮影地②

御在所岳
■ 第7章

186

撮影地 ③ **六甲周辺**(ろっこうしゅうへん)

■ 第8章、第9章、第10章、第13章、第14章、第15章

撮影地④

立山
たてやま

■ 第16章、第19章

撮影地⑤

伯耆大山
ほうきだいせん

■ 第4章、第17章、第18章

PROFILE

■ 著者

笹倉孝昭（ささくら・たかあき）

1966年神戸市生まれ。公益社団法人日本山岳ガイド協会 山岳ガイドステージⅡ。国立登山研修所講師。幼いころから六甲の山に親しみ、中学1年のときに母の薦めで読んだ『孤高の人』（新田次郎著）の主人公・加藤文太郎に憧れて登山家を志す。兵庫県立兵庫高校では山岳部に所属。卒業後、アルバイトをしながらクライミングする生活を続け、1990年、パキスタンヒマラヤのトランゴ岩塔群での活動で南裏健康、保科雅則、木本哲各氏から大きな影響を受けた。地元六甲をはじめ、オーストラリアのMt.アラピリーズ、英国のスタニッジエッジなどトラディショナルな岩場でのクラッグクライミングを愛する。2012年4月から翌年3月まで、サンテレビジョン制作の番組「山のぼり☆大好き」にレギュラー出演。日本山岳ガイド協会の「山岳遭難救助技術マニュアル」などの制作にも携わる。コンピューターメーカーのサポートセンターで働いた経験もあり、デジタル機器にも強い。神戸市在住。

■ 写真

石森孝一（いしもり・こういち）

1977年東京都生まれ。フリーランスのカメラマンとして登山やスキーなどのアクティブな撮影を得意とする一方、「けいん石森」の名前で広告やカタログ用の商品撮影も手掛ける。最近では、BSフジ制作の番組「絶景百名山」の映像撮影にも携わり、動画の世界にも活動の幅を広げている。好きな登山の分野は山スキーとボルダリング。東京都在住。

■ イラスト

阿部亮樹（あべ・りょうじゅ）

1963年東京都生まれ。イラストレーター、グラフィックデザイナー。83年夏に知床、大雪から山歩きを始め、84年にJECC（日本エキスパート・クライマーズ・クラブ）入会。現在はOB。国内外での豊富なクライミング経験を生かしたイラストを得意とし、東京新聞発行の『イラスト・クライミング』はロングセラー。東京都在住。

本書は、東京新聞（中日新聞東京本社）発行の月刊誌「岳人」の2013年1月号から2014年8月号に連載された「高みへ　大人の山岳部」を加筆・増補した。

大人の山岳部
登山とクライミングの知識と実践

2014年 8月28日　初版発行
2021年 9月16日　7刷発行

著　者	笹倉孝昭
発行者	岩岡千景
発行所	東京新聞 〒100-8505 東京都千代田区内幸町2-1-4 中日新聞東京本社 電話［編集］03-6910-2521 　　　［営業］03-6910-2527 FAX 03-3595-4831
編　集	矢島智子
装丁・レイアウト	宮崎秀行（ポンプワークショップ）
印刷・製本	株式会社シナノ パブリッシング プレス

©2014 TAKAAKI SASAKURA, Printed in Japan

定価はカバーに表示してあります。乱丁・落丁本はお取りかえします。
ISBN978-4-8083-0994-7 C0075

本書のコピー、スキャン、デジタル化等の無断複製は著作権法上での例外を除き禁じられています。本書を代行業者等の第三者に依頼してスキャンやデジタル化することは、たとえ、個人や家庭内での利用でも著作権法違反です。